AF357668

COURS COMPLET

D'INSTRUCTION ÉLÉMENTAIRE

HISTOIRE MODERNE ET CONTEMPORAINE

(PETIT COURS)

COURS COMPLET

D'INSTRUCTION ÉLÉMENTAIRE

A L'USAGE DE L'ENFANCE

DANS LES ÉCOLES ET DANS LES PENSIONNATS

DE JEUNES PERSONNES

PAR MM.

A. RIQUIER	**L'ABBÉ COMBES**
Ancien Professeur agrégé d'histoire et Proviseur	Archiprêtre du Clergé de Bordeaux Chanoine honoraire de la Guadeloupe

Couronné par l'Académie française

———

HISTOIRE MODERNE ET CONTEMPORAINE

Par M. A. RIQUIER

ET

M. LAUNAY

Professeur agrégé d'histoire au lycée de Rouen

(PETIT COURS)

PARIS

LIBRAIRIE CH. DELAGRAVE

15, RUE SOUFFLOT, 15

—

1879

ERRATA

Page 4, ligne 8, *au lieu de :* de celle. *lisez :* celle de.
— 10, ligne dern.. — était, *lisez :* étaient.
— 16, ligne 18, — de Lancastre, *lisez :* des Lancastre.
— 19, — 1, — 1478, *lisez :* 1498.
— 26, titre. — agrandissement, *lisez :* agrandissements.
— 45, ligne 11, — réunis à Calmar leur union, *lisez :* réunis à Calmar, leur union.
— 48, — 5, — (1480), *lisez :* (1481).
— 48, — 13, — ses voisins qui, *lisez :* ses voisins, qui.
— 57, — 16, — 1195, *lisez :* 1775.
— 64, — 18, — du roi de Hongrie et l'Autriche. *lisez :* du roi de Hongrie, et l'Autriche.
— 69, — 31, — Supprimez le numéro 47.
— 71, tit. du parag. — 46, *lisez :* 49.
— 72, ligne 4, — les guerres d'Italie avaient. *lisez :* les guerres d'Italie, avaient.
— 76, — 20, — 1535, *lisez :* 1525.
— 79, — 1, — les catholiques et, *lisez :* les catholiques, et.
— 88, — 22, — contre elles, *lisez :* contre elle.
— 94, — 13, — 1583, *lisez :* 1584.
— 96, — 7, — des Moluques, et les Hollandais, *lisez :* des Moluques ; et les Hollandais.
— 97, — 18, — Lo-, *lisez :* Lor-.

Page 104, ligne 13, *au lieu de* : la paix de Vervins (Picardie)
lisez : la paix de Vervins (Pi-
cardie, 1598).

— 109, — 9 et suiv. — les sécularisations, c'est-à-dire la
transformation des biens de
l'Eglise en principautés héréditaires, antérieures, *lisez* : les
sécularisations (c'est-à-dire la
transformation des biens de
l'Eglise en principautés héréditaires) antérieures.

— 109. — 12 et suiv. — prescrivait, à tout évêque ou abbé
qui se ferait protestant, de re-
noncer *lisez* : prescrivait à tout
évêque ou abbé qui se ferait
protestant de renoncer.

— 123. — 28. — l'avait entourée, s'était, *lisez* :
l'avait entourée s'était.

— 128. — 7 et 8. — en se défendant : les réclamations, *lisez* : en se défendant ;
les réclamations.

— 130. — 5. — les monopoles, *lisez* : des monopoles.

— 152. — 27, — Denis Papin, devinait, *lisez* : Denis Papin devinait.

— 154. — 25 et 26, — Ministère de Fleury. — Guerre de
la succession d'Autriche. *lisez* :
Fleury. — Succession de Pologne.— Succession d'Autriche.

— 58. — 20, — colonies, *lisez* : colonies (1763).

— 169, — 29. — royaume de Pologne, fut, *lisez* :
royaume de Pologne fut.

— 174. — 7. — 1709, *lisez* : 1609.

— 174, — 11. — 1737, *lisez* : 1637.

— 178. — 3, — (Prusse orientale). Rejeté, *lisez*
(Prusse orientale) ; rejeté.

— 187. — 19, — de Malabar, à Pondichéry, *lisez* :
de Malabar à Pondichéry.

— 208. — 15. — Camille Desmoulins, appela, *lisez* :
Camille Demoulins appela.

— 215. — 2, — Tuilleries, *lisez* : Tuileries.

— 218. — 29. — le roi de Sardaigne avaient, *lisez* :
le roi de Sardaigne avait.

Page 247, ligne 20, *au lieu de :* de l'Espagne, avait, *lisez :* de l'Espagne, avaient.

— 250, — 13 et suiv. — après avoir triomphé des Prussiens au combat de Ligny (Belgique), dut renoncer à la lutte après la bataille décisive de Waterloo (près Bruxelles, 18 juin 1815) : malgré l'infériorité du nombre, les Français, *lisez :* malgré sa victoire de Ligny (Belgique), remportée sur les Prussiens, dut renoncer à la lutte après la bataille décisive de Waterloo (près Bruxelles, 18 juin 1815) : les Français bien qu'inférieurs en nombre.

— 253, — 8, — gigantesques, *lisez :* germaniques.

— 302, — 6 et 7, — s'était ouverte l'Exposition universelle, *lisez :* l'Exposition universelle s'était ouverte.

Pour gagner du terrain et ne pas grossir le volume, nous imprimons en plus petits caractères l'introduction, la conclusion, tout ce qui est exposé de doctrines, tout ce qui a trait à l'histoire des Lettres, des Arts et des Sciences.

INTRODUCTION

1. **Limites et caractères spéciaux de l'histoire moderne.** — L'histoire moderne est l'histoire des quatre siècles qui se sont écoulés depuis le milieu du quinzième siècle jusqu'à nos jours. Elle commence à la prise de Constantinople par les Turcs Ottomans en 1453.

Trois grands caractères la distinguent essentiellement du moyen âge. Le moyen âge avait été, jusqu'à son terme, une période d'invasions presque continuelles : les temps modernes n'ont pas vu se renouveler ces bouleversements et ces déplacements de peuples. — Au moyen âge, à part le grand mouvement des croisades, les nations n'avaient guère eu de rapports qu'avec leurs voisines : dans les temps modernes, des relations diplomatiques se sont établies entre elles d'un bout à l'autre de l'Europe ; elles sont aujourd'hui permanentes dans le monde entier. — Au moyen âge la féodalité morcelait les Etats en un grand nombre de petites souverainetés locales, au-dessus desquelles la royauté n'avait qu'une autorité insuffisante et souvent contestée : ces souverainetés seigneuriales ont, en général, disparu dans les temps modernes pour faire place à l'action de plus en plus efficace et dominante du pouvoir central.

QUESTIONNAIRE. — 1. Limites de l'histoire moderne. — Indiquez les caractères spéciaux qui distinguent les temps modernes du moyen âge.

HISTOIRE MODERNE

PREMIÈRE PARTIE

PROGRÈS DU POUVOIR ROYAL. — LA RENAISSANCE ET LES GUERRES D'ITALIE. — DÉCOUVERTE DE L'AMÉRIQUE ET DE LA ROUTE MARITIME DE L'INDE. — DE LA PRISE DE CONSTANTINOPLE PAR LES TURCS OTTOMANS (1453) A LA NAISSANCE DU PROTESTANTISME ET A L'AVÉNEMENT DE CHARLES-QUINT (1517-1519).

CHAPITRE PREMIER

LA FRANCE SOUS LOUIS XI ET SOUS LA RÉGENCE D'ANNE DE BEAUJEU

2. LOUIS XI ET LA FÉODALITÉ APANAGÉE. — Dès le moyen âge, l'énergique activité de Louis le Gros, de Philippe-Auguste, de Blanche de Castille et de saint Louis, avait détruit en France la toute-puissance de la féodalité, et par confiscation, conquête, héritage, achat ou mariage, plus de la moitié des provinces avaient été enlevées aux princes et aux seigneurs pour devenir des portions intégrantes du domaine royal. Mais en même temps que la royauté s'enrichissait des provinces enlevées aux seigneurs féodaux, elle s'appauvrissait de celles que les rois donnaient en souveraineté héréditaire à leurs enfants, sous le titre d'apanage (1),

---

(1) On fait venir ce mot du latin barbare *apanare,* donner du pain.

et les familles apanagées, rameaux détachés de la souche royale, n'en étaient ni plus fidèles ni plus soumises; elles formaient, en face de la royauté, une féodalité nouvelle, presque indépendante du roi et maîtresse de la moitié du pays. Louis XI, fils de Charles VII (1461-1483), fit à cette féodalité apanagée une guerre plus vigoureuse encore que de celle Philippe-Auguste et de saint Louis à la féodalité primitive. D'une ambition sans frein ni scrupule, d'un cœur égoïste et sec, d'un esprit vif et rusé, il lutta par tous les moyens, guerre ouverte ou perfidie, contre cette aristocratie princière, à la tête de laquelle se plaçaient les maisons de Bourgogne et d'Anjou, issues de deux fils du roi Jean le Bon.

3. LIGUE DU BIEN PUBLIC. — Vulgaire de langage comme de costume, Louis XI s'entoura de gens de basse naissance, de son prévôt Tristan l'Ermite, de son barbier Olivier le Daim, de La Balue, clerc sans mœurs et sans conscience dont il fit plus tard un évêque et un cardinal. Il compromit d'abord la couronne par ses imprudentes tracasseries à l'égard des grands et par ses rigueurs impitoyables à l'égard du peuple, irrité de l'accroissement des impôts.

Du mécontentement général naquit, après quatre ans de règne, une ligue de cinq cents princes ou seigneurs, qui se para du nom de *Ligue du bien public.*

Une bataille indécise se livra à Montlhéry, et la guerre se termina par les traités de Con-

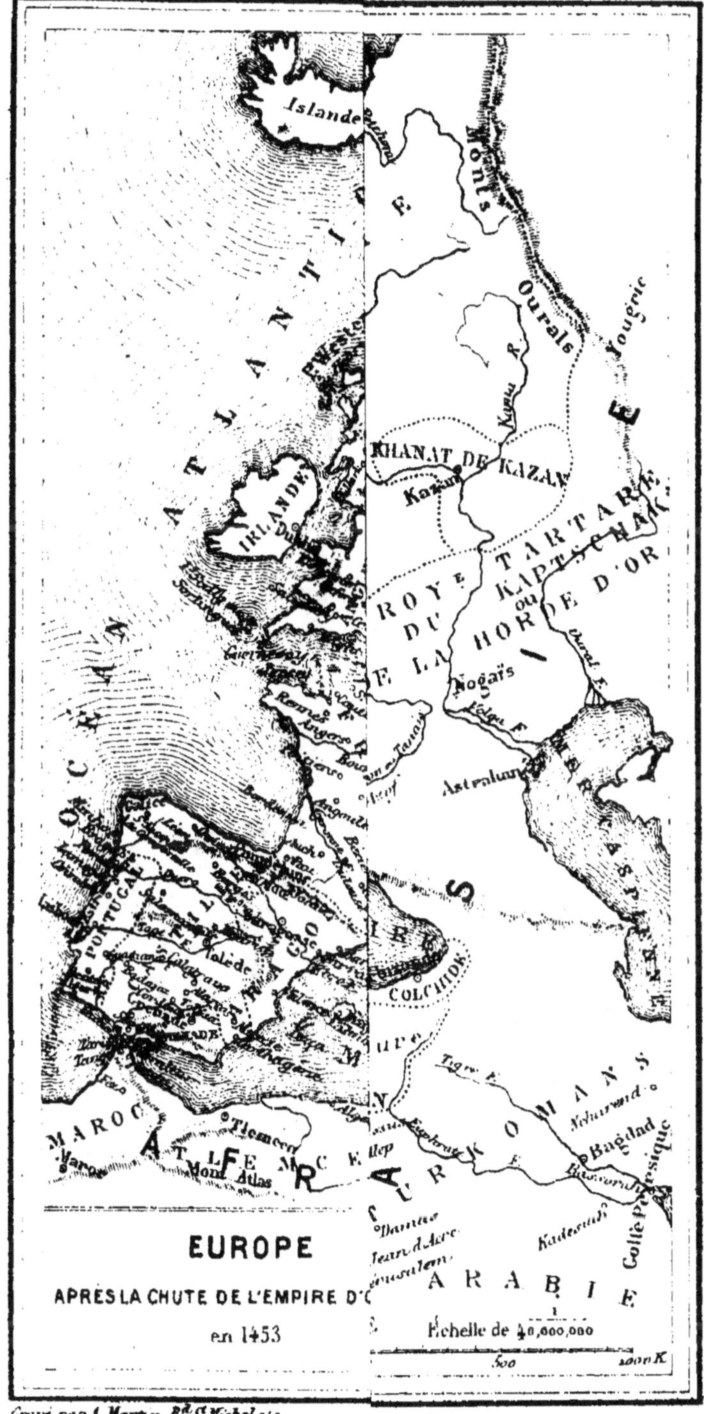
Islande
Monts
Ourals
Yougrie
KHANAT DE KAZAN
Kazan
ROYE TARTARE DU KAPTSCHAK ou E LA HORDE D'OR
Nogaïs
Astrakan
MER CASPIENNE
IRLANDE
OCÉAN ATLANTIQUE
COLCHIDE
PORTUGAL
MAROC
Tlemcen
Mont Atlas
Tigre F.
TURKOMANS
Bagdad
Golfe Persique
Damas
St Jean d'Acre
Jérusalem
ARABIE
EUROPE
APRÈS LA CHUTE DE L'EMPIRE D'O
en 1453
Echelle de 40,000,000
500
1000 K.
Gravé par A. Martin, Bd St Michel 141

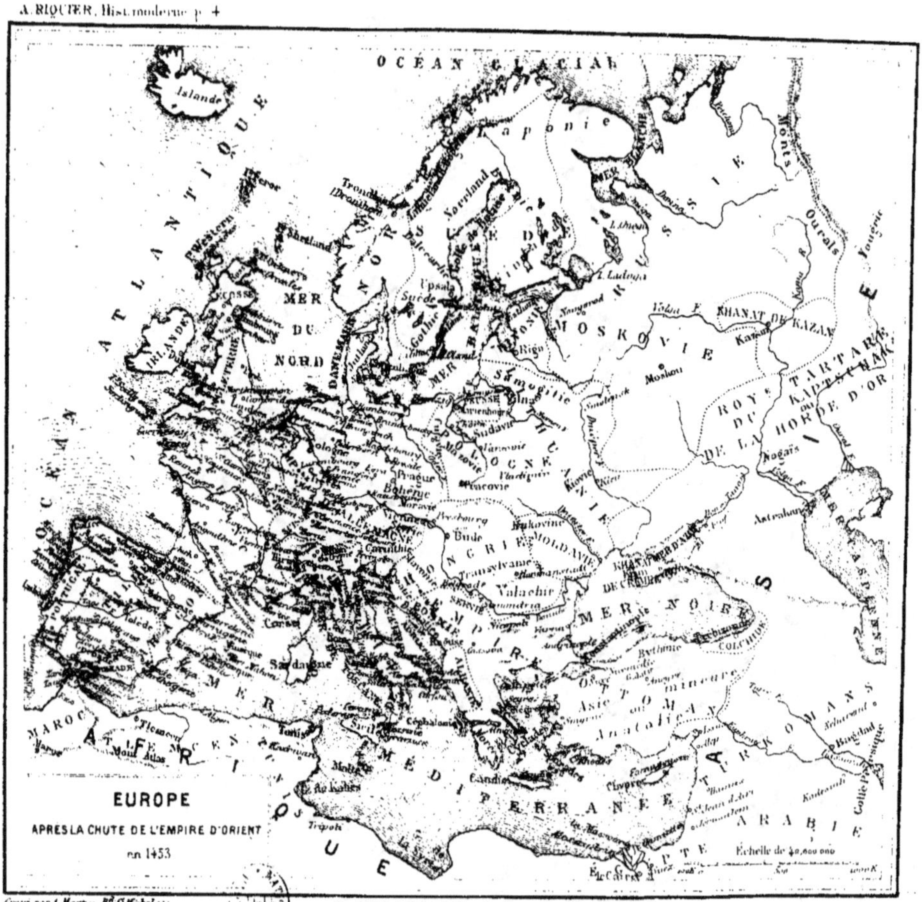

EUROPE

APRES LA CHUTE DE L'EMPIRE D'ORIENT

en 1453

Gravé par A. Martin, R^e St Michel 241

Librairie Ch. DELAGRAVE, 15, Rue Soufflot, PARIS

llans et de Saint-Maur près Paris (1465), où les princes, dit le chroniqueur Commines, « butinèrent le monarque et le mirent au pillage ». Les terres, les dignités, les places, les pensions furent prodiguées à tous. Le frère du roi, Charles de Berry, obtint pour prix de sa révolte la province de Normandie ; enfin la maison de Bourgogne recouvra les villes de la Somme, que Louis XI venait de racheter comme l'avait permis le traité d'Arras en 1435.

4. ENTREVUE ET TRAITÉ DE PÉRONNE. — Dans une seconde lutte que fit naître la reprise de la Normandie, Louis XI, tout « rusé compère » qu'il était (c'était le mot des contemporains), commit une faute qui faillit le perdre. Confiant dans le pouvoir qu'il savait prendre sur les gens par sa parole cauteleuse, il demanda une entrevue à son principal ennemi, *Charles le Téméraire*, duc de Bourgogne. Mais à peine était-il à Péronne, où se trouvait alors le duc, qu'on apprit que la ville de Liége venait de se soulever contre ce prince, et que les agents de la France étaient les promoteurs de ce soulèvement. Charles, saisi de fureur et proférant de terribles menaces, fit enfermer le roi dans le château où avait jadis été détenu Charles le Simple. Le renard était pris comme dans un piége, et il n'en sortit qu'à d'humiliantes conditions. Il lui fallut abandonner tout droit de suzeraineté sur les villes de la Somme, marcher avec le duc contre les Liégeois qu'il avait poussés à la révolte, enfin

promettre la Champagne à son frère, Charles de Berry. Pour l'éloigner de la Bourgogne, il lui donna la Guyenne au lieu de la Champagne, mais la mort du prince rendit bientôt cette province au domaine royal et délivra le roi de toute inquiétude de ce côté.

5. Extinction des maisons de Bourgogne et d'Anjou. — Dans la seconde partie de son règne, (1469-1483), Louis XI montra plus d'habileté et de prévoyance, et la folle ambition de Charles le Téméraire assura le triomphe à la royauté. Maître des Pays-Bas et de la Franche-Comté, il voulait avoir encore la Lorraine, la Suisse, et se faire entre l'Allemagne et la France un grand royaume indépendant de l'une et de l'autre. C'était entreprendre bien au delà de ses forces. Il fut complètement battu à Granson et à Morat en 1476, puis à Nancy, où les Suisses étaient allés soutenir le duc de Lorraine (1477), et, le lendemain de cette dernière bataille, le corps du Téméraire fut trouvé dans la vase glacée d'un étang.

Charles le Téméraire ne laissait qu'une fille, la princesse Marie, qui épousa l'archiduc Maximilien d'Autriche. Louis XI se hâta de mettre la main sur la Bourgogne et la Picardie, qui, comme fiefs détachés du domaine royal, suivaient la même loi que ce domaine et ne pouvaient appartenir à une femme ; sur l'Artois et la Franche-Comté, pour lesquels il n'avait aucune raison à invoquer : Maximilien, après de vains efforts, fut forcé de lui laisser ces provinces comme dot de sa fille Marguerite, fiancée, bien qu'elle n'eût que deux ans, au dauphin Charles, qui en avait douze.

En même temps que finissait la maison de Bourgogne, s'éteignait une autre grande famille française, la maison d'Anjou. Son chef, qu'on appelait le roi *René* à cause de ses prétentions sur le royaume de Naples, et Charles du Maine, neveu de René, avaient reconnu par testament le roi Louis XI pour héritier de l'Anjou, du Maine et de la Provence qui revinrent à la couronne à leur mort (1481).

6. ADMINISTRATION DE LOUIS XI. — SES DERNIÈRES ANNÉES. — Louis XI passa ses dernières années dans le sombre château de Plessis-lez-Tours (1), détesté de tous, « des menus comme des grands », se défiant de tous, et changeant chaque jour de serviteurs et de chambre; tremblant devant la mort, qu'il avait, dit Commines, à redouter plus que beaucoup d'autres, et contre laquelle sa religion superstitieuse et les petites vierges de plomb et d'étain qui couvraient son chaperon ne suffisaient point à le fortifier. En réunissant au domaine royal un certain nombre de provinces, il avait été un des fondateurs de l'unité territoriale de la France; il avait rendu la justice plus accessible et moins coûteuse par l'établissement de trois parlements ou cours d'appel en province;

____

(1) *Lez-Tours* veut dire près de Tours. Il n'existe plus du château que quelques ruines.

il avait quadruplé les armées et substitué les
armes à feu et le canon aux armes anciennes ;
il avait donné à la France ses premières impri-
meries, ses premières écoles de médecine, et
créé le service des postes pour les dépêches
royales ; il avait enfin introduit en France la
culture du mûrier et la fabrication des soieries.
L'histoire cependant, tout en signalant ces
grands résultats et ces créations utiles, doit
ajouter à son appréciation un blâme sévère
pour les perfidies et les cruautés du souverain
à qui sont dus ces progrès.

7. ANNE DE BEAUJEU. — LA BRETAGNE RÉUNIE A
LA COURONNE. — Charles VIII avait treize ans à la
mort de son père (1483). C'était presque l'âge
de la majorité ; mais le jeune prince, faible de
corps et d'esprit, était encore bien incapable de
diriger le royaume. Suivant la volonté de
Louis XI, la sœur du roi, *Anne*, épouse du sire
de Beaujeu, prit en main le gouvernement de
la France, et, sans porter le titre de régente,
elle en exerça huit ans les fonctions (1483-
1491). Dans ces huit années la royauté triompha encore de deux grandes maisons prin-
cières, celles d'Orléans et de Bretagne.

Louis d'Orléans, petit-fils du frère de Charles VI
qu'avait assassiné Jean sans Peur, prétendit à
la régence. D'accord avec le duc de Bretagne
François II, l'archiduc Maximilien et Richard III,
roi d'Angleterre, il leva l'étendard de la révolte, mais, dans cette *guerre folle*, comme
on l'appela, il fut battu et fait prisonnier par

La Trémouille à Saint-Aubin du Cormier (Ille-et-Vilaine) (1488). Anne de Beaujeu le fit enfermer à Bourges où il resta trois ans, et François II, contraint à un traité humiliant, en mourut de chagrin peu de mois après.

Parmi de nombreux prétendants, Anne de Bretagne, fille de François II, avait choisi l'archiduc Maximilien, veuf de Marie de Bourgogne, et le mariage était déjà fait par procuration ; mais Anne de Beaujeu ne laissa pas s'accomplir autrement l'union projetée. Charles VIII entra en Bretagne et s'approcha de Rennes à la tête d'une armée ; des négociations s'ouvrirent, qui finirent par décider la duchesse à renoncer au mari qu'elle voulait prendre et à épouser à la place le roi de France (1491). Une troisième grande succession revint ainsi à la couronne, comme celles de Bourgogne et d'Anjou dix ans plus tôt. La fille de Maximilien qui, depuis neuf ans, était en France pour y épouser plus tard Charles VIII, fut reconduite en Flandre, et il fallut bien alors rendre à son père l'Artois et la Franche-Comté, que Louis XI n'avait conservés que comme dot de la jeune princesse : ce fut l'objet du traité de Senlis (1493).

QUESTIONNAIRE. — 2. Dites ce qu'était en France la féodalité apanagée, et comment elle avait pris naissance. — Dates de l'avénement et de la mort de Louis XI. — Quel but poursuivit-il ? — Esquissez par ses traits principaux le portrait de Louis XI. — 3. Comment Louis XI, au début de son règne, excita-t-il le mécontentement général ? — Résumez l'histoire de la Ligue du bien public. — 4. Quel acte amena une seconde ligue contre les grands, et quelle imprudence commit alors Louis XI? — A quelles conditions sortit-il de sa prison de Péronne? — 5. Exposez les projets ambitieux de Charles le Téméraire. Quels furent les résultats de sa guerre contre les Suisses? — Donnez la date de sa mort. — Que devint la succession de Charles le Téméraire? — De quelle autre maison hérita encore Louis XI peu de temps après, et quelles provinces lui revinrent? — 6. Où et comment se passèrent les dernières années de Louis XI? — Principaux points de l'administration de Louis XI. — Appréciation de son règne. — 7. Quand et à quel âge Charles VIII devint-il roi? — Qui gouverna d'abord en son nom, et combien de temps? — Grands faits de la régence d'Anne de Beaujeu. — Racontez, avec la date de sa défaite, la révolte ou guerre folle du duc d'Orléans. — Quel prince Anne de Bretagne voulait-elle prendre pour époux et avec quel autre se maria-t-elle? — Date et conséquences politiques de ce mariage.

CHAPITRE II

Angleterre

GUERRE DES DEUX-ROSES. — RÈGNE DE HENRI VII

8. CAUSES ET PRÉLUDE DE LA GUERRE DES DEUX-ROSES. — La guerre de Cent ans, terminée en 1453, fut suivie presque immédiatement de la guerre civile des Deux-Roses (1455-1485). Elle eut pour causes l'ambition rivale des deux branches royales de Lancastre et d'York et l'éloignement des Anglais pour la première, à qui l'on ne pardonnait pas ses revers et ses pertes sur le continent. Après le règne brillant d'Henri V, en effet, après le triomphe d'Azincourt et ce traité de Troyes qui faisait de la France une province anglaise, était venu Henri VI, faible d'esprit

comme de caractère, la mission miraculeuse de Jeanne d'Arc, et l'expulsion des Anglais de toutes les provinces françaises. Au milieu de ces désastres , c'était parmi ses ennemis qu'Henri VI était allé chercher une épouse : il avait pris pour femme (1445) la belle et énergique Marguerite d'Anjou, fille du roi René, et, pour l'obtenir, il avait encore restitué à son beau-père l'Anjou et le Maine.

Ce mariage impolitique et ces défaites humiliantes suscitèrent au gouvernement une violente opposition, qui se plaça sous le patronage de l'oncle même du roi, le duc de Glocester. Glocester fut arrêté comme coupable de trahison, enfermé à la tour de Londres ; il mourut dans sa prison peu de jours après, et la rumeur publique, sans preuves et sans examen, accusa de cette mort inattendue la reine et le ministre Suffolk (1). On se souvint alors que le premier roi de la maison de Lancastre, Henri IV, avait usurpé le trône sur son cousin Richard II, et l'on jeta les yeux sur Richard d'York, qui pouvait opposer aux héritiers de l'usurpateur de légitimes prétentions à la couronne : par les mâles, il est vrai, il ne venait qu'après les Lancastre, car son aïeul paternel était le quatrième fils d'Edouard III, et les Lancastre descendaient du troisième; mais par les femmes il avait plus de droits que Henri VI, car sa mère

____

(1) Lingard, qui a apporté tant de conscience et de travail dans la rédaction de son *Histoire d'Angleterre*, est d'avis que Glocester mourut de mort naturelle.

Anne Mortimer, était l'arrière-petite-fille **du**
duc de Clarence, second fils d'Edouard. **Devenu**

Batailles de la guerre des Deux Roses
et de la Révolution d'Angleterre.

le chef de la noblesse opposante avec le puissant Warwick, de la maison de Salisbury Nevil,

Richard avait été relégué dans le gouverne-ment d'Irlande à cause des craintes qu'il ins-pirait : il se contenta d'abord d'encourager de loin quelques soulèvements, soit à Londres, soit dans les provinces. Il sondait ainsi le peuple, il l'habituait à la révolte, et, dans ces agitations populaires, trois ministres, parmi lesquels le duc de Suffolk, furent mis à mort par les rebelles. Les circonstances semblèrent en-suite lui venir en aide : en 1454, Henri VI perdit tout à fait la raison. Le duc d'York profita de ce malheur pour se faire donner par le Parle-ment le titre de protecteur ou de régent du royaume, et quand le roi, sorti de sa démence, lui enleva cette autorité temporaire, Richard mécontent prit les armes, et la guerre civile commença. La maison d'York portait dans ses armes une rose blanche, la maison de Lan-castre une rose rouge : de là le nom donné à cette terrible lutte dans laquelle allaient se livrer jusqu'à onze batailles rangées.

9. Première période. — Le trône passe a la maison d'York. — Richard d'York, après avoir vaincu les Lancastriens à Saint-Alban (N.-O. de Londres) et à Northampton (N.-O. de Saint-Alban), exposa ouvertement les droits de sa famille, et le Parlement, tout en laissant à Henri VI la couronne qu'il portait depuis trente-huit ans, décida qu'après lui elle passerait au duc d'York déclaré héritier présomptif. Margue-rite voulut défendre les droits de son fils, mais tandis qu'elle triomphait à Wakefield (près

d'York), où le duc Richard trouva la mort, et à Saint-Alban, le jeune Edouard, nouveau duc d'York, vainqueur d'une autre armée lancastrienne à la Croix de Martimer, s'avançait vers la capitale à marches forcées. L'armée de la reine, trop épuisée par ses deux victoires pour en espérer une troisième, fut forcée de retourner vers le nord; Edouard occupa Londres en vainqueur, s'y fit proclamer roi sous le nom d'Edouard IV, et le Parlement ratifia cette élection populaire en qualifiant d'usurpation les trois derniers règnes (1461).

10. DEUXIÈME PÉRIODE. — CHUTE DÉFINITIVE ET EXTINCTION DES LANCASTRE. — La cause des Lancastre était à jamais perdue : mais pendant dix années encore, l'héroïque princesse qui la défendait, loin de perdre courage, brava pour son époux et son fils tous les obstacles et tous les revers.

Pour écraser les Lancastriens qui se concentraient dans le Nord, Edouard IV et Warwick, rassemblant toutes leurs forces, allèrent les attaquer au village de Towton, non loin d'York, et cette bataille fut la plus sanglante de toute la guerre. Marguerite fut vaincue, réduite à fuir, et la tentative qu'elle fit deux ans plus tard pour relever sa cause n'aboutit qu'à une nouvelle défaite à Exham (frontière d'Écosse). Elle courut alors les plus grands dangers : comme elle fuyait avec son jeune fils, elle fut arrêtée par des brigands, parvint à s'échapper de leurs mains, gagna la côte et se retira en Flandre.

Henri VI, qui avait suivi dans sa fuite une autre direction, fut arrêté par les Yorkistes et conduit à Londres où ses ennemis le livrèrent aux insultes et aux brutalités de la populace. Quelques années après, une défection inespérée vint encore relever pour un instant la Rose rouge. Pendant que Warwick négociait en France le mariage d'Edouard IV avec une fille du duc de Savoie, le prince s'éprit d'une jeune veuve de noble famille, Elisabeth Woodvile, l'épousa, et parut, après cette union, oublier et délaisser la maison de Nevil pour donner toute l'influence aux parents et aux amis de la reine. Le *faiseur de rois*, passa alors aux Lancastre ; il s'entendit avec Marguerite, la ramena en Angleterre, s'y vit bientôt à la tête de soixante mille hommes, et remporta sur Edouard à Nottingham (N. de Northampton) une victoire si complète que le roi fut réduit à se réfugier chez son beau-frère, Charles le Téméraire (1470). Henri VI fut tiré de sa prison et replacé sur le trône, mais cette restauration fut de bien courte durée. Au bout de quelques mois, Edouard IV reparut avec deux mille soldats réunis sur le continent, les Yorkistes vinrent s'y joindre, et Warwick, vaincu à Barnett, près de Londres, perdit la vie dans cette bataille, malgré des prodiges de valeur. Marguerite tenta encore une dernière fois la fortune, mais elle fut à son tour défaite à Tewkesbury, au N.-E. du pays de Galles. Son fils, alors âgé de dix-huit ans, fut fait prisonnier et poignardé par les deux frères du roi, Glocester et Clarence. Marguerite captive fut enfermée à la tour : elle ne devait en sortir que cinq ans plus tard, au traité de Pecquigny entre l'Angleterre et la France. Henri VI enfin, rejeté aussi dans sa prison, n'y survécut que peu de jours à la ruine de son parti, et la fin tragique du fils donne le droit de soupçonner que le crime hâta aussi la mort du père (1471).

11. CRIMES DE RICHARD III. — RÉSULTATS ET CONSÉQUENCE DE LA GUERRE DES DEUX-ROSES. — La maison d'York se maintint encore quatorze ans sur le trône, et l'Angleterre n'eut pas à se féliciter de son triomphe. Après le règne d'Edouard IV, qui passa sa vie dans les orgies et les débauches, et se débarrassa de toute opposition en condamnant à mort le duc de Clarence, son frère, partisan de Lancastre, la couronne revenait à ses deux fils, Edouard V, âgé de douze ans, Richard d'York qui en avait onze ; mais les deux enfants furent bientôt sacrifiés à l'insatiable ambition de leur oncle Glocester. Celui-ci était au moral comme au physique une sorte de monstre. A peine eut-il été nommé régent au nom du jeune roi qu'il enferma les enfants à la Tour, fit décapiter les seigneurs qu'il croyait disposés à les soutenir, puis, d'accord avec le maire de Londres et certains membres de la noblesse et de la bourgeoisie, prit lui-même la dignité royale sous le nom de Richard III. Edouard V n'avait eu que quinze jours de royauté nomi-

nale ; il disparut du monde ainsi que son frère, et longtemps après on retrouva leurs squelettes sous les marches de l'escalier : la tradition rapporte qu'ils furent étouffés pendant leur sommeil par un infâme gardien du nom de Tyrrel, assisté de deux autres scélérats.

Le châtiment ne se fit pas attendre. Il y avait en Bretagne une noble famille d'origine galloise dont le représentant, Henri Tudor, comte de Richmond, descendait des Lancastre par les femmes. Appelé par ceux-là mêmes qui avaient élevé Glocester au trône et soutenu par la plus grande partie de la nation, il triompha à Bosworth (au sud de Nottingham) de l'assassin dont le règne était une honte pour le pays, et celui-ci qui se défendait comme un lion, fut tué dans la bataille (1485). — Ainsi se termina, au bout de trente ans, la guerre des Deux-Roses. Les deux maisons rivales de Lancastre et d'York y avaient trouvé l'une et l'autre leur fin, et c'était une troisième famille, celle des Tudor, qui allait les remplacer. Le véritable vaincu était l'aristocratie anglaise, à qui les batailles et les exécutions avaient enlevé une grande partie de ses membres, et que les confiscations, suite ordinaire de toute guerre civile, avaient grandement appauvrie.

12. LES TUDOR. — RÈGNE DE HENRI VII. — Après la bataille de Bosworth, les soldats des deux armées et leurs chefs proclamèrent roi Henri Tudor, et le Parlement confirma par ses suffrages cette élection militaire. Henri VII, en

épousant Elisabeth, fille d'Edouard IV, confondit en sa personne les droits des deux branches rivales, et ce fut en vain que quelques imposteurs tentèrent de lui susciter des embarras en voulant se faire passer pour les héritiers de la maison d'York.

Sage, actif et ferme, Henri VII, dans un règne de vingt-quatre ans (1485-1509), rendit à l'Angleterre le calme et la prospérité que la guerre civile, succédant à la guerre étrangère, lui avait ravis depuis longtemps. Pour remplacer cette foule de seigneurs qui, depuis trente ans, avaient péri sur les champs de bataille ou par la main des bourreaux, il fit entrer en grand nombre dans la Chambre des lords des hommes dévoués à sa politique, et, avec l'aide de ce parlement rempli de ses créatures, il continua d'abaisser, au profit de la royauté, l'aristocratie anglaise. Le Parlement ne fut d'ailleurs que rarement convoqué sous son règne, et dans les intervalles qui séparèrent les sessions, le roi gouverna seul avec ses ministres, levant les impôts que les Chambres n'avaient point votés et donnant force de loi à ses ordonnances. Le gouvernement d'Henri VII tendait ainsi à transformer en royauté absolue la constitution libérale qui régissait l'Angleterre depuis trois siècles. Mais ce prince se préoccupait avec vigilance des intérêts du pays, et la nation et les communes ne lui marchandèrent pas leur obéissance. Il protégea le commerce, encouragea l'industrie, donna le premier une marine à l'Angleterre, et, en 1478, il confia un vaisseau royal au Vénitien Sébastien Gabotto, qui découvrit la grande île américaine de Terre-Neuve et y planta le drapeau anglais.

QUESTIONNAIRE. — 8. Indiquez les causes de la durée de la guerre des Deux-Roses. — Parlez de l'opposition faite aux Lancastre, des chefs de l'opposition, et des soulèvements qui précédèrent la guerre des Deux-Roses. — D'où vient le nom donné à cette guerre civile? — 9. Principaux faits de la guerre des Deux-Roses jusqu'à l'avénement d'Edouard IV. — Date de ce triomphe de la maison d'York. — 10. Parlez des défaites de Marguerite d'Anjou, après le couronnement d'Edouard IV, et des dangers qu'elle courut. — Quelle humiliation subit alors Henri VI? — Quelles circonstances et quelle victoire relevèrent un instant les Lancastre? — Par quels revers et en quel temps leur cause fut-elle définitivement ruinée? — Que devinrent Henri VI, Marguerite d'Anjou et le prince de Galles, leur fils? — 11. Combien d'années la maison d'York conserva-t-elle le trône après la mort d'Henri VI? — Que savez-vous de la fin du règne d'Edouard IV? — Quel fut le sort de ses deux fils et à qui passa la couronne? — Portrait de Richard III. — Quand et comment furent punis les crimes de ce monstre? — Résultats et conséquences de la guerre des Deux-Roses. — 12. Que devint Henri Tudor après sa victoire de Bosworth? — Qui épousa-t-il et quelle était l'importance de ce mariage? — Dates de l'avénement et de la mort d'Henri VII. — Faites connaître le caractère de son gouvernement. — Quel pays découvrit en ce temps la marine anglais?

CHAPITRE III

Espagne.

FERDINAND LE CATHOLIQUE ET ISABELLE DE CASTILLE.

13. DIVISION ET GOUVERNEMENT DE L'ESPAGNE AU MILIEU DU QUINZIÈME SIÈCLE. — L'Espagne, asservie par les Musulmans en 711, avait lutté pour s'affranchir de leur joug pendant sept siècles et plus. Ses institutions politiques se ressentaient de cette vie de résistance et de guerre. Ses nobles ou *hidalgos* avaient formé trois grands ordres de chevalerie, indépendants du pouvoir royal : c'étaient les ordres de Saint-Jacques de Compostelle, de Calatrava et d'Alcantara. Les communes, en possession de chartes ou *fueros*, récompenses de leurs services contre l'étranger, défendaient leurs libertés avec une ardeur jalouse ; elles avaient, elles aussi, une *Sainte Hermandad* ou sainte confrérie, principalement chargée de la défense des villes et de la sûreté des routes. Des assemblées, appelées *Cortès* ou cours, et formées des députés de la noblesse, du clergé et des principales villes, avaient le pouvoir législatif et se regardaient comme souveraines. A côté de ces assemblées nationales, de cette puissante aristocratie et de cette bourgeoisie libre et fière, la royauté, loin d'être la maîtresse, était en général peu obéie dans le gouvernement intérieur. Telle était la condition presque uniforme des quatre États chrétiens, qui, après avoir refoulé les Musulmans au sud du pays, dans le seul royaume de Grenade, se partageaient toute la Péninsule, des Pyrénées au Guadalquivir. Le royaume de Castille, capitale Tolède sur le Tage ; celui de Portugal, capitale Lisbonne, aux bouches du même fleuve ; celui d'Aragon, capitale Saragosse sur l'Ebre ; enfin celui de Navarre, qui avait pour capitale Pampelune, et dont une portion, la basse Navarre, dépassait les Pyrénées pour s'étendre au pied du versant français des montagnes.

14. RÉUNION DE LA CASTILLE ET DE L'ARAGON.— En 1469, l'infant d'Aragon *Ferdinand* (1) épousa *Isabelle*, sœur du roi de Castille Henri IV, et ce mariage prépara pour un avenir prochain la réunion des deux plus grands États de l'Espagne, car Ferdinand devait succéder à son père Jean II, et Isabelle venait d'être désignée pour le trône dans les récentes agitations de la Castille. A la mort d'Henri, en 1474, Isabelle fut en effet proclamée, couronnée, et ce fut en vain qu'un parti se prononça pour la princesse Jeanne, fille du roi, regardée comme illégitime, et que son oncle maternel, Alphonse V, roi de Portugal, essaya de la soutenir. En 1479, Ferdinand à son tour monta sur le trône, et dès que les époux eurent en main les forces des deux royaumes, ils songèrent à attaquer les Maures de Grenade.

15. PRISE DE GRENADE.—DÉCOUVERTE DE L'AMÉRIQUE. — En 1482, Ponce de Léon envahit leur territoire, remporta sur eux de grands succès, et, dans les neuf années qui suivirent, les villes mauresques tombèrent une à une au pouvoir

---

(1) Le titre d'*Infant* désigna de bonne heure en Espagne les enfants des grandes familles : les infants de Lara, les infants de Carriou, gendre du Cid. On le donne encore en Espagne et en Portugal, aux princes du sang royal.

des Espagnols, ou leur furent livrées par la trahison. En 1491, il ne restait que Grenade, déchirée par les rivalités de deux tribus ennemies, les Abencerages et les Zégris, par les luttes du roi Muley-Hassan et de l'ambitieux Boabdil son fils, mais pourtant bien protégée par ses deux cent mille habitants, par ses remparts élevés et par plus de mille tours qui garnissaient de toutes parts cette forte enceinte. *Gonzalve de Cordoue*, qu'on a nommé le grand capitaine, vint en faire le siége, et la ville put comprendre, à la vigueur de ses attaques, que la résistance devenait impossible. Après neuf mois de siége, Grenade, à bout de ressources, succombait (2 janvier 1492); son roi venait de mourir, et Boabdil quitta en pleurant la ville dont il avait voulu se faire souverain. Pour compléter cette conquête, Ferdinand crut nécessaire de prononcer le bannissement de tous les Maures s'ils ne se faisaient chrétiens; les uns passèrent en Afrique, les autres parurent obéir; les juifs non convertis furent aussi chassés de la Péninsule, et les Espagnols donnèrent au vainqueur de Grenade le surnom de *Catholique* que l'histoire lui a conservé.

Peu de mois après la chute de Grenade, un Génois au service de la Castille, Christophe Colomb, découvrit les premières terres d'Amérique (voir plus loin le chapitre VIII), et ces deux grands faits de l'expulsion des Maures et de la découverte du Nouveau monde furent pour l'Espagne l'origine de nouvelles destinées.

**16. ISABELLE ET FERDINAND. — XIMÉNÈS. — NOU-
VELLES ACQUISITIONS.** — Entreprenante, chevale-
resque, et d'une piété exaltée, Isabelle réunissait
tout ce qu'il fallait pour captiver les cœurs des
Espagnols, et l'illustre franciscain qu'elle prit
pour ministre, et qui devint plus tard le cardinal Ximénès, partagea avec elle l'amour et
l'admiration de la Castille. Quand la grande
reine mourut (1504), le royaume passa à sa fille
Jeanne et à son gendre Philippe le Beau, fils
de l'empereur Maximilien. Mais Philippe ne lui
survécut que deux ans ; la raison de Jeanne,
déjà altérée par l'indifférence et l'abandon d'un
époux qu'elle aimait passionnément, se perdit
tout à fait après ce malheur, et Ferdinand,
continuant de régner au nom de sa fille, eut le
bon sens de laisser le gouvernement aux mains
de l'habile et populaire Ximénès.

D'une nature moins sympathique et moins
élevée que sa femme, Ferdinand apportait dans
la politique et le gouvernement beaucoup d'ambition, beaucoup d'adresse, mais peu de scrupules, peu de respect des traités et des serments.
Ce fut il est vrai sans fraude aucune qu'en
1493 il recouvra le Roussillon et la Cerdagne,
engagés par son père à Louis XI en échange
d'un prêt d'argent, et restitués par Charles VIII,
impatient de porter la guerre en Italie ; mais
ce fut au mépris des traités que, dix ans plus
tard, les Espagnols restèrent seuls maîtres
du royaume de Naples qu'ils venaient de conquérir avec les Français, et qui devait se par-

tager entre les deux peuples. (Voir plus loin
le chapitre v.)

D'autres agrandissements se firent encore à
la fin du règne. En 1509 et 1510, le vieux
Ximénès dirigea lui-même et paya de ses de-
niers une expédition contre les pirates barbaresques, et il alla leur reprendre sur la côte
d'Afrique les villes d'Oran, de Bougie et de
Tripoli. Ferdinand, de son côté, profitant d'un
refus de passage fait à ses troupes, intervint en
1512 dans le royaume de Navarre, dont la couronne, après de longues années de guerres
civiles et de sanglantes tragédies, venait d'être
transmise par mariage à la maison française
d'Albret. Cette maison, dépouillée de Pampelune et de toute la Navarre espagnole, ne conserva que la Navarre française qu'elle allait
bientôt transmettre aux Bourbons. Quand Ferdinand mourut en 1516, le royaume d'Espagne
était devenu, sans contredit, le plus vaste de
l'Europe chrétienne.

17. La royauté absolue en Espagne. — Ferdinand le Catholique n'a pas seulement donné
l'unité territoriale à l'Espagne; il en a aussi,
sans rien changer en apparence, complètement
transformé le gouvernement. Il respecta les
fueros des villes, les libertés des *Cortès*, mais
les Cortès furent rarement convoquées ; d'accord avec Isabelle, il écarta de celles de Castille
les seigneurs et le clergé. Puisqu'ils ne payaient
point d'impôts, disait-il, leur présence était
inutile dans l'assemblée où se votaient les

impôts ; à force d'intrigues, de promesses et de menaces, il se fit accepter comme grand maître par les ordres de chevalerie, et la noblesse perdit avec la grande maîtrise une redoutable influence dont elle pouvait abuser contre les rois. Ferdinand se mit de même à la tête de la Sainte-Hermandad des villes, et il se servit de ses milices contre les seigneurs coupables de guerres entre eux ou de violences contre leurs vassaux. Enfin il se fit maître souverain de l'inquisition, qui, depuis son origine au temps des Albigeois, n'avait dépendu que du Saint-Siège. Les inquisiteurs nouveaux, prêtres ou laïques, nommés par le roi d'Espagne et dépendant de lui seul, ne s'occupèrent que de punir des derniers châtiments et de ruiner par les confiscations, au profit du trésor royal, tous ceux des Maures convertis ou même des vieux chrétiens dont la foi leur semblait suspecte. En concentrant dans sa personne toutes les sources d'autorité, Ferdinand rendit presque absolue la royauté espagnole, qui, depuis ce temps, s'entoura d'une étiquette encore inconnue.

QUESTIONNAIRE. — 13. Donnez une idée du gouvernement de l'Espagne au milieu du quinzième siècle. — En combien d'États se partageait-elle alors, et quelles en étaient les capitales ? — 14. Quand et comment furent réunis les royaumes de Castille et d'Aragon ? — 15. Racontez, avec les dates, la chute du royaume maure de Grenade. — Quelle grande découverte fut faite en ce temps par les vaisseaux et au profit de l'Espagne ? — 16. Portrait de la reine Isabelle. Quel fut son ministre ? — Que devint la Castille à sa mort? — Portrait de Ferdinand le Catholique? — Enumérez, avec leurs dates, les nouvelles acquisitions de l'Espagne depuis la découverte de l'Amérique. — Date de la mort de Ferdinand le Catholique. — 17. Faites comprendre comment Ferdinand le Catholique, sans rien changer en apparence, transforma le gouvernement de l'Espagne.

CHAPITRE IV

L'empire germanique.

AGRANDISSEMENT DE LA MAISON D'AUTRICHE.

18. Constitution anarchique de l'Allemagne au quinzième siècle. — Des Pays-Bas et de la France au cours de l'Oder et de la Marche ou Morawa, de la mer du Nord et de la Baltique au Rhin supérieur, aux Alpes et à l'Adriatique, s'étendait une fédération de quatre à cinq cents États de tous noms et de toute importance, réunis sous le nom d'empire germanique. Mais l'empereur, placé à la tête de cette fédération, n'avait presque aucun pouvoir réel. C'était à sept électeurs qu'était confiée sa nomination : les archevêques de Mayence, de Cologne et de Trèves, le duc de Saxe (cap. Dresde), le margrave de Brandebourg, le roi de Bohême et l'électeur palatin du Rhin (cap. Heidelberg). C'était ensuite aux assemblées nationales qu'on appelait diètes, c'est-à-dire aux princes, aux seigneurs, aux prélats, aux députés des principales villes, qu'il appartenait de faire les lois générales, de régler les contributions fédérales, de décider de la paix et de la guerre.

Cette faiblesse de l'autorité centrale amenait des luttes intérieures presque continuelles.

19. FRÉDÉRIC III. — Avec Albert II, en 1437, la maison de Habsbourg-Autriche était revenue au trône impérial qu'elle ne devait plus quitter. Son cousin, Frédéric III, qui régna après lui pendant plus d'un demi-siècle (1439-1493), gaspilla dans de folles expéditions à Milan et en Hongrie les ressources que lui donnaient ses États héréditaires. Malgré son titre d'empereur, il abandonna l'Allemagne à l'anarchie pour se livrer à ces entreprises où il ne trouva que des revers ; mais il veilla avec plus de soin à l'extension des domaines de sa famille. Par héritage ou par cession volontaire, il réunit en ses mains ou dans celles de son fils tout ce que possédaient les Habsbourg : l'Autriche, la Styrie, la Carinthie, la Carniole, le Tyrol, la haute Alsace, partagés jusque-là entre plusieurs branches. Il donna au duché d'Autriche le titre supérieur d'archiduché, et il lui conféra tant de priviléges qu'il n'y eut plus que le titre d'empereur au-dessus de celui d'archiduc. Enfin, en 1477, il maria son fils Maximilien à la fille de Charles le Téméraire, qui apportait en dot les Pays-Bas, l'Artois et la Franche-Comté, et cette union fut le premier acte d'une politique d'habiles mariages qui a grandement contribué à la grandeur de la maison de Habsbourg.

20. MAXIMILIEN Ier — PROGRÈS DE LA MAISON D'AUTRICHE. — ÉLECTION DE CHARLES-QUINT. —

Maximilien a été surnommé par les Italiens, court d'argent (*pochi danari*), à cause des prodigalités irréfléchies qui le laissaient souvent sans ressources ; mais il avait une âme droite, élevée et généreuse, un esprit ouvert, et sous son règne (1493-1519), de nobles efforts, dans lesquels il eut sans doute une large part, furent faits par les diètes pour donner l'ordre à l'Empire. La guerre fut interdite entre les États de l'Allemagne (1495) ; l'arbitrage d'un tribunal permanent, la Chambre impériale, devait remplacer le droit du plus fort et la toute-puissance du glaive, et, pour faire exécuter les décisions de cette cour, l'Empire se divisa bientôt (1500-1512) en dix cercles, dans chacun desquels un corps de troupes était chargé de maintenir la paix. Maximilien ne put, comme il l'aurait voulu, établir dans l'Allemagne une armée permanente, mais il en donna du moins une à ses États héréditaires en y créant un corps de cavaliers ou *reîtres*, armés de lances, et une infanterie de *piquiers* ou lansquenets. En même temps, la maison de Habsbourg continuait avec plus d'éclat que jamais sa politique d'agrandissements.

En 1496, Philippe le Beau, fils de Maximilien, épousa Jeanne la Folle, héritière de Ferdinand le Catholique et d'Isabelle de Castille ; Philippe, après deux ans de règne, mourut en 1506, Jeanne était incapable de gouverner, et la monarchie espagnole fut assurée pour l'avenir au jeune Charles, premier fruit de leur union. En 1515, le second fils de Philippe le Béau, Ferdinand, se maria avec Anne de Hongrie, fille unique de Louis II, roi de Hongrie et de Bohême, et les Habsbourg eurent encore ces deux couronnes en expectative.

Maîtresse de l'Espagne, du nouveau monde, des Pays-Bas, du quart de l'Allemagne et de la moitié de l'Italie, héritière de la Hongrie et de la Bohême, la maison d'Autriche devenait vraiment pour les libertés allemandes et même pour l'Europe entière une menace et un danger. Cependant, quand Maximilien mourut et qu'il fallut lui choisir un successeur (1519), les électeurs, au lieu de choisir le roi de France, François Ier, qui brûlait de se faire le champion et le chef des États chrétiens contre l'islamisme, donnèrent tous leur voix au fils de Philippe le Beau, déjà roi d'Espagne depuis 1516. L'Autriche et la Hongrie étant les premiers pays menacés par les Turcs, il était plus intéressé que personne à bien défendre l'Empire contre leurs attaques, et on espérait que les richesses de l'Amérique lui permettraien tde le fairesans épuiser les ressources du pays. Ce jeune prince fut alors tout ensemble Charles Ier, roi d'Espagne, et l'empereur Charles-Quint (1).

QUESTIONNAIRE. — 18. Limites de l'empire germanique au milieu du quinzième siècle. — Donnez une idée

____

(1) Du latin *Quintus*, cinquième.

2.

sommaire de son état territorial et de son gouvernement. — Par qui l'empereur était-il nommé? — Parlez de la composition des diètes et de leurs pouvoirs. — Quelles fatales conséquences la faiblesse du pouvoir impérial avait-elle pour l'Allemagne? — 19. A quelle maison appartenait la couronne impériale au milieu du quinzième siècle? — Dates du règne de Frédéric III. — Enumérez les Etats héréditaires de la maison d'Autriche. — Quelle grande succession s'y ajouta par mariage sous Frédéric III, et en quelle année? — 20. Portrait de Maximilien et caractère de son règne. — Faites connaître, avec leurs dates, les lois et les institutions qui mirent fin aux guerres privées en Allemagne. — Quelle force militaire Maximilien donna-t-il à l'Autriche? — Par quel mariage et en quel temps Maximilien prépara-t-il à la maison d'Autriche de nouvelles couronnes? — Que savez-vous de l'élection de son successeur?

CHAPITRE V

L'ITALIE ET SES GUERRES CONTRE LA FRANCE. — LA RENAISSANCE.

21. PRINCIPAUX ETATS DE L'ITALIE. — Quoique bien moins morcelée que l'Allemagne, l'Italie comprenait aussi beaucoup d'Etats. Outre le duché de Savoie, placé sur les deux versants des Alpes et encore à demi étranger à la Péninsule, les principaux étaient Venise, Milan et Gênes au nord, Florence et les Etats de l'Eglise au centre, le royaume de Naples au midi.

La république aristocratique de Venise n'était plus seulement une ville maritime et commerçante, comme au moyen âge : elle était devenue aussi une puissance continentale,

depuis que, dans la première partie du quinzième siècle, elle s'était fait livrer tout le
nord-est de l'Italie jusqu'au cours de l'Adda.
— Le duché de Milan, après l'extinction de la
postérité mâle des Visconti (1447), avait passé
à la famille des Sforza par le libre choix des
Milanais. La République de Gênes, déchirée
par ses divisions intestines, avait fini, pour
trouver le repos, par se donner à la France
(1458); mais Louis XI, qui ne voulait pas de
ces soucis lointains, l'avait, six ans plus tard,
cédée au duc de Milan. — La République dé-
mocratique de Florence, à laquelle Pise et une
partie de la Toscane étaient réunies, était
devenue de fait une monarchie entre les mains
de l'opulente famille des Médicis. Deux de ses
membres, *Cosme, le Père de la patrie* (1434-64),
et *Laurent le Magnifique* (1469-1492), sans autre
titre que celui de gonfalonier de justice (1),
avaient acquis l'influence et le prestige d'une
grande maison souveraine, et ils le devaient à
leur générosité, à leur désintéressement, à la
protection somptueuse dont ils entouraient les
arts et les lettres. — L'Etat de l'Eglise s'étendait entre les deux mers, sur la plus grande
partie de l'Italie centrale; mais nulle part la
souveraineté du pape n'y était bien obéie
ni bien respectée. Les seigneurs avaient pro-

---

(1) La magistrature du gonfalonier de justice était une sorte
de dictature à laquelle on recourait quand les moyens de conci-
liation étaient épuisés. Le gonfalonier appelait alors le peuple
à se ranger sous son gonfalon ou étendard.

lité des attaques des empereurs contre le Saint-Siège au treizième siècle, du séjour des papes à Avignon et des scandales du grand schisme aux quatorzième et quinzième siècles, pour s'ériger partout en souverains indépendants, et leur pouvoir n'était souvent que licence et brigandage. Les premiers papes qui vinrent après le schisme, Nicolas V, Calixte III, Pie II, Paul II, se préoccupèrent pourtant d'un intérêt plus puissant encore, et ils cherchèrent à réveiller contre les Ottomans l'esprit des croisades. Mais il fallut renoncer à cette espérance, et un de leurs successeurs, Alexandre VI (Roderic Borgia, 1492), consacra toute son activité à rétablir l'ordre dans ses Etats, et à forcer à la soumission les vassaux turbulents qui remplissaient le pays de leurs querelles sanglantes. Alexandre VI se servit contre les seigneurs d'un fils qu'il avait eu avant d'entrer dans le sacerdoce, César Borgia, et il eut le tort de l'abandonner dans cette lutte à ses propres instincts et de lui laisser liberté entière. La Romagne fut reprise, les petits tyrans des Etats de l'Eglise furent écrasés; mais César, pour les combattre, dépassa tous les princes du temps en cruauté et en perfidie, et ses crimes, si indignes d'un défenseur du Saint-Siège, ont entouré le nom des Borgia, et celui du pape lui-même, d'une triste célébrité.

Dans le royaume de Naples, la reine Jeanne II, morte sans enfant en 1435, avait adopté successivement le roi d'Aragon Alphonse V, et le prince français, René d'Anjou. Une lutte s'en était suivie ; Alphonse d'Aragon l'avait emporté sur son rival, et, après lui, le royaume était resté à Ferdinand Ier, son fils naturel.

22. Charles VIII appelé en Italie. — René d'Anjou avait, par son testament, légué tout ensemble à Louis XI ses provinces de France et ses droits sur Naples ; mais Louis XI s'était bien gardé de faire valoir ces prétentions. Charles VIII, au contraire, jeune et passionné, se livra follement au désir de prendre ce royaume lointain, et il fut appelé dans la Péninsule par les Italiens eux-mêmes. A Milan, Ludovic Sforza, dit le More (1) avait enlevé le pouvoir à Jean-Marie Galéas, son neveu ; il tenait le jeune prince enfermé dans le château de Pavie, et quand il se vit menacé par Ferdinand de Naples, beau-père de Galéas, il n'eut pas honte d'appeler l'étranger à son aide. A Naples, la tyrannie rapace et cruelle du roi Ferdinand avait soulevé contre lui un grand nombre de seigneurs, et le parti angevin, soutenu par l'opinion publique, faisait aussi appel au roi de France. Charles VIII n'hésita pas, et, pour ne pas laisser à son royaume un danger de guerre pendant sa conquête, il rendit étourdiment à l'Aragon le Roussillon et la Cerdagne, que le roi Jean II avait livrés comme gage à Louis XI, en échange d'un prêt d'argent. Naples, une fois

---

(1) Ce surnom lui venait, soit de son teint basané, soit du mûrier (moro) qu'il portait dans ses armes comme symbole de la prudence.

prise, son imagination ne s'arrêtait pas à si peu : on partirait de là pour l'Orient, on irait combattre les Turcs, on recommencerait les croisades, on reprendrait Constantinople et Jérusalem... De tous ces rêves il ne sortit qu'une promenade triomphale à travers l'Italie, et une conquête rapide, qui fut aussi rapidement perdue.

33. Conquête du royaume de Naples. — L'armée française passa les Alpes au mont Genèvre, en septembre 1494 : elle comptait 30,000 hommes, dont 10,000 cavaliers, des compagnies d'ordonnance et 6,000 fantassins suisses, et elle allait faire l'essai des armes nouvelles : 1,200 bombardes à main (c'était le fusil du temps) et 140 canons de bronze, montés sur des affûts mobiles ; les Italiens n'avaient à opposer à ces forces redoutables qu'un petit nombre de ces soldats mercenaires qui ne cherchaient dans les combats qu'à faire des prisonniers pour augmenter leur solde par des rançons, et pour qui les batailles n'étaient plus que des simulacres de guerre, souvent sans mort d'hommes. Ils n'avaient qu'une lourde artillerie, traînée par des bœufs.

Le duc d'Orléans, envoyé en avant pour soutenir Ludovic le More, battit à Rapallo, près de Gênes, les troupes napolitaines qui étaient venues attaquer l'usurpateur. Charles VIII, de son côté, avec le gros de l'armée, traversa sans coup férir la Péninsule, Turin et Milan, Florence et Rome. Dès que les Français parurent à l'entrée de la Toscane, Pierre II, fils de Laurent le Magnifique, livra à Charles VIII les places fortes qui la protégeaient, et l'indignation des Florentins, qui chassèrent les Médicis, n'empêcha pas les envahisseurs de traverser librement leur territoire. A Rome, Alexandre VI fut réduit à livrer le prince turc Gem ou Zizim, frère et rival du sultan Bajazet II ; les chevaliers de Rhodes chez lesquels il avait cherché un asile, l'avaient remis aux mains d'Innocent VIII, et Charles VIII comptait se servir de lui pour exciter des troubles chez les Turcs ; mais Zizim mourut peu après dans le camp français. Enfin, dans le royaume de Naples, Alphonse II, qui venait de succéder à son père, abdiqua en faveur de son fils, Ferdinand II. Celui-ci, abandonné par ses troupes à San-Germano, s'enfuit dans l'île d'Ischia, et Charles VIII, se parant solennellement des titres d'empereur d'Orient, de roi de Naples, de roi de Jérusalem, entra en triomphe à Naples.

24. Ligues contre la France. — Bataille de Fornoue. —L'ivresse du succès ne fut pas longue. Au lieu de s'appuyer à Naples sur le parti angevin et de lui restituer ses biens confisqués, Charles réserva pour les Français toutes les dignités et toutes les faveurs : la froideur et le mécontentement remplacèrent les acclamations enthousiastes des premiers jours. En même temps, l'Italie, pour chasser l'étranger, l'Europe, pour arrêter l'agrandissement de la France, formaient des ligues contre le jeune

conquérant. Venise, Alexandre VI et Ludovic le More, devenu de droit duc de Milan par la mort de son neveu, rassemblèrent une armée pour écraser celle de la France.

Ferdinand d'Espagne, Henri VII d'Angleterre et Maximilien d'Autriche, élu empereur, se disposèrent à envahir ses frontières. Ainsi s'entrevoyait, pour la première fois, la politique moderne, invariablement suivie depuis lors : elle consiste dans l'union des divers États pour faire contrepoids à l'État plus puissant dont l'ambition et l'extension les inquiètent, et on l'a appelée le *système d'équilibre européen*.

Charles VIII partagea alors ses troupes en deux moitiés, laissa onze mille hommes à Naples, et partit avec le reste pour courir à la défense de son royaume. La victoire de Fornoue près de Parme, remportée contre une armée cinq fois plus nombreuse, permit aux Français une glorieuse retraite (1495) ; mais la conquête fut perdue.

Ferdinand le Catholique envoya des secours à son cousin de Naples, et, malgré plusieurs victoires, les troupes françaises perdirent une à une toutes les places ; elles évacuèrent du moins le pays honorablement et enseignes déployées.

25. Louis XII. — Conquête du Milanais. — Conquête et perte du royaume de Naples. — A Charles VIII, mort sans laisser d'enfants, succéda le duc d'Orléans sous le nom de *Louis XII* (1498-1515). Après avoir obtenu du pape

Alexandre VI la rupture de son mariage avec Jeanne de France, fille de Louis XI, qu'il n'avait épousée que par ordre et malgré lui à l'âge de quatorze ans, il se remaria avec la veuve de son prédécesseur, et empêcha ainsi la Bretagne de passer à des mains étrangères.

Son règne fut rempli tout entier par de nouvelles guerres d'Italie, et les résultats n'en furent pas plus heureux que sous Charles VIII. Aux prétentions sur Naples, qui lui venaient de ses deux prédécesseurs, il ajouta celles de la maison d'Orléans sur le Milanais, sa grand'mère, Valentine Visconti, étant sœur du dernier duc de cette famille, mort en 1447. Le roi de France fit accord avec les Vénitiens contre Ludovic le More, et en moins d'un an, il prit, perdit et reprit la province réclamée (1499-1500). Ludovic, abandonné par ses mercenaires suisses, qui ne voulurent point combattre contre ceux de l'armée française, essaya de s'échapper sous un déguisement; mais il fut reconnu, fait prisonnier et conduit au château de Loches (Indre-et-Loire), où il mourut au bout de huit ans.

Le royaume de Naples eut son tour après le Milanais. Pour cette nouvelle conquête, Louis XII s'entendit avec Ferdinand le Catholique, sans songer que cet allié était le plus fourbe des rois de son siècle, et qu'il se faisait un jeu de violer sa parole et de rompre ses engagements. Le traité secret de Grenade

(1500), partageant à l'avance la conquête, donna la couronne à Louis XII, le titre de duc de Pouille et de Calabre à Ferdinand. Puis les Français attaquèrent le pays de Naples, dont le roi Frédéric III appela en toute confiance son cousin d'Espagne à le soutenir. Il n'eut connaissance de la trame que lorsque ses places fortes étaient aux mains du général espagnol Gonzalve de Cordoue, et il vint terminer sa vie en France, où Louis XII lui donna le comté du Maine et une pension de trente mille ducats. En s'applaudissant de cette facile acquisition, le roi de France comptait sans la mauvaise foi de son allié. Des contestations s'élevèrent bientôt, et les victoires de Séminara, de Cérignoles et du Garigliano livrèrent en 1503 le royaume tout entier au roi d'Espagne.

26. Traités de Blois. — Ligue de Cambrai et bataille d'Agnadel. — Louis XII était, en politique, aussi imprévoyant ou irréfléchi qu'on peut l'être. Malade et découragé après la perte de Naples, il signa en 1504 les traités de Blois, qui eussent été pour le pays un abominable désastre, si on les avait complètement exécutés. L'un donnait le Milanais et deux provinces françaises, la Bretagne et la Bourgogne, à sa fille Claude, fiancée, bien qu'enfant encore, au jeune Charles d'Autriche, petit-fils de l'empereur Maximilien et de Ferdinand le Catholique ; c'était le démembrement de la France et l'établissement de ses ennemis sur toutes

ses frontières. Dans l'autre traité, Louis XII, entraîné par le désir de rendre au Milanais les villes enlevées par Venise à ses anciens ducs ou cédées par lui-même au début de son règne (Brescia, Crême, Bergame, Crémone), fit alliance avec Maximilien contre cette République, la seule puissance amie que la France eût alors dans la Péninsule. Le premier de ces traités fut annulé sur les réclamations des Etats de Tours, et la princesse Claude fut fiancée à son cousin, François d'Angoulème, héritier présomptif de la couronne. Le second traité reçut son accomplissement en 1508, et la ligue de Cambrai réunit contre les Vénitiens le pape *Jules II*, le roi de France, l'empereur Maximilien et le roi d'Espagne, qui tous avaient quelque ville ou quelque province à leur réclamer. Prêt avant les autres, Louis XII entra sur le territoire de Venise en mai 1509, et il rencontra à Agnadel sur l'Adda les 40,000 soldats de l'Alviano. Une grande bataille y fut livrée, l'Alviano fut forcé de se rendre après une résistance héroïque, et Venise, privée de toutes ses possessions et réduite aux lagunes au milieu desquelles elle est bâtie, trembla un moment pour son indépendance. Les divisions de ses ennemis la sauvèrent.

27. LE PAPE JULES II. — LE MILANAIS REPRIS A LA FRANCE. — Le pape Jules II, patriote ardent et plein d'énergie, poursuivait un double but : chasser de l'Italie les barbares, comme il disait, c'est-à-dire les étrangers quels qu'ils fussent,

Français, Allemands ou Espagnols, qui voulaient en être les maîtres ; rendre à la Péninsule l'unité de direction et les vertus militaires qui pouvaient seules la protéger contre l'ambition de ses voisins, et, pour cela, la placer tout entière sous la main du Saint-Siége. Quand il eut, pour fortifier l'Etat romain, repris à Venise Ravenne, Rimini et les autres villes enlevées aux Papes, il se rapprocha des Vénitiens pour travailler de concert à l'affranchissement de l'Italie. Louis XII vit dans ce rapprochement un abandon des conventions de Cambrai et une cause de rupture : il attaqua le pape et lui prit Bologne, et Jules II, trouvant alors partout des appuis contre la France, réunit, sous le nom de *Sainte Ligue*, Venise et le roi d'Espagne, Henri VIII d'Angleterre et l'empereur Maximilien (1511). Lui-même, à l'occasion, se fit chef de guerre, pour donner aux Italiens l'exemple de cet esprit militaire qu'il voulait rallumer en eux, et on le vit, à soixante-dix ans, couvert d'une armure et le casque en tête, pointer ses canons contre la Mirandole (près de Modène), la prendre d'assaut, et y entrer par la brèche à la tête de son armée. Vivement attaquée en Italie, la France était menacée sur toutes ses frontières par les confédérés, quand un jeune homme de vingt-deux ans, *Gaston de Foix* neveu de Louis XII, releva pour un instant son drapeau. Il délivra, au cœur de l'hiver Bologne assiégée, reprit d'assaut aux Vénitiens la ville milanaise de Brescia, que la trahison leur avait livrée, et battit les Espagnols devant Ravenne, où malheureusement il fut tué au milieu de son triomphe.

Les fautes des successeurs de Gaston permirent à Jules II de reprendre la Romagne et d'y ajouter même Parme, Plaisance et Reggio. Le pape mourut en 1513, mais le cardinal Jean de Médicis, qui lui succéda sous le nom de *Léon X*, resta l'ennemi des Français, qui furent vaincus à Novare. Les Médicis rentrèrent à Florence, les Sforza à Milan, la France même fut envahie, ses troupes battues à Guinegate (Pas-de-Calais) par les Anglais et les Impériaux, et tout ce que put faire Louis XII par les traités qui terminèrent son règne (1513-1514), ce fut de protéger l'intégrité du royaume. Le titre mérité de *Père du peuple* protège mieux sa mémoire que le souvenir de ses conquêtes éphémères.

28. François Ier. — La victoire de Marignan rend le Milanais a la France. — Le règne de *François Ier*, cousin et gendre de Louis XII, débuta par une éclatante victoire sur les Suisses à la solde des Sforza. Ce fut la bataille de Marignan près de Milan « combat de géants », qui dura deux jours et qui rendit le Milanais à la France. Par le traité de Fribourg, dit *paix perpétuelle*, les Suisses, après leur défaite, devinrent les fidèles alliés de la France.

Quatre ans plus tard, en 1519, l'avénement de Charles-Quint à l'empire donna aux guerres d'Italie un caractère tout nouveau. La maison d'Autriche, qui réunissait à ses propres Etats les trois grandes successions de Bourgogne, d'Espagne et de Hongrie, devenait un danger pour l'Europe entière, et les luttes dont la Péninsule était le théâtre, cessèrent d'être des guerres d'ambition et de conquête pour devenir des guerres protectrices de l'équilibre européen menacé.

QUESTIONNAIRE. — 21. Principaux Etats de l'Italie dans la seconde moitié du quinzième siècle. — Parlez successivement de chacun d'eux. — Etat moral de l'Italie à cette époque. — 22. Origine des prétentions de la France sur Naples. — Par qui Charles VIII fut-il appelé en Italie? — Bornait-il ses projets à la conquête du royaume de Naples? — 23. Comparez l'armée d'invasion aux forces militaires de l'Italie. — Racontez brièvement l'expédition de Charles VIII jusqu'à son entrée à Naples. — 24. Indiquez les divers motifs qui suscitèrent alors des ennemis à la France. — Définissez la politique d'équilibre européen. — Que devint le royaume de Naples après le départ de Charles VIII? — 25. Dates de l'avénement et de la mort de Louis XII. — Parlez de son divorce et de son nouveau mariage. — Quelles prétentions nouvelles éleva-t-il sur l'Italie? — Racontez, avec sa date, la conquête du duché de Milan. — Résumez, avec les dates principales, l'histoire de la conquête et de la perte du royaume de Naples. — 26. Indiquez la date et les conventions des traités de Blois. — Furent-ils exécutés l'un et l'autre? — Quelle ligue se forma contre Venise, et quel succès remporta sur elle Louis XII? — 27. Caractère patriotique de la politique de Jules II. — Quel motif amena une rupture entre le saint-siège et Louis XII? — Quelle ligue Jules II forma-t-il alors contre la France? — Racontez, avec les dates, les succès de Gaston de Foix et les revers qui suivirent sa mort. — 28. Quelle victoire rendit le Milanais à la France sous François Ier? — Quelles furent les relations de la France avec les Suisses après la bataille de Marignan?

CHAPITRE VI

29. LA RENAISSANCE. — L'Italie, sans union et sans esprit militaire, ne pouvait résister à l'étranger ; mais les lettres et les arts lui donnèrent, dans le premier siècle des temps modernes, une grandeur incomparable. On appelle ce siècle le siècle des Médicis ou de Léon X, parce que les Médicis et le pape Léon X, qui était de cette famille, .furent alors les plus ardents promoteurs du grand mouvement littéraire et artistique qu'on désigne sous le nom de *Renaissance*. Sous la direction des savants grecs réfugiés en Italie après la prise de Constantinople, les lettres antiques, peu étudiées jusque-là, le furent avec une ardeur passionnée par tout ce qu'il y avait d'hommes cultivés dans la Péninsule. Les chefs-d'œuvre de la Grèce et de Rome dans les lettres et dans les arts devinrent l'objet d'une sorte de culte, et les Italiens s'inspirèrent de ces modèles.

30. GRANDS ÉCRIVAINS DU SIÈCLE DES MÉDICIS. — Ils eurent en ce temps trois écrivains de premier ordre : *l'Arioste,* que son *Roland furieux* range parmi les quatre grands poètes de l'Italie (1), et deux grands historiens, *Machiavel* et *Guichardin*. On a justement reproché à Machiavel d'avoir, dans son livre *du Prince* (1515), raconté froidement et sans blâme la politique odieuse et les abominables perfidies des souverains de son temps.

31. GRANDS ARTISTES DU MÊME TEMPS.—Sous Jules II, *Bramante* donna le plan et commença la construc-

---

(1) Les deux premiers étaient *Dante* et *Pétrarque* qui vivaient au quatorzième siècle ; le quatrième est *Le Tasse*, qui publia sa *Jérusalem délivrée* en 1575.

tion de l'église Saint-Pierre de Rome, dont *Michel-Ange* fit plus tard la merveilleuse coupole; sculpteur et peintre en même temps qu'architecte, Michel-Ange eut, avec *Donatello*, la gloire de maintenir la sculpture au degré de perfection qu'avait atteint *Ghiberti* dès le siècle précédent. Parmi les peintres que l'Italie offrit alors à l'admiration des siècles, remarquons surtout *Léonard de Vinci* et *Michel-Ange*, chefs de l'école florentine; *Raphaël Sanzio*, le premier peintre de l'école romaine et du monde entier; *Le Corrége*, chef de l'école lombarde; Le *Titien et Paul Véronèse*, chefs de l'école vénitienne. A tant de grands noms ajoutons celui de *Palestrina*, dont la musique religieuse réunit la majesté du style, la vérité de l'expression, l'angélique douceur des mélodies.

32. COPERNIC. — Les sciences dans le même temps firent en Pologne une grande découverte : En 1543, le Polonais *Copernic* dédia au pape Paul III l'ouvrage où, contre les idées de Ptolémée adoptées par les astronomes de l'époque, la rotation de la terre et des planètes autour du soleil était prouvée pour la première fois.

QUESTIONNAIRE. — **29.** A quel temps donne-t-on le nom de Renaissance? — Quels protecteurs des lettres et des arts ont donné leur nom au siècle de la Renaissance? — Donnez une idée de l'influence qu'exercèrent en Italie les savants grecs qui s'y réfugièrent au quinzième siècle. — **30.** Indiquez les noms des grands écrivains de la Renaissance. — **31.** Quel architecte donna le plan et commença la construction de Saint-Pierre de Rome? — Qui en fit la coupole? — Nommez les deux artistes qu'on regarde comme les créateurs de la sculpture moderne. — Quels furent les principaux peintres de l'Italie au seizième siècle? — Quel grand compositeur eut en ce temps l'Italie, et dans quel genre de musique? — **32.** Indiquez, avec sa date et son auteur, la grande découverte de l'astronomie au seizième siècle.

CHAPITRE VII

LE NORD ET L'ORIENT DE L'EUROPE, — ÉTATS
SCANDINAVES ET SLAVES, — TURCS OTTOMANS.

33. SCANDINAVES ET SLAVES — Au nord de
l'Europe, les Etats scandinaves (Suède, Danemark et Norwège), et, à l'extrémité orientale, les pays slaves (Pologne et Russie)
étaient encore complètement isolés des autres
peuples.

En 1397, Marguerite de Valdemar, qui, par
héritage ou par élection, réunissait sous son
sceptre les trois Etats scandinaves, et qui n'a-
vait point d'héritier, avait fait décréter par les
Etats des trois royaumes, réunis à Calmar
leur union perpétuelle sous un roi électif;
mais cet acte, que les populations voyaient
avec répugnance, n'avait enfanté que la division et la guerre, et l'union de Calmar, plusieurs fois brisée et renouvelée, devait être
définitivement détruite en 1523. Des deux
grands pays slaves, la Pologne était alors le
plus important, et elle formait avec la Lithuanie un vaste royaume ; mais sa constitution
anarchique était pour elle un grand principe
de faiblesse : dans les assemblées des nobles,
sans lesquelles le roi ne pouvait agir, il fallait,
pour l'adoption de toute mesure, l'unanimité
des votes, et ce droit de libre opposition (*libe-*

3.

rum veto), qui permettait à un seul seigneur de tout entraver, était une cause perpétuelle d'agitations et de luttes. La Russie était, depuis le treizième siècle, soumise par les Mongols à la plus humiliante sujétion, et le khan de la tente ou horde d'or commandait au grand-duc de Moscou comme à un esclave ; le grand-duc Ivan III allait en 1483 affranchir son pays de ce joug odieux, mais sans le tirer de la barbarie où il devait rester plongé longtemps encore.

34. TURCS OTTOMANS. — Au sud-est, l'empire grec était remplacé par celui des Turcs Ottomans. L'empire ottoman comprenait, en 1453 : 1° la presqu'île d'Asie Mineure, sauf quelques villes dont la principale était Trébizonde, sur les bords de la mer Noire ; 2° toute la péninsule grecque jusqu'aux monts Balkans, à la seule exception de l'Albanie, dont un héros chrétien, Scanderbeg, défendait vaillamment l'indépendance : tout le reste était asservi ou du moins tributaire ; 3° une grande partie de la vallée du bas Danube : la Moldavie et la Valachie au nord du fleuve ; la Bulgarie, la Servie, la Bosnie, la Croatie au sud, obéissaient au sultan ou lui payaient tribut.

Cet empire était bien vaste, et *Mahomet II*, une fois maître de Constantinople, chercha sans relâche à l'agrandir encore. Il voulait détruire le christianisme et il en fit plus tard d'ailleurs le vœu solennel ; il fallait la guerre à ce peuple de soldats barbares et toujours avides de nouveaux pays, à cette terrible milice des janissaires, enfants livrés en tribut ou captifs de guerre, qui n'apprenaient, dans toute leur jeunesse, qu'à bien obéir, à bien se battre et à haïr les chrétiens. Au commencement de son règne (1456), Mahomet échoua devant Belgrade, vaillamment défendue par Jean Hunyade Corvin, régent de Hongrie au nom de Ladislas le Posthume; le héros, mortellement blessé après quarante jours de siége, eut du moins la consolation de voir partir les ennemis de sa patrie et de sa foi, et son fils Mathias Corvin, appelé au trône deux ans plus tard, sut comme lui faire du Danube une barrière infranchissable. A la fin de son règne (1480), Mahomet échoua de même devant l'île de Rhodes, dont les chevaliers, et leur grand maître Pierre d'Aubusson, résistèrent trois mois à 100,000 hommes, à 160 vaisseaux et à une formidable artillerie. Mais entre ces deux grands revers, le vainqueur de Constantinople acheva de réduire tout ce qui, soit en Asie Mineure soit en Grèce, conservait encore l'indépendance ou seulement une apparence et une ombre de liberté. L'Albanie résista tant qu'elle eut Scanderbeg à sa tête; mais en 1467, une fièvre ardente l'emporta, il mourut après avoir lutté vingt-trois ans, remporté vingt-deux victoires, et alors tout fut perdu.

Mahomet II prit encore aux Génois l'importante ville de Caffa en Crimée; aux Vénitiens la grande île de Négrepont, et il imposa un humiliant tribut à ces maîtres de l'Adriatique. Il venait même de s'emparer d'Otrante, qui lui ouvrait le royaume de Naples, quand sa mort délivra l'Italie et la chrétienté de leurs inquiétudes (1480). Les Turcs furent chassés d'Otrante, et la Péninsule ne les revit plus.

Les deux successeurs de Mahomet, *Bajazet II* (1481-1512) et *Sélim Ier le Féroce* (1512-1530), dirigèrent presque toujours contre l'Orient leur insatiable ambition et l'activité turbulente de leurs sujets. Bajazet tourna ses armes contre les Mamelucks ses voisins qui formaient sous leurs soudans une république militaire en Egypte et en Syrie. Il fut vaincu à Issus, en Cilicie (1488), mais son fils Sélim fut plus heureux, et, sous ce monstre, meurtrier de son père et de ses frères, les Ottomans purent satisfaire leur soif de batailles et de conquêtes. Une guerre contre la Perse leur donna l'Arménie et la Mésopotamie. Revenant ensuite à la tentative avortée de Bajazet, Sélim vainquit les Mamelucks à Alep, à Gaza, au Caire (1516-1517), et en fit massacrer de sang-froid plus de vingt mille. Après cette conquête de l'Egypte et de la Syrie, l'Arabie et ses villes saintes de la Mecque et de Médine se soumirent d'elles-mêmes. Enfin le pirate Kaïr-Eddyn, dit Barberousse, devenu maître d'Alger, vint reconnaître le sultan de Constantinople pour son souverain. L'empire ottoman avait doublé d'étendue.

QUESTIONNAIRE. — 33. Dites quelques mots des Etats scandinaves et des pays slaves dans les premiers temps de l'histoire moderne. — 34. Quels pays comprenait l'empire ottoman en 1453 ? — Dates du règne de Mahomet II. — Quels revers essuya-t-il dans ses guerres contre les chrétiens ? — Ces revers l'empêchèrent-ils d'augmenter l'étendue de l'empire ? — Nommez, avec les dates de leur règne, les deux successeurs de Mahomet II. — Guerre de Bajazet II contre les Mamelucks et ses résultats. — Racontez brièvement les crimes et les conquêtes de Sélim Ier.

CHAPITRE VIII

DÉCOUVERTES MARITIMES DES PORTUGAIS ET DES ESPAGNOLS. — CHRISTOPHE COLOMB.

35. DÉCOUVERTE DE LA ROUTE MARITIME DE L'INDE. — VASCO DE GAMA. — A la fin du quinzième siècle, la découverte de la route maritime de l'Inde et celle de l'Amérique changèrent la direction du commerce et doublèrent l'étendue du monde connu.

De 1438 à 1486, les navigateurs portugais avaient exploré et reconnu toutes les côtes occidentales de l'Afrique ; en 1486, *Barthélemy Diaz* découvrit la pointe sud, qu'il appela cap des Tourmentes, à cause des tempêtes qui l'y avaient assailli, mais le roi Jean II lui ôta ce nom décourageant pour lui donner celui de cap de Bonne-Espérance. En 1497, sous Emmanuel le Fortuné, *Vasco de Gama*, avec quatre vaisseaux et 160 hommes, doubla ce cap, suivit la côte orientale jusqu'à Mozambique, traversa la mer d'Oman avec un pilote

du pays, et aborda dans la ville indienne de
Calicut (mai 1498). Les Arabes avaient été
jusque-là les maîtres du commerce entre
l'Inde et l'Afrique ; ils craignirent que ces
étrangers devinssent pour eux des rivaux,
et leurs craintes mirent plusieurs fois en
danger, dans ce premier voyage, Vasco de
Gama et ses compagnons, qui ne trouvèrent à
Calicut qu'un mauvais accueil. Dans une
seconde expédition, dirigée par *Alvarez Cabral*
(1500-1501), les vaisseaux portugais furent
d'abord poussés vers l'ouest par la tempête, et
jetés sur la terre américaine du Brésil, dont
Cabral prit possession au nom de son roi ; dans
l'Inde il conclut des traités avec les souverains
de Cochin et de Cananor, au sud et au nord de
Calicut ; mais dans cette dernière ville il eut
encore à lutter contre la jalousie des Arabes et
contre le mauvais vouloir du zamorin, qui
voulait rester maître entre les deux peuples.
Vasco de Gama, nommé par Emmanuel le
Fortuné amiral des mers de l'Inde, vint en
1502 avec dix-neuf vaisseaux châtier le meurtre des Portugais qui étaient restés à Calicut,
et mettre un terme à la résistance des
indigènes. En Afrique, il bâtit sur la côte de
Mozambique des comptoirs fortifiés, centres et
entrepôts de commerce qui préparèrent tout
ce pays à passer de la domination des Arabes
à celle des Portugais.

36. Empire colonial des Portugais. — Albuquerque. — Les Portugais donnèrent le titre de

Vice-roi au chef suprême de leurs établissements d'Afrique et d'Asie. C'est dire toute l'importance qu'ils attachaient à cet empire colonial naissant, et leurs espérances ne furent pas trompées. Le premier vice-roi, François d'Almeïda (1505-1509) subjugua toute la côte orientale d'Afrique depuis Mozambique jusqu'au cap Guardafui. Dans l'Inde, il s'empara d'une partie de l'île de Ceylan, et à la côte de Malabar, dont Gama s'était assuré la soumission ou l'alliance, il ajouta, par la victoire navale de Diu, au nord-ouest de l'Hindoustan, celles de Guzérat et de Cambaye.

En même temps (1507-1508), *Albuquerque*, que ses compatriotes ont à bon droit surnommé le Grand, occupa et fortifia l'île de Socotora, en face du détroit par lequel s'ouvre la mer Rouge ; les Portugais purent de là surveiller l'entrée de cette mer contre les vaissaux égyptiens qui auraient voulu de nouveau s'opposer à leurs progrès dans l'Inde et contre les vaisseaux arabes qui auraient encore tenté d'introduire en Egypte les denrées de l'Asie, comme ils le faisaient depuis des siècles. Le grand capitaine voulut dominer de même le golfe Persique et assurer au Portugal le commerce des précieux tissus que l'Euphrate apporte de l'Inde septentrionale, et notamment de la vallée de Cachemire jusqu'aux portes de Bassorah ; dans ce but, il saccagea et détruisit presque la ville arabe de Maskate, placée à l'entrée de ce golfe, et malgré la résistance d'une flotte nombreuse, construisit une forteresse à Ormuz, sur le rivage opposé. Nommé vice-roi lui-même en 1509, il prit l'année suivante Goa, sur la côte occidentale de l'Hindoustan, et il en fit la capitale de l'Inde portugaise. En 1511, il alla bombarder et assiéger le riche port de Malacca, à l'extrémité de l'Indo-Chine, et, ni la formidable artillerie, ni les nombreux éléphants de guerre des assiégés, n'empêchèrent ce centre commercial de tomber aux mains des Européens. Albuquerque touchait presque alors aux îles Moluques, les terres les plus fertiles du globe, et il les envoya reconnaître aussitôt. Ainsi naquit, dans toute la largeur de l'ancien monde, l'empire colonial des Portugais, dont les établissements formèrent bientôt, autour de l'Afrique et au sud de l'Asie, sur un espace de près de 4,000 lieues, une lisière étroite et souvent interrompue. Cette époque héroïque des Portugais fut presque aussitôt chantée par leur grand poète, *Camoëns*, qui consacra à Vasco de Gama l'épopée éminemment nationale qu'il appela les *Lusiades* (1572) (1).

37. CHRISTOPHE COLOMB. — DÉCOUVERTE DE L'AMÉRIQUE. — Le Génois *Christophe Colomb*, né en 1441, était un des meilleurs marins d'Europe. Il savait que la terre est ronde, et il lui semblait impossible qu'il n'y eût de continent

___

(1) Ce titre du poème vient du nom de Lusus, qu'on supposait avoir été le père des Lusitaniens, anciens habitants du Portugal.

que d'un seul côté du globe, et que l'autre ne fût qu'un immense océan ; il croyait d'ailleurs, comme les anciens, l'Asie plus étendue en largeur qu'elle ne l'est réellement, et il se disait, qu'en voguant directement à l'ouest, on devait inévitablement arriver à l'extrémité orientale de l'Inde.

Pour avoir le moyen d'accomplir son entreprise, Colomb s'adressa vainement à sa patrie, à l'Angleterre, au Portugal ; en Espagne, où il reçut de la reine Isabelle un meilleur accueil, il lui fallut attendre six ans que la guerre de Grenade fût terminée. Le 3 août 1492, il partit avec trois petits vaisseaux du port de Palos en Andalousie. On cingla d'abord vers les îles Canaries, depuis longtemps déjà aux mains des Espagnols, puis on s'avança sur une mer inconnue. Quand, au bout de trois semaines de navigation, les matelots se trouvèrent toujours sur un océan sans bornes, leur espérance plusieurs fois trompée se changea en découragement et en projets de révolte. Colomb, sommé de reprendre le chemin de l'Europe, eut à soutenir bien des luttes, d'où il ne sortit qu'à force de sang-froid et de fermeté. Enfin, dans la nuit du 11 au 12 octobre, un matelot de *la Pinta*, placé en vigie, fit entendre le cri de *Terre!* Au point du jour, les Espagnols virent une île verdoyante, couverte de bois et arrosée par plusieurs cours d'eau. C'était *Guanahani* l'une des Lucayes, à laquelle Christophe Colomb donna le nom de San-Salvador. Il découvrit ensuite, dans cette première expédition, les autres îles Lucayes, puis deux des grandes Antilles, et Haïti, qu'il appela Hispaniola, et Cuba, il retourna alors en Espagne au milieu de l'enthousiame universel. Dans une seconde expédition, faite de 1492 à 1495 avec 17 vaisseaux et 1,500 passagers, il reconnut les deux autres Antilles, qu'il nomma la Jamaïque et Puerto-Rico et quelques-unes des petites Antilles (la Désirade, la Dominique, Marie-Galante. la Guadeloupe.)

Enfin dans son troisième et son quatrième voyage (1498-1500, 1502-1504), il toucha le. continent d'Amérique : dans l'un il longea, jusqu'aux bouches de l'Orénoque, la côte nord de l'Amérique méridionale ; dans l'autre, il reconnut le rivage oriental de l'isthme qui unit les deux Amériques, et il s'avança dans celle du Nord jusqu'au cap Gracias à Dios, et dans celle du Sud jusqu'au golfe de Darien. Deux autres petites Antilles, la Trinité et la Martinique, furent aussi découvertes dans ces dernières expéditions.

Quelques reproches qu'on ait pu faire à l'administration inhabile et maladroite de Colomb, rien ne peut excuser les souverains d'Espagne de l'ingratitude à peine croyable qu'ils lui montrèrent. Pendant son troisième voyage, un juge, Bovadilla, fut envoyé dans les îles qui venaient d'être découvertes, avec mission d'examiner et de contrôler sa conduite, et Bovadilla le fit charger de fers et embarquer pour l'Europe avec ses deux frères, enchaînés comme lui. Tout le peuple fut saisi d'indignation à cette vue, et Isabelle, triste et honteuse des odieux traitements infligés à l'illustre captif, lui fit rendre sa liberté, et un peu plus tard quelques vaisseaux ; mais Colomb ne recouvra ni son titre de vice-roi, ni ses honneurs ; et sa part des trésors qu'on commençait à recueillir dans les mines du nouveau monde ne lui fut jamais donnée. La mort de sa protectrice, Isabelle, en 1504, lui porta le dernier coup ; il se retira alors à Valladolid et y vécut obscurément jusqu'en 1506.

Le malheureux Colomb n'a pas même laissé son nom au monde inconnu qu'a découvert son génie. Les terres découvertes n'étant à ses yeux qu'un prolongement de l'Asie, on les appela d'abord Indes occidentales parce que, pour s'y rendre, on prenait la direction de l'Occident. Mais en 1507, le Florentin *Améric Vespuce* publia en Italie le journal des quatre voyages qu'il avait faits dans ces pays pour le compte de l'Espagne, et il dut à cette relation l'honneur usurpé de donner son nom à l'Amérique.

38. Conquête du Mexique et du Pérou. — L'Amérique découverte, la conquête de ses divers Etats fut facile et rapide. Avec 600 fantassins, 15 cavaliers et quelques canons qui jetèrent partout l'épouvante, un jeune officier, *Fernand Cortez*, enleva le vaste empire du Mexique à son souverain Montézuma. La rapacité des

compagnons de Cortez excita bientôt une révolte, dans laquelle Montézuma fut tué d'un coup de pierre en cherchant à apaiser ses sujets. Cortez, assailli par des milliers d'indigènes armés de flèches et de pierres tranchantes, fut contraint de quitter Mexico, et perdit la plupart de ses soldats. Mais il revint avec de nouvelles troupes, fit construire des brigantins, assiégea Mexico par le lac au milieu duquel elle était bâtie, s'empara de la ville malgré une résistance acharnée, et condamna bientôt le nouvel empereur, Guatimozin, à être brûlé vif comme coupable de conspiration (1519-1521). La conquête du Pérou coûta moins de peine encore : deux aventuriers de la plus basse extraction, *Pizarre* et *Almagro* dépouillèrent de sa souveraineté et de ses immenses richesses la famille des Incas, qui se disaient fils du Soleil (1532), et bientôt toute l'Amérique du Sud, à l'exception du Brésil, et toute l'Amérique du Centre furent aux mains des Espagnols, avec Lima et Mexico pour capitales.

39. Conséquence des découvertes du dix-huitième siècle pour l'Europe, pour l'Asie et pour le nouveau monde.—Les découvertes maritimes du dix-huitième siècle, qui devaient, dans les deux siècles suivants, se compléter par celle de l'Australie et des nombreuses îles océaniennes, eurent de grandes conséquences pour l'Europe et pour les régions nouvelles qu'elles ouvrirent à ses vaisseaux.

Elles changèrent la direction du commerce, et elles transportèrent la grandeur commerciale du bassin de la Méditerranée aux côtes de l'Océan. C'était jusque-là Venise qui avait répandu en Europe les produits de l'Asie, que ses vaisseaux allaient chercher en Egypte ; elle perdit, avec cet important négoce, la principale source de sa fortune.

Les mines d'or du Pérou et du Mexique, qui, de 1492 à 1495, donnèrent cinquante milliards à l'Espagne, détournèrent les Espagnols de l'agriculture et de l'industrie, sources de la vraie richesse.

Les missionnaires portèrent l'Evangile dans l'Asie et dans le nouveau monde. L'Espagnol *saint François-Xavier*, qui a reçu le titre spécial d'apôtre de l'Inde, alla pendant dix ans semer la foi chrétienne dans l'Hindoustan, dans l'Indo-Chine, aux Moluques et dans le Japon ; partout où il parut, ce fut par milliers que les conversions se comptèrent, et quand il mourut, âgé seulement de quarante-six ans, il allait, malgré les lois rigoureuses du pays, pénétrer dans cet empire de Chine où nul missionnaire n'était entré depuis le temps des Mongols (1552). En Amérique, le pape Alexandre VI envoya des franciscains dès 1493 ; la conversion des peuples fut des plus rapides, et les indigènes renoncèrent bientôt de toutes parts à leurs idoles. Malheureusement les Espagnols apportèrent en même temps dans le nouveau monde la plus dure des servitudes, et l'esclavage antique y reparut avec toutes ses horreurs. Les aventuriers cupides qui s'étaient faits les maîtres de l'Amérique épuisèrent sans pitié une race faible et molle par le travail incessant des mines ; c'était par milliers que les malheureux Indiens périssaient chaque jour sous le poids des mauvais traitements et de la fatigue. Les missionnaires luttèrent contre cette férocité avec une constance infatigable mais avec peu de fruit, et l'histoire a particulièrement conservé, en l'entourant d'une sympathique vénération, le nom du dominicain *Barthélemy de Las Casas*, qui consacra à la défense des Indiens presque tout le cours de sa longue vie. A l'iniquité révoltante contre laquelle protestait Las Casas s'en ajouta bientôt une autre, le commerce inhumain de la traite des noirs. Pour remplacer les Indiens, dont le nombre diminuait chaque jour, on jeta par milliers dans le nouveau monde des nègres achetés sur les côtes d'Afrique. L'esclavage des noirs vient seulement d'être aboli après trois siècles et demi de durée (1).

QUESTIONNAIRE. — 35. Enumérez les grandes découvertes des Portugais à la fin du quinzième siècle. — Racontez, avec leurs dates et leurs résultats, les voyages de Barthélemy Diaz en Afrique, de Vasco de Gama et de Cabral dans l'Hindoustan. — Quel pays d'Amérique fut découvert par les Portugais et en quelle année? —

------

(1) C'est sans fondement aucun qu'on a accusé Las Casas d'avoir, dans l'intérêt des Indiens, suggéré cette idée. Il énumère dans ses ouvrages tous les remèdes qu'il faudrait apporter à leurs maux, et il n'y est nullement question des nègres.

36. Nommez, avec leurs dates, les premiers vice-rois de l'Inde portugaise. — Progrès des Portugais sur la côte d'Afrique et dans l'Inde sous François d'Alméida. — Quand, comment et dans quel but Albuquerque rendit-il les Portugais maîtres de la mer Rouge et du golfe Persique? — Quelle conquête fit-il après la prise de Goa? — Indiquez l'étendue de l'empire colonial des Portugais. — Faites connaître le nom et l'époque du grand poète portugais, le titre et le sujet de son poème. — 37. Date et lieu de naissance de Christophe Colomb. — Dans quelle direction voulait-il découvrir de nouvelles terres, et quelles raisons le portaient à croire à leur existence? — A quels Etats s'adressa-t-il en vain pour réaliser son entreprise? Par qui ses projets furent-ils encouragés? — Racontez, avec sa date et ses résultats, le premier voyage de Colomb. — Indiquez la date et les résultats de ses autres expéditions. — Fut-il récompensé comme il le méritait? — D'où vient le nom d'Amérique? — 38. Racontez la première conquête du Méxique. — Quand et par quelle voie se fit la seconde, et quel résultat final amena-t-elle? — Racontez, avec la date, la conquête du Pérou. — Nommez les capitales de l'Amérique espagnole. — 39. Quelles furent les grandes conséquences des découvertes maritimes du quinzième siècle: 1º pour le commerce, 2º pour l'Espagne? — Par quel missionnaire furent évangélisés les Indes et le Japon? — Quand et comment l'Amérique devint-elle chrétienne? — Parlez de la renaissance de l'esclavage antique dans le nouveau monde. — Rappelez le nom de l'homme qui consacra sa vie à la défense des Indiens opprimés. — A quelle nouvelle iniquité la cupidité des maîtres de l'Amérique donna-t-elle naissance après l'asservissement des Indiens?

DEUXIÈME PARTIE

L'équilibre européen établi contre la maison d'Autriche. — Le protestantisme. — La Hollande indépendante. — Révolution d'Angleterre.

DE LUTHER ET DE CHARLES-QUINT (1517, 1519) AUX TRAITÉS DE WESTPHALIE (1648).

Deux grands faits dominent et résument toute l'histoire du seizième siècle et de la première moitié du dix-septième : un fait politique, l'établissement de l'équilibre européen contre la maison d'Autriche, qui semblait vouloir commander à l'Europe entière ; un fait religieux, la naissance et les progrès du protestantisme.

CHAPITRE PREMIER.

GUERRES DE FRANÇOIS Ier ET DE HENRI II CONTRE CHARLES-QUINT. — INTRODUCTION DES OTTOMANS DANS LA POLITIQUE EUROPÉENNE.

40. CHARLES-QUINT ET FRANÇOIS Ier. — Quand *Charles-Quint* devint empereur en 1519, la maison d'Autriche avait en mains, outre ses propres États, ceux que comprenait la monarchie espagnole, et de plus elle devait, dans un avenir assez prochain, hériter des deux couronnes de Bohême et de Hongrie. Une pareille puissance était d'autant plus inquiétante pour l'Europe que le jeune possesseur de tant de pays annonçait déjà un grand souverain. Doué d'un sens naturel supérieur et d'une volonté forte et tenace, réfléchi et résolu tout ensemble, il n'aspirait à rien moins qu'à placer sous son influence tous les États de l'Europe et à leur parler en maître : *François I*er et après lui son fils *Henri II* prirent, en face de cette ambition démesurée, le rôle utile et glorieux de chefs de la résistance. François Ier sans doute commit bien des fautes dans cette lutte; mais il eut le mérite et la gloire de combattre constamment, du premier au dernier jour de son règne, l'ambition de Charles-Quint, et, malgré ses fautes nombreuses, il sauva la France et l'Europe du péril qui les menaçait.

41. Forces des deux rivaux. — Les forces des deux rivaux pouvaient se balancer. L'empire de Charles-Quint, bien plus vaste, était composé d'une foule de petits pays séparés les uns des autres, et dans tous ces pays, sauf en Espagne, il fallait compter encore avec les priviléges des villes, lutter souvent contre l'esprit de révolte et d'insubordination : François Ier avait des États moins étendus mais non dispersés, et il y régnait en souverain absolu. On remarquait dans les armées de Charles-Quint l'infanterie espagnole, que sa valeur patiente rendait redoutable ; dans les armées de François Ier, la cavalerie ou gendarmerie française, terrible par l'impétuosité de son élan et la vigueur irrésistible de ses charges.

42. REVERS DE LA FRANCE. — BATAILLE DE PAVIE. — TRAITÉ DE MADRID. — Entre les deux adversaires, l'alliance de l'Angleterre pouvait faire pencher la balance. Son roi, Henri VIII, se déclara pour Charles-Quint, et la guerre commença en 1521. A part l'héroïque défense de Mézières (Ardennes) par le chevalier Bayard, elle fut pendant cinq ans une suite de malheurs : la défaite de Lautrec à La Bicoque près de Milan, qui entraîna le rétablissement des Sforza dans le Milanais ; la trahison du connétable de Bourbon, qui, pour se venger des affronts et des injustices du roi et de sa mère, passa au service de l'empereur et empêcha les Français de reprendre la province perdue ; la mort de Bayard, qui était à la fois l'honneur et le soutien des armes françaises ; la défaite de Pavie, où le roi de France fut fait prisonnier. Forcé de se rendre après des prodiges de valeur, François Ier fut conduit en Espagne, selon son désir, et il ne recouvra sa liberté qu'en renonçant, par le traité de Madrid (1526), à toute prétention sur l'Italie, qu'en abandonnant à Charles-Quint la province française de Bourgogne et en rendant au connétable de Bourbon tous ses biens. Il ne signa qu'après avoir secrètement devant témoins protesté contre la violence morale qui lui était faite et qui annulait, suivant lui, tous les engagements.

43. DEUXIÈME GUERRE. — TRAITÉ DE CAMBRAI. — La rupture du traité fit renaître aussitôt la guerre, et la France trouva cette fois de nom-

breux alliés : Henri VIII d'Angleterre, qui se **préoccupait** enfin des accroissements de l'Espagne, et les puissances italiennes, opprimées par Charles-Quint et tremblant pour leur indépendance, le pape Clément VII, Venise, Gênes, le fils même de Ludovic le More, François Sforza, redevenu duc de Milan. Mais deux fautes de François Ier compromirent cette belle situation et nous firent perdre le profit de ces alliances. Il s'oublia dans les plaisirs, et secourut trop tard les Italiens; Milan et Rome furent successivement prises et pillées par les mercenaires avides de Bourbon, qui fut tué au siége de la dernière. Plus tard, au moment où Lautrec et l'amiral génois, André Doria, allaient prendre Naples, il mécontenta les Génois et Doria, qui la dégagèrent et passèrent au service de l'empereur. La défaite de Landriano, près de Milan, porta un dernier coup à la cause française. Si, au traité de Cambrai ou *paix des dames* (1) en 1529, la crainte des Turcs décida Charles-Quint à accepter deux millions d'écus d'or (110 millions de nos francs) à la place de la Bourgogne, il resta du moins tout-puissant en Italie. Il ne laissa le Milanais à François Sforza qu'en lui imposant des sacrifices d'argent ruineux, et à sa mort (1535), il prit lui-même possession du duché, qu'il donna à son fils Philippe en 1540. Vers le même temps

---

(1) Cette paix fut négociée par Louise de Savoie et Marguerite d'Autriche, tante de Charles-Quint.

(1537), il transforma l'État de Florence en grand-duché de Toscane pour un indigne descendant des Médicis, Cosme Ier, qui acheta la protection de l'empereur en lui permettant de mettre des garnisons à Florence, à Pavie et à Livourne.

44. SOLIMAN LE MAGNIFIQUE. — SUCCÈS DE CHARLES-QUINT SUR LES OTTOMANS. — Le rétablissement de la paix permit à Charles-Quint d'écarter les périls qu'avaient à redouter ses propres États. Le plus illustre des sultans, *Soliman le Magnifique*, fils de Sélim le Féroce (1520-1566), régnait alors sur les Ottomans. Reprenant contre les chrétiens les projets avortés du vainqueur de Constantinople, il s'était, en 1521, emparé de Belgrade, qui lui ouvrait la Hongrie ; cinq ans plus tard, il avait détruit dans les plaines de Mohacz l'armée du roi de Hongrie et l'Autriche depuis lors était toujours menacée. En 1522, il avait chassé de leur île les chevaliers de Rhodes et leur grand maître Villiers de l'Isle Adam. Déjà maître d'Alger, Kaïr-Eddyn Barberousse, que Soliman avait nommé amiral des flottes ottomanes, avait pris aussi Tunis, et il infestait de ses pirateries la Méditerranée, ses îles et ses côtes. Charles-Quint rendit à la chrétienté le double service d'arrêter ces brigands sur les mers et l'invasion des Ottomans en Allemagne. Il mit l'Autriche sur un tel pied de défense que lorsqu'en 1529 Soliman vint assiéger Vienne à la tête de 120,000 hommes, les Turcs furent réduits à se retirer après avoir

perdu un tiers de leurs troupes et tenté sans
succès plus de vingt assauts. L'année suivante,
il céda aux chevaliers de Rhodes le rocher de
Malte qui dépendait de l'Aragon, et, de leur
nouvelle île, les chevaliers de Malte firent avec
vigilance et dévouement la police des mers.
Enfin en 1535, il alla lui-même avec 400 vaisseaux attaquer Tunis, prendre ce nid de pirates et y rendre 20,000 captifs à la liberté.

45. Fin du règne de François Ier. — Traité
de Crespy. — Profitant de l'éloignement de
l'empereur, François Ier recommença la lutte,
après s'être assuré l'alliance des protestants
d'Allemagne et des Turcs Ottomans.

Dans les dix-huit dernières années du règne, deux guerres, séparées l'une de l'autre
par la trêve de Nice (1538), se firent encore
avec Charles-Quint. L'occasion de toutes les
deux fut l'assassinat de certains agents français ; mais la vraie cause fut le besoin constant
d'affaiblir la maison d'Autriche. Deux invasions en France et une brillante victoire en
Italie sont les seuls faits vraiment importants
de ces guerres.

Les Français virent trois de leurs provinces envahies en même temps : le Languedoc
par une armée d'Espagne, la Picardie par
une armée des Pays-Bas, la Provence par
60,000 hommes que Charles-Quint amena lui-
même de l'Italie ; mais sur tous les points les
Français surent vigoureusement défendre le

sol national, et, en Provence, les envahisseurs trouvèrent un terrible châtiment dans les désastres qui les accablèrent. D'accord avec Montmorency, François Iᵉʳ résolut de se tenir sur la défensive, de ne hasarder aucune bataille, et il fit de la Provence un désert pour y affamer l'armée d'invasion. Grâce à cet habile système de défense, qui rappelle celui de Charles le Sage et de Du Guesclin, Charles-Quint, repoussé d'Arles et de Marseille, perdit 25,000 hommes par la faim et les maladies, et les autres retournèrent en Italie, « assaillis « comme des bêtes féroces par les paysans, « au coin de chaque bois, au passage de cha- « que montagne ».

Les Français, dans cette période, ne défendirent pas seulement leur pays avec vigueur et succès ; sous la conduite du jeune comte d'Enghien, François de Bourbon, ils remportèrent aussi la brillante victoire de Cérisoles (1544) (1). Mais cette glorieuse journée resta sans résultat : l'armée était trop peu nombreuse pour entrer dans le Milanais.

Une nouvelle invasion, en effet, menaçait le nord de la France. Charles-Quint s'était allié avec Henri VIII pour une action commune, et deux provinces étaient envahies en même temps : la Champagne par les Allemands, et la Picardie par les Anglais. Henri VIII prit

---

(1) Village du Piémont près des Alpes et de la source du Pô. Le Piémont appartenait au duc de Savoie, beau-frère de Charles-Quint.

Boulogne ; Charles-Quint s'avança jusqu'à Château-Thierry et menaça Paris. Mais une milice bourgeoise de 40,000 hommes se leva en masse, et l'empereur, qui n'avait pas prévu cet élan, se replia jusqu'à Crespy en Laonnais, à quelques lieues des Pays-Bas. La paix y fut signée en 1544, et Henri VIII tarda près de deux ans à conclure à son tour celle d'Ardres. François Ier abandonnait toute prétention sur Naples, Charles-Quint toute prétention sur la Bourgogne, et le Milanais était promis en dot au duc d'Orléans, second fils du roi, qui devait épouser la nièce de l'empereur. Henri VIII conservait Boulogne ; mais il était dit qu'elle pourrait être rachetée au bout de huit ans. La cession du nord de l'Italie à un prince français aurait fait contrepoids à la domination de l'Espagne, au sud de la Péninsule ; mais le duc d'Orléans mourut en 1545, avant le mariage convenu ; Charles-Quint ne voulut accorder aucune compensation, et la guerre allait renaître quand François Ier, victime de ses débauches, suivit son fils au tombeau (1547).

46. Henri II. — Prise de Metz, Toul et Verdun. — Abdication de Charles-Quint. — *Henri II* apporta sur le trône la même politique que son père, et il lutta comme lui pour l'équilibre européen ; mais il donna une direction nouvelle et meilleure aux efforts de la France. Il songea moins à conquérir des provinces au delà des Alpes qu'à reculer sa

frontière du Nord. Après avoir racheté Boulogne, Henri II recommença la guerre avec Charles-Quint. Il renouvela, en 1552, l'alliance avec les protestants d'Allemagne, occupa en Lorraine les trois évêchés souverains de Metz, de Toul et de Verdun, qu'il déclara bientôt réunis à la couronne; l'empereur tenta vainement, à la tête de 100,000 hommes, de reprendre Metz, héroïquement défendue par *François de Lorraine, duc de Guise*. Défait de nouveau à Renty (Pas-de-Calais) l'année suivante, Charles-Quint découragé ne tarda pas à abdiquer. En octobre 1555 et en février 1556, il renonça solennellement pour son fils *Philippe II* aux couronnes des Pays-Bas et d'Espagne; en septembre 1556, il abandonna de même le trône impérial, en recommandant son frère *Ferdinand* aux suffrages des électeurs, et il se retira dans un palais contigu au monastère de Saint-Just en Estramadure. Il y vécut encore deux ans, non pas en moine ni avec les moines, mais avec un grand état de maison, et conservant par ses conseils, sollicités sans cesse et toujours suivis, la haute direction des affaires.

Questionnaire. — 40. Enumérez les Etats que possédait la maison d'Autriche en 1519. — Portrait de Charles-Quint. — Quels obstacles rencontra son ambition? — Portrait de François Ier et appréciation de sa lutte contre la maison d'Autriche. — 41. Comparez les forces de Charles-Quint et de François Ier. — 42. Pour lequel des deux se prononça d'abord le roi d'Angleterre? — Où se distingua Bayard au commencement de la guerre contre Charles-Quint? — Enumérez les revers de la France en Italie dans cette première guerre. — Date et récit de la bataille de Pavie. — Date et conditions du traité de Madrid. — 43. Fut-il exécuté? — Quels alliés trouva François Ier dans sa deuxième guerre contre Charles-Quint? Quelles fautes lui firent perdre le profit de ses alliances, et quelles conséquence eurent-elles pour l'Italie? — Date et conditions du traité de Cambrai. — Quel autre nom reçut-il, et pourquoi? — Que devinrent le Milanais et Florence après le traité de Cambrai? — 44. Dates du règne de Soliman le Magnifique et ses principaux succès contre les chrétiens. — Les musulmans n'inquiétèrent-ils pas aussi la marine et le commerce? — Devant quelle ville et en quelle année Soliman échoua-t-il en Allemagne? — Que fit Charles-Quint contre les pirates barbaresques et en quel temps? — Origine des Chevaliers de Malte. — 45. — Caractère nouveau des alliances de François Ier dans la seconde période de son règne. — Grands événements de cette seconde période. — Racontez, avec sa date et ses résultats, l'invasion de Charles-Quint en Provence. — Quand et par qui fut gagné la bataille de Cérisoles? — Racontez la double invasion du nord de la France aux derniers temps de la guerre. — Date et conditions du traité de Crespy. — Fut-il exécuté? — Date de la mort de François Ier. — 46. Portrait d'Henri II et dates de son règne. — Quel but nouveau poursuivit-il dans ses guerres? — Quelles villes lorraines acquit alors la France? — 47. Quand, pourquoi et comment Charles-Quint partagea-t-il son empire?

CHAPITRE II

GUERRES DE HENRI II CONTRE PHILIPPE II. — LA RENAISSANCE EN FRANCE.

47. GUERRE DÈ HENRI II CONTRE PHILIPPE II. — TRAITÉ DE CATEAU-CAMBRÉSIS. — Sous Philippe II, la guerre entre la France et l'Es-

pagne débuta par deux invasions : invasion
malheureuse de François de Guise et des
Français, d'accord avec le pape Paul IV dans
les États de Naples ; invasion en Picardie des
Espagnols et des Anglais, dont Philippe avait
épousé la reine Marie, et leur victoire complète
sous les murs de Saint-Quentin (1557). Guise,
rappelé d'Italie, répara heureusement cet échec
des Français en s'emparant en plein hiver de
Calais, dernier reste des possessions des Anglais en France (1558).

Le traité de Cateau-Cambrésis termina enfin
la lutte, après quarante ans de guerres continuelles (1559), et Henri II mourut d'une
blessure reçue dans les tournois donnés à cette
occasion. La France rendait ce qu'elle avait
pris dans le Piémont et la Savoie, et elle renonçait complètement à l'Italie ; mais elle gardait
Calais, Metz, Toul et Verdun. Elle voyait les
Espagnols, maîtres de Naples et du Milanais,
dominer toute le Péninsule ; mais elle avait
par la longueur et la ténacité de sa résistance,
renversé l'édifice de la puissance de Charles-
Quint.

48. LA RENAISSANCE EN FRANCE. — A ce grand résultat politique des guerres du seizième siècle, il
faut en ajouter un autre. La France suivit l'exemple
de l'Italie et eut à son tour sa Renaissance. François Ier fonda le Collége de France et l'Imprimerie
royale (1530), et il mérita le surnom de *Père des
lettres. Amyot* traduisit les *Vies* et les *Œuvres morales*
de Plutarque, et la prose française, déjà grande dans

les chroniques de Joinville, de Froissart, de Commines, et dans un récit romanesque, le *Garguanta de Rabelais* (1533), produisit une belle œuvre de philosophie morale, les *Essais de Montaigne*. La poésie, déjà cultivée avec éclat par Villon, au quinzième siècle, et par *Clément Marot* dans la première partie du seizième siècle, eut alors *Ronsard*, *Régnier* et *Malherbe*. Dans les arts, *Pierre Lescot* et *Philibert Delorme* commencèrent le Louvre et les Tuileries : *Pierre Nepveu* construisit le château de Chambord; la sculpture fut glorieusement représentée par *Germain Pilon* et surtout par *Jean Goujon* ; enfin *Jean Cousin* se distingua comme peintre et comme sculpteur tout ensemble.

Questionnaire. — 47. Racontez la guerre contre Philippe II et Henri II. — Quelle perte fit alors l'Angleterre? — Date et conditions du traité de Cateau-Cambrésis. — 48. Que gagna la France au contact de l'Italie? — Quels actes méritèrent à François Ier le titre de Père des lettres? — Indiquez le grand prosateur français de la fin du seizième siècle et le caractère essentiel qui le distingue de ceux qui avaient précédé. — Faites connaître les principaux poètes français jusqu'au dix-huitième siècle. — Que savez-vous des arts en France au temps de la Renaissance?

CHAPITRE III

L'HÉRÉSIE PROTESTANTE. — LUTHER, ZWINGLE ET CALVIN.

46. LA RÉFORMATION DES ABUS DE L'ÉGLISE COMMENCÉE PAR LE CONCILE GÉNÉRAL DE LATRAN (1512-1517). — La discipline du clergé et surtout des monastères s'était fortement

relâchée depuis plusieurs siècles, et les tristes luttes du grand schisme, la crainte des Turcs et le désir de soulever contre eux une nouvelle croisade, les guerres d'Italie avaient longtemps empêché le Saint-Siége d'apporter aux maux de l'Église le remède énergique qu'ils réclamaient. Une réforme pourtant était nécessaire, le concile de Constance l'avait proclamé hautement dès le temps du schisme, et toute la chrétienté en sentait le besoin. Mais au moment où le concile de Latran, convoqué par Jules II et continué par Léon X (1512-1517), commençait par des décrets austères la réforme attendue et désirée, de prétendus réformateurs s'élevèrent qui, sous prétexte de ramener l'Eglise à sa sainteté primitive, jetèrent la moitié de l'Europe dans l'hérésie. Ces prétendus réformateurs furent *Luther* en Allemagne, *Zwingle* et *Calvin* en Suisse.

50. MARTIN LUTHER, L'ÉGLISE SAINT-PIERRE ET LES INDULGENCES. — *Martin Luther*, moine saxon de l'ordre des Augustins, professait la philosophie à l'université de Wittemberg. Mais sa nature passionnée, son imagination toujours en travail, sa parole véhémente et capable d'entraîner les masses, sa rare habileté à se servir de la langue vulgaire, et par-dessus tout son orgueil sans mesure et sans frein, lui faisaient ardemment désirer de se mettre plus en vue. Il en trouva l'occasion lorsque en 1517 Léon X publia des indulgences pour l'achèvement de

l'église de Saint-Pierre dont Jules II avait commencé la reconstruction. L'archevêque de Mayence confia aux Dominicains la prédication des indulgences en Allemagne ; les Augustins auraient voulu en être chargés, et bien que Tetzel, qui les prêchait à Wittemberg, eût remis au curé de cette ville une instruction sommaire où il posait nettement, comme première condition de l'indulgence, la confession et la contrition de ses fautes, il fut bientôt accusé par Luther de vendre les indulgences aux fidèles. Luther ne se contenta pas de s'élever contre les abus vrais ou faux de la prédication de Tetzel, il attaqua le principe même des indulgences, l'autorité du pape qui les publiait, et rien ne put triompher de l'obstination orgueilleuse et de l'audacieuse ténacité du moine saxon. Sur son refus de se rétracter, une bulle pontificale le condamna comme hérétique en 1520 ; il la brûla publiquement sur la place de Wittemberg aux applaudissements d'une folle jeunesse. L'année suivante, l'empereur Charles-Quint le cita à comparaître devant la diète de Worms : il voulut encore discuter, au lieu de se soumettre. Mis au ban de l'empire par la diète, mais protégé par l'électeur Frédéric de Saxe et par d'autres princes de l'Allemagne du Nord, il persévéra dans ses erreurs, et, en 1525, il consomma sa rupture avec l'Eglise en se mariant avec une jeune religieuse qu'il avait tirée de son couvent. En même temps il inondait l'Allemagne de pamphlets, où de grossières invectives contre le pape et de plates bouffonneries se mêlaient aux discussions religieuses, et l'imprimerie naissante les répandait par milliers au sein des populations.

51. HÉRÉSIE DE LUTHER (1). — Les sectateurs de Luther furent appelés *protestants* parce que, en 1529, ils protestèrent contre la diète de Spire, qui voulait arrêter leurs progrès, et ce nom s'appliqua aussi par extension aux autres sectes de la même époque.

Le principe fondamental de l'hérésie protestante fut de n'admettre d'autres croyances que celles qui sont écrites dans l'Ancien ou dans le Nouveau Testament, et de laisser à chaque chrétien le soin de chercher les articles et la règle de sa foi dans les Saintes Ecritures. Luther fit à cet effet une traduction complète de la Bible en langue vulgaire. L'Eglise enseigne, au contraire, qu'en dehors de l'Ecriture Sainte, certaines vérités de la foi, révélées par le Sauveur à ses apôtres et transmises de bouche en bouche jusqu'à nous, reposent sur la tradition, conservée au sein de l'épiscopat et principalement dans les écrits des Saints Pères; il est de foi d'ailleurs que l'interprétation des Livres Saints n'appartient qu'aux pasteurs de l'Eglise, c'est-à-dire au pape et aux évêques réunis en concile général, avec qui le Sauveur, suivant sa promesse, sera jusqu'à la consommation des siècles.

---

(1) Nous empruntons, en l'abrégeant, l'exposé des doctrines de Luther et de Calvin à notre *Histoire de l'Eglise*, approuvée par un grand nombre de prélats.

Ces erreurs fondamentales auxquelles Luther en ajoutait bien d'autres encore, l'entraînèrent, dans le dogme, à supprimer le purgatoire, le culte de la Vierge Marie et des saints, tous les sacrements, sauf le baptême et la cène : la communion n'était précédée que d'une confession mentale où les fidèles faisaient directement à Dieu l'aveu de leurs fautes et imploraient de lui le pardon ; le mariage n'était que la bénédiction des époux par le pasteur ; — dans la discipline, à abolir les règles d'abstinence, les vœux monastiques et le célibat des prêtres ; — dans le gouvernement de l'Eglise, à méconnaître en tout l'autorité du Saint-Siége. Il conservait pourtant les évêques comme successeurs des apôtres.

52. DIVISIONS DES NOVATEURS. — LES ANABAPTISTES. — Les doctrines de Luther et l'exemple de son audacieuse révolte ne tardèrent pas à porter leurs fruits, et l'on en vit presque aussitôt sortir les discordes des novateurs et de violentes tentatives de bouleversement social, où l'on prétendait s'autoriser des Saintes Écritures.

Les divisions éclatèrent dès le début au sein du luthéranisme. Pendant que Luther admettait avec les catholiques la présence réelle de Jésus-Christ dans l'Eucharistie, son ancien ami, *Carlostadt*, ne voulut voir dans le pain et le vin consacrés que des symboles, et donna ainsi naissance à la doctrine des sacramentaires.

La secte des anabaptistes ou rebaptiseurs, née dès 1521, ne se borna pas à altérer les dogmes : elle attaqua avec une sauvage énergie les bases mêmes de la société, la propriété et le mariage. Son nom lui venait de ce que son fondateur, *Nicolas Stork*, voyant dans l'Evangile que Jésus-Christ n'a été baptisé qu'à l'âge de trente ans, enseignait que le baptême donné aux enfants est inutile, et qu'une fois arrivé à l'âge d'adulte, l'homme doit nécessairement le renouveler. Mais *Thomas Munzer*, disciple de Stork, alla bien plus loin que son maître. Il vit dans la Bible que les premiers chrétiens mettaient librement leurs biens en commun, et il voulut imposer cette communauté des biens aux grands et aux riches. A sa voix, les paysans se jetèrent de toutes parts sur les châteaux, les pillèrent, les brûlèrent et massacrèrent les seigneurs et leurs familles. Les princes répondirent à cette jacquerie par une guerre implacable, et 100,000 sectaires environ furent foudroyés par l'artillerie ou massacrés par le glaive à Franken-Hausen en 1535. Les débris de la secte, d'abord réfugiés en Hollande, s'établirent plus tard à Munster en Westphalie ; ils ajoutèrent à leurs excès la polygamie ou le droit pour chaque chrétien d'avoir à la fois plusieurs épouses, et leur jeune chef *Jean de Leyde*, qui prit le titre de prophète et de roi de Sion, eut pour sa part dix-sept femmes.

L'Allemagne étouffa ce fléau d'un nouveau genre : Munster fut prise en 1536, et Jean de Leyde périt dans les tortures.

53. Concile de Trente. — Guerre de Charles-Quint aux protestants. — Paix d'Augsbourg.

— La nécessité de comprimer les anabaptistes, la crainte des Turcs toujours menaçants sur le Danube, et la préoccupation des guerres continuelles de France, avaient empêché jusque-là l'empereur Charles-Quint et l'empêchèrent encore dix années de lutter contre les protestants, qui se préparèrent à la défense par la confédération de Smalkalde (Hesse, 1537). Vers le moment où mourut Luther (1546), le concile général de Trente (Tyrol) se réunit pour condamner solennellement toutes les hérésies des protestants, pendant que Charles-Quint cherchait à arrêter leurs progrès par les armes. Le concile, plusieurs fois interrompu pendant les dix-huit ans de sa durée (1545-1563), frappa d'anathème toutes les erreurs récentes; il accomplit la réformation régulière attendue depuis deux siècles, mais que de malheureuses circonstances avaient toujours retardée, et un Ordre nouveau, la Compagnie de Jésus, lutta avec zèle et succès contre les sectaires par la prédication.

Charles-Quint écrasa les luthériens à Muhlberg (Saxe), où l'électeur de Saxe et le landgrave de Hesse furent faits prisonniers (1547). L'électeur fut dépouillé de ses États au profit de son cousin Maurice, qui, bien que luthérien, avait soutenu l'empereur et grandement contribué au gain de la bataille ; mais quand son ambition fut satisfaite et qu'il n'eut plus rien à attendre de l'empereur, Maurice ne tarda pas à revenir à la cause qu'il avait quittée. Il rassembla les débris de la ligue de

Smalkalde, et conclut contre Charles-Quint les traités de Friedwald et de Chambord avec le roi de France Henri II (octobre 1551 et janvier 1552). Puis, à la tête de 25,000 hommes, il alla s'emparer d'Augsbourg, et se porta à marches forcées vers le Tyrol. L'empereur malade faillit être surpris à Inspruck, et il lui fallut, pendant une nuit orageuse, sous la pluie et la neige, fuir en litière à travers les montagnes jusque dans la Carinthie, où il s'arrêta épuisé et désespéré. Ce fut la fin de la guerre, et des traités furent bientôt signés en Bavière (paix provisoire de Passau 1552 ; paix définitive d'Augsbourg 1555), qui accordaient la liberté de conscience et de culte aux protestants de la confession d'Augsbourg : on donnait ce nom au symbole des luthériens, rédigé par *Mélancthon* ami de Luther, en 1530, et qui, sous des formes quelque peu adoucies, conservait toutes les erreurs de Luther.

54. Le luthéranisme dans les États scandinaves. — L'hérésie de Luther avait enlevé tout le nord de l'Allemagne à la religion catholique, et elle s'était aussi établie dans les trois États scandinaves : en Suède, sous *Gustave Vasa*, qui venait d'arracher son pays aux Danois ; en Danemark et en Norwège, sous *Frédéric I*er et *Christian III*, contemporains de Gustave Vasa

55. Zwingle et Calvin. — Dès 1516, le Suisse *Ulrich Zwingle*, curé d'Einsiedeln près de Schwitz, avait professé des doctrines analogues à celles de Luther. Une lutte s'en était suivie entre ses partisans et les catholiques et Zwingle avait été tué à la bataille de Cappel près de Zurich (1531). Mais la religion évangélique (c'était le nom que les zwingliens donnaient à leur hérésie) n'en était pas moins restée le culte des cantons de Berne, de Bâle, de Zurich et de Schaffhouse. *Jean Calvin*, qui vint plus tard, était né à Noyon en Picardie, et son livre de l'*Institution chrétienne*, publié en 1535, était devenu le code religieux des réformés de France. En 1540, les Génevois, qui venaient de s'affranchir du duc de Savoie et de se constituer en République, l'appelèrent à établir définitivement chez eux la doctrine réformée et à rédiger une constitution. Depuis ce moment jusqu'à sa mort (1564), il exerça à Genève une dictature religieuse et politique qui n'admettait ni opposition ni contrôle.

56. Hérésie de Calvin. — D'une nature sèche et agressive, d'un esprit manquant de mesure et porté à tout exagérer, l'hérésiarque français, en adoptant la plupart des idées de Luther, alla encore plus loin que le réformateur allemand sur bien des points essentiels. Luther avait soutenu que l'homme n'est pour rien dans ses actes, mais que la grâce divine ou le démon le pousse irrésistiblement au bien ou au mal. Calvin, tirant de cette erreur toutes ses conséquences, ne craignit pas d'avancer que Dieu accorde sa grâce aux uns, prédestinés de toute éternité au bien et aux récompenses célestes, et qu'il la refuse aux autres, prédestinés au mal et à la damnation éternelle. C'était nier, avec une audace à peine

croyable, la justice suprême de Dieu. Sous prétexte d'épurer le culte, il le rendit froid et sec, en écarta toute pompe religieuse. Enfin, dans le gouvernement de l'Eglise, Calvin repoussa les évêques comme Luther avait repoussé le pape. Il n'y eut pour les calvinistes d'autre autorité religieuse que leurs pasteurs ou ministres, tous égaux entre eux, et leurs consistoires, assemblées de pasteurs et d'anciens, chargés de surveiller tout ensemble la foi et les mœurs. L'exil et même la mort étaient impitoyablement prononcés contre tous ceux qui, en matière de foi, s'écartaient des idées du réformateur. Michel Servet, brûlé en 1553, et Bolsec furent ses principales victimes.

57. Progrès du calvinisme. — Le calvinisme, appelé aussi le puritanisme à cause de sa prétention d'épurer la foi, presbytérianisme parce qu'il n'admettait aucune autorité au-dessus du simple prêtre, se répandit en Suisse, en Écosse, en Angleterre, en Hollande; dans la France et dans l'Allemagne, les calvinistes restèrent toujours une faible minorité; l'invasion de leurs doctrines amena en France trente-six ans de guerre civile, et en Allemagne, la terrible guerre de Trente ans.

QUESTIONNAIRE. — 49. Quelles circonstances avaient longtemps retardé la réformation des abus qui s'étaient introduits dans la discipline de l'Eglise? — — 50. Qu'était le moine Martin Luther? — Indiquez la date et le but de l'indulgence publiée par Léon X. — Par qui l'indulgence fut-elle prêchée en Allemagne? — Racontez l'origine de la révolte de Luther et sa résistance à toutes les autorités. — 51. D'où vient le nom de protestants donné aux sectateurs de Luther? — Indiquez, avec la doctrine de l'Eglise sur ce point, le principe fondamental de l'hérésie de Luther. — A quelle conséquences ces erreurs capitales conduisirent-elles Luther : 1° dans le dogme; 2° dans la discipline; 3° dans le gouvernement de l'Eglise? — 52. Quels effets les doctrines de Luther produisirent-elles dès le début en Allemagne? — Dites un mot des premières discordes des novateurs. — Racontez l'origine et les excès de la secte des anabaptistes. — En quel lieu et en quel temps les protestants se lièrent-ils par une confédération? — Quelles causes empêchèrent long-temps Charles-Quint de leur faire la guerre? — Date de la mort de Luther. — 53. Quand se réunit le concile de Trente et que fit-il? — Quel ordre religieux nouveau lutta par la prédication contre l'hérésie protestante? — Racontez, avec les dates, la guerre de Charles-Quint aux protestants, et indiquez les traités qui leur donnèrent la liberté religieuse. — Quel nom était donné au symbole des luthériens? — 54. Dans quels pays fut établi le luthéranisme? — 55. Dites quelques mots de Zwingle et de ses erreurs. — De quel pays était Calvin? — Quel livre composa-t-il? — Dites quelques mots de sa toute-puissance à Genève et indiquez la date de sa mort. — 56. Exposez et appréciez le dogme calviniste de la prédestination. — Quel caractère prenaient le culte et les églises dans le calvinisme?—Comment se gouvernaient les églises calvinistes, et par qui les pasteurs étaient-ils surveillés? — Faites connaître, avec leurs motifs, quelques-unes des condamnations prononcées sous la dictature de Calvin. — 57. Enumérez les divers pays où s'introduisirent les doctrines de Calvin.   A. R.

CHAPITRE IV

LE SCHISME DE HENRI VIII ET LA RELIGION ANGLI-
CANE. — ELISABETH ET MARIE STUART.

58. SCHISME DE HENRI VIII. — Depuis dix-huit ans, le roi *Henri VIII* avait pour épouse la veuve de son frère, *Catherine d'Aragon*, fille de Ferdinand le Catholique, lorsque en 1527, malgré la dispense accordée par le pape Jules II, il prétendit éprouver des scrupules sur la légitimité de cette union avec une belle-sœur, et sollicita de Clément VII la rupture de son mariage. Le vrai motif de ces scrupules si tardifs, c'était la passion du prince pour une des filles d'honneur de Catherine, Anne de Boleyn, et son ardent désir de contracter avec elle un autre mariage. Clément VII traîna en longueur, espérant que l'amour du roi durerait moins que les négociations entreprises. Malheureusement il n'en fut pas ainsi : au bout de six ans, Henri, fatigué d'attendre, fit prononcer l'annulation de son mariage par *Thomas Cranmer*, son chapelain, qu'il avait fait archevêque de Cantorbéry ; il épousa Anne de Boleyn, et répondit à la bulle d'excommunication lancée contre lui en se faisant déclarer par la Chambre des lords et la Chambre des communes chef suprême de l'Eglise d'Angleterre. En se séparant ainsi du Saint-Siége, il n'ajoutait d'ailleurs à son schisme aucune hérésie, et il se contenta de faire décréter, en 1539, la suppression des monastères, dont le trésor royal prit les biens. Anne de Boleyn, première cause de la révolution qui détournait ainsi l'Angleterre de sa voie, ne jouit pas longtemps du titre de reine ; dès 1536, le roi l'accusa d'infidélité, lui fit trancher la tête, et épousa une autre femme le lendemain de l'exécution. Après ce mariage en vinrent encore trois autres, et l'avant-dernière des femmes d'Henri VIII, Catherine Howard, fut décapitée comme l'avait été Anne de Boleyn.

59. Le calvinisme introduit en Angleterre sous Edouard VI et comprimé sous Marie Tudor. —*Edouard VI*, fils d'Henri VIII et de sa troisième femme Jeanne Seymour, n'avait que neuf ans lorsqu'il succéda à son père (1547). Les ducs de Sommerset et de Northumberland gouvernèrent successivement au nom du jeune prince (1547-1553), et d'accord avec Cranmer, ils jetèrent alors l'Angleterre du schisme dans l'hérésie. Avec le concours d'un parlement docile, ils supprimèrent la messe, abolirent le célibat des prêtres et imposèrent au pays la plupart des doctrines de Genève. Northumberland trouva plus de résistance quand il voulut, après Edouard VI, faire passer à sa belle-fille, Jeanne Grey, arrière-petite-fille d'Henri VII par sa mère et par sa grand'mère, la couronne qui appartenait de droit à la princesse Marie, fille de Catherine d'Aragon et catholique. Il avait décidé le jeune Edouard à déclarer Jeanne Grey son héritière, mais les catholiques et beaucoup de protestants avec eux, fidèles au droit de la naissance, se prononcèrent pour l'héritière légitime. Northumberland, abondonné par ses propres soldats, fut livré aux bourreaux, et la reine de neuf jours, que l'ambition de son beau-père avait perdue, eut avec son époux le même sort peu de temps après.

Les deux principaux actes de la reine *Marie* furent son mariage avec l'infant Philippe, fils de Charles-Quint, qui devint l'année suivante Philippe II d'Espagne, et le rétablissement du catholicisme sur tous les points du pays. Le cardinal Pole, légat du pape, réconcilia solennellement l'Angleterre avec le Saint-Siége (1555). Beaucoup de sang avait été versé sous Henri VIII au nom de le religion anglicane : il est à regretter que, malgré les recommandations pontificales, le sang ait aussi coulé au nom du catholicisme sous Marie Tudor.

60. ELISABETH. — LA RELIGION ANGLICANE. — *Elisabeth*, fille d'Anne de Boleyn, succéda à Marie Tudor en 1558. Avec la ferme résolution de ne jamais prendre d'époux, elle apporta sur le trône l'orgueilleuse dureté de son père, un profond égoïsme prêt à tout sacrifier à ses méfiances et à ses vengeances, un caractère faux et dissimulé à qui le mensonge ne coûtait rien, toutes les petitesses vaniteuses de la coquetterie et de la jalousie poussées jusqu'au ridicule ; mais une vive intelligence, fortifiée par de longues études, par de solitaires réflexions et les infortunes de sa jeunesse. Son premier acte fut de faire abroger par le Parlement, recomposé au gré de ses desseins, les statuts du règne précédent et de faire revivre ceux d'Henri VIII et d'Edouard VI. Deux actes célèbres, le *bill des trente-neuf articles* et le *bill d'uniformité*, accomplirent cette révolution, de 1559 à 1562, et ils fondèrent

définitivement la religion anglicane, qui n'est autre chose que le calvinisme augmenté de l'épiscopat.

61. Marie Stuart en Écosse. — Pendant qu'Elisabeth assujettissait l'Angleterre à l'uniformité des 39 articles, une jeune princesse catholique, *Marie Stuart*, arrivait en Écosse (1561). Reine de ce pays par sa naissance, reine de France par son mariage avec François II, elle avait pris aussi, après Marie Tudor, le titre de reine d'Angleterre. Les catholiques, en effet, ne pouvaient voir dans Elisabeth qu'une enfant de l'adultère, et dès lors la couronne revenait de droit à Marie Stuart, dont l'aïeul Jacques IV avait épousé Marie, fille d'Henri VII. Après la mort de son époux, elle quitta la France pour retourner dans son royaume d'Ecosse, alors agité par les prédications de *Knox*, ardent disciple de Calvin.

Sa grâce et sa douceur lui gagnèrent d'abord les sympathies des grands et du peuple, et la sagesse de son administration acheva de lui concilier les cœurs. Mais en juillet 1565, pressée tout ensemble par ses sujets et par ses secrets désirs de se remarier pour donner un héritier au trône, elle épousa son cousin germain, *Henri Darnley*, et cette fatale union fut la première source des malheurs qui l'accablèrent. Sous un air distingué et des dehors séduisants, Darnley cachait une âme basse, un caractère hautain et brutal, des habitudes d'ivresse et de débauche qui ne pouvaient qu'inspirer le dégoût à sa jeune épouse. Jaloux du Piémontais David Rizzio, secrétaire de la reine, il le fit assassiner sous les yeux mêmes de Marie, dont la robe fut couverte du sang de la victime (mars 1566). Les conjurés se saisirent d'elle et la retinrent prisonnière ; mais elle parvint bientôt à s'échapper de leurs mains, et elle dut sa délivrance à un seigneur qui la servait fidèlement depuis quelques années, et qui joua depuis lors un rôle funeste dans son histoire, le comte *de Bothwell.*

De plus en plus dédaigné de la reine depuis la terrible scène qu'elle ne pouvait oublier, Darnley avait quitté la cour et la capitale. Vers la fin de l'année, il devint sérieusement malade à Glascow. Marie Stuart alla le visiter et le ramena à Edimbourg. Pour hâter la convalescence, elle lui fit ensuite quitter le palais d'Holyrood, construit dans un lieu bas et humide, choisit à l'extrémité de la ville une demeure plus salubre, vint, pour veiller sur lui de plus près, passer plusieurs nuits dans un appartement situé au-dessous du sien, et ne retourna au palais que lorsqu'elle le sut à la veille d'un complet rétablissement. Pendant la nuit qui suivit son départ (9 au 10 février 1567), l'explosion d'une mine fit sauter la maison où il était, et son cadavre fut retrouvé au milieu des ruines.

La voix publique aussitôt s'éleva contre Bothwell, dont on devinait les prétentions, et dont la réconciliation apparente des deux époux eût détruit les espérances. Marie Stuart alors poussa l'aveuglement jusqu'à la folie : elle s'obstina à croire à l'innocence du coupable, n'attribua qu'à l'envie les accusations portées contre lui, et, sans comprendre qu'on l'accuserait elle-même de complicité dans le meurtre, entrava l'action de la justice au lieu de la seconder de tous ses efforts. Bothwell fut renvoyé absous, le Parlement ratifia son innocence, et, trois mois après la catastrophe qui l'avait rendue veuve, Marie Stuart épousa l'homme qu'on avait accusé du meurtre de Darnley. Le misérable à qui elle donnait sa main était alors au comble de ses vœux et il arrivait au trône ; mais sa joie n'eut guère qu'un mois de durée ; il tenta de se saisir du jeune enfant de la reine, laissa échapper contre lui quelques menaces, et la noblesse, enfin détrompée et changeant d'attitude à son égard, se ligua contre l'indigne époux de Marie Stuart et contre Marie Stuart elle-même pour protéger l'héritier du trône et venger son père. Bothwell, abandonné de ses troupes et réduit à fuir, alla vivre de la vie de pirate aux Orcades, puis sur les côtes de Norwège. Les Norwégiens le jetèrent dans une prison, et il y mourut au bout de quelques années. Marie, enfermée au château de Lochleven, fut forcée d'abandonner le trône à son enfant, qui devint Jacques VI, et de donner la régence à lord Murray, son frère naturel. Elle s'évada de sa prison, réunit encore six mille soldats, mais ce ne fut que pour se faire battre à Langside, près de Glascow (mai 1568), et elle n'eut plus d'autres ressources que l'exil.

62. CAPTIVITÉ ET MORT DE MARIE STUART. — L'INVINCIBLE ARMADA. — Prêtant à sa cousine une noblesse d'âme et une générosité qu'elle n'avait point, Marie Stuart choisit l'Angleterre pour refuge : elle ne se doutait point, en montant sur la barque qui l'y porta, qu'elle marchait à sa perte depuis longtemps préméditée par Elisabeth.

Au mépris de tous les droits, elle y resta dix-neuf ans captive de sa rivale. De nombreux complots se formèrent pour la délivrer : ils n'eurent pour résultat que de conduire à l'échafaud leurs auteurs, et de rendre la prison de Marie de plus en plus dure. Enfin, à la suite d'une conspiration formée par Babington contre les jours d'Elisabeth (1586), on accusa Marie d'une correspondance secrète avec les conjurés ; on produisit contre elles des copies de lettres dont les originaux n'ont jamais paru, et une sentence fut immédiatement portée contre la reine d'Ecosse. Marie Stuart fut livrée au bourreau dans le château de Fotheringuay, où elle était détenue, et elle mourut chrétiennement, héroïquement, avec le courage et la piété des martyrs (8 février 1587).

Jacques VI apprit avec indignation la mort de sa mère, mais il ne fit aucun effort pour la venger. Marie Stuart n'eut d'autre vengeur que Philippe II d'Espagne, qui envoya contre l'Angleterre une flotte immense, l'*Invincible Armada*; mais les tempêtes la détruisirent en grande partie, et les vaisseaux anglais en dispersèrent les débris (1588).

63. GOUVERNEMENT D'ELISABETH. — SHAKESPEARE ET BACON. — L'histoire flétrit d'une réprobation sévère la sanglante tyrannie et le despotisme d'Elisabeth. Mais sans avoir d'estime ni de sympathie pour la femme, elle reconnaît que l'habile administration de la reine a donné à l'Angleterre, pendant un demi-siècle (1558-1603), la prospérité et la grandeur. L'agriculture, l'industrie, le commerce, furent puissamment encouragés sous son règne, la marine anglaise acquit une nouvelle importance; enfin de hardis navigateurs furent chargés d'entreprendre des voyages lointains, et l'un d'eux, *Walter Raleigh*, alla découvrir et coloniser une partie de la côte nord d'Amérique, qu'il appela la Virginie.

Pendant que l'Angleterre s'avançait ainsi à grands pas dans la voie où elle devait trouver tant de puissance et de richesse, deux Anglais de génie lui donnaient aussi la gloire littéraire et scientifique. L'un deux, *Shakespeare*, composait les drames qui ont fait de lui un des maîtres du théâtre; l'autre, *François Bacon*, plus tard chancelier, déjà connu par ses *Essais de morale*, allait bientôt, en recommandant la méthode dans les recherches et l'observation attentive et patiente de la nature, se faire le plus grand promoteur des sciences physiques dans le monde moderne.

QUESTIONNAIRE. — 58. Racontez, avec sa date et sa cause, le schisme du roi Henri VIII. — S'écarta-t-il de l'orthodoxie autrement que par sa révolte contre le saint-siége? — Dites un mot de la vie d'Henri VIII après son schisme et du sort d'Anne de Boleyn. — — 59. Nommez, dans l'ordre de succession, les trois enfants d'Henri VIII et indiquez les noms de leurs mères et les dates de leurs règnes. — Quel changement s'accomplit sous Edouard VI dans la religion d'Angleterre? — Dites quelques mots sur Jeanne Grey. — Quel fut l'époux de Marie Tudor? — Le calvinisme resta-t-il la religion de l'Angleterre sous Marie Tudor? — 60. Portrait d'Elisabeth. — Premiers actes de son règne. — Définissez, en quelques mots, la religion anglicane, et dites par quelle loi et en quel temps elle fut définitivement établie. — 61. Donnez la date de naissance de Marie Stuart, et parlez des années qu'elle passa en France. — Quel fut son second époux, et trouva-t-elle dans cette union le bonheur qu'elle espérait? — De quel crime la rendit-il témoin? — Racontez le meurtre de Darnley. — Par quels actes d'aveuglement Marie Stuart se compromit-elle alors aux yeux de son peuple? — Montrez avec quelle légèreté condamnable elle se décida à un troisième mariage. — Quels malheurs en résultèrent aussitôt pour elle et pour son indigne époux? — 62. Après quelle défaite et en quelle année chercha-t-elle un refuge en Angleterre? — Combien de temps y fut-elle retenue captive? — Ses partisans n'essayèrent-ils pas de la délivrer? — Quand et comment mourut Marie Stuart? — Quel souverain tenta de venger Marie Stuart, et quels résultats eut sa tentative? — 63. Comment l'histoire apprécie-t-elle Elisabeth, son gouvernement, son administration? — Quelles découvertes firent en ce temps les marins anglais dans l'Amérique du Nord, et quelle colonie y fondèrent-ils? Quels écrivains de génie eut l'Angleterre sous le règne d'Elisabeth?

CHAPITRE V

LE PROTESTANTISME DANS LES PAYS-BAS. — FONDATION DE LA RÉPUBLIQUE DES PROVINCES-UNIES.

64. LE NORD ET LE SUD DES PAYS-BAS (HOLLANDE ET BELGIQUE). — La population des dix-sept provinces comprises sous le nom de Pays-Bas ou Néerland formait deux groupes bien distincts. Dans le nord, qui n'était protégé contre les envahissements de la mer que par des digues artificielles qu'il fallait entretenir avec soin, c'étaient surtout de hardis marins qui ne songeaient qu'aux voyages et au commerce ; dans le sud, fertilisé par la Meuse, l'Escaut et leurs affluents, les habitants étaient les premiers agriculteurs et en même temps les premiers industriels de l'Europe. A ces différences du sol et des occupations de la vie se joignit au seizième siècle la différence de religion. Les dix provinces du Sud restèrent catholiques, et les doctrines protestantes n'y eurent jamais qu'un petit nombre de sectateurs ; c'étaient, avec la Flandre française et l'Artois, les pays qui forment la Belgique actuelle. Dans le nord au contraire, les sept provinces, appelées du nom de leur ancien peuple, provinces bataves, Hollande, Zélande, Utrecht, Gueldre, Over-Yssel, Frise et Groningue, furent successivement envahies par le luthéranisme et le calvinisme.

65. Soulèvement contre l'Espagne. — Guillaume de Nassau fonde la République des Provinces-Unies. — Le mariage de Philippe le Beau avec Jeanne la Folle avait, à la fin du quinzième siècle, rattaché les Pays-Bas à l'Espagne; mais au seizième, l'intolérance et le despotisme de Philippe II amenèrent une révolution qui fit des sept provinces du Nord une république indépendante. Pour écraser l'hérésie, Philippe introduisit aux Pays-Bas l'inquisition espagnole avec toutes ses rigueurs; il y appela des troupes espagnoles et y confia les emplois à des Espagnols. La population exaspérée se souleva alors dans plusieurs villes; elle dévasta les églises et les consacra de force au culte protestant; les nobles, de leur côté, réclamèrent contre la violation des vieilles libertés du pays, et les insurgés prirent le nom de *gueux*, donné par un conseiller de la gouvernante Marguerite de Parme aux seigneurs qui lui apportaient leurs réclamations. Philippe II ne chercha, pour triompher de ce soulèvement, d'autre moyen que la terreur, et il envoya aux Pays-Bas, avec une armée de 30,000 hommes, un soldat sans pitié, *Alvarez de Tolède, duc d'Albe*, dont la seule approche détermina l'émigration de plus de 100,000 Néerlandais (1567). Dix-huit mille têtes tombèrent alors sous le glaive du bourreau, et parmi les victimes se trouvèrent le *comte d'Egmont*, gouverneur de Flandre et d'Artois, et le *comte de Horn*, amiral de Flandre; le duc d'Albe triompha ensuite à Gemmingen (province de Groningue) des troupes qu'un des seigneurs du Nord, Louis de Nassau, venait de lever à l'étranger, et il crut avoir achevé par cette victoire la répression que ses cruautés avaient commencée.

« Rien n'était fait » cependant, disait le cardinal Granvelle, ministre de Philippe II, car *le Taciturne* n'était point encore aux mains des Espagnols. On appelait ainsi le frère de Louis de Nassau, *Guillaume, prince d'Orange* (1), lieutenant ou stathouder de Hollande et de Zélande dès le règne de Charles-Quint. Guillaume, en effet, sous un extérieur calme et froid, cachait une âme ardente et ferme, un caractère résolu, une bravoure tranquille mais opiniâtre, et il releva bientôt la fortune des Pays-Bas. Quatre provinces calvinistes, Hollande, Zélande, Frise et Utrecht, associèrent leurs destinées (Union de Dordrecht, 1572), et lui confièrent une sorte de dictature militaire; les trois autres provinces du Nord se joignirent bientôt à cette fédération, et celles du Sud, sans donner à Guillaume le même pouvoir, lui promirent leur assistance contre l'Espagne. Le duc d'Albe, dont l'orgueil sans mesure avait blessé Philippe II, fut rappelé, et ni le faible don Louis de *Requesens*, ni le héros de Lépante, le valeureux *don Juan*, ne parvinrent à relever la cause de l'Espagne. Le premier, d'a-

---

(1) Nassau, principauté allemande, voisine du Rhin, rive droite. Orange en Provence, à sept lieues et demie au nord d'Avignon.

bord vainqueur à Mooker (province de **Lim-bourg**), ne put empêcher les insurgés **de** prendre Middelbourg en Zélande, et de délivrer en Hollande Leyde, assiégée par les Espagnols et réduite à une horrible famine ; l'autre, après l'inutile victoire de Gemblours (près de Namur 1578), mourut à la tâche comme Requesens, et la révolution resta triomphante. En 1579, les sept provinces du Nord se constituèrent en république des Provinces-Unies, avec Guillaume de Nassau pour stathouder (1). La tête de Guillaume fut mise à prix, et, en 1583, le bras d'un fanatique priva le nouvel État de son chef. Maurice, fils de Guillaume, se montra digne de lui succéder.

66. Fautes de Philippe II. — L'indépendance des Provinces - Unies reconnue. — *Maurice* reçut quelques secours d'Élisabeth d'Angleterre, mais ce furent surtout les fautes de Philippe II qui lui rendirent le triomphe facile. Le roi d'Espagne avait cru pouvoir tout ensemble soumettre les Pays-Bas révoltés, maintenir dans l'obéissance le Portugal dont il s'était rendu maître, envoyer contre l'Angleterre son *Invincible Armada*, soutenir en France la Ligue et les Guises, et, pour avoir voulu mener de front tant d'entreprises, il ne réussit dans aucune. Quand il mourut, en 1598, les Provinces-Unies pouvaient se regarder comme

---

(1) Les stathouders n'étaient nommés que pour cinq ans, après lesquels ils avaient besoin d'une réélection ; mais en fait, ils conservèrent toujours leur charge toute la vie.

sûres de leur affranchissement. Sous les successeurs de Philippe II et de Maurice, la guerre
se continua encore mollement pendant un
demi-siècle ; enfin, en 1648, Philippe IV reconnut formellement l'indépendance de la République que Guillaume de Nassau avait fondée.

67. COMMERCE ET COLONIES DE LA HOLLANDE. —
Les Provinces-Unies, en même temps qu'elles
s'affranchissaient de l'Espagne, donnèrent à
ses dépens une immense extension à leur commerce maritime. Son commerce était surtout
un commerce de transport, dont le principal
objet consistait à répandre les denrées de l'O-
rient dans le nord et le centre de l'Europe.
Leurs vaisseaux allaient chercher à Lisbonne
les produits de toute nature, épices ou tissus,
que les Portugais rapportaient de l'Inde et
des autres contrées d'Asie, et ils les reven-
daient ensuite partout avec de forts bénéfices.
Mais en 1592 Philippe II, qui douze ans plus
tôt s'était emparé du Portugal, interdit à ce
royaume tout commerce avec les Pays-Bas
révoltés. Ne pouvant plus acheter les denrées
de l'Orient à Lisbonne, les Hollandais résolurent de les demander comme le Portugal aux
pays mêmes qui les produisaient. Leurs vaisseaux partirent pour l'Asie dès 1595, et ces
expéditions répétées y fondèrent, aux dépens
du Portugal et de l'Espagne, un vaste empire
colonial, dont la ville principale, Batavia,
avait été fondée dans l'île de Java vers 1619.
Cet empire comprenait en Afrique le cap de

Bonne-Espérance ; dans l'Hindoustan, la côte de Malabar avec Cananor, Calicut et Cochin, la côte de Coromandel avec Négapatam, et l'île de Ceylan en face de la presqu'île ; dans l'Indo-Chine, l'importante ville de Malacca ; enfin les îles de Sumatra, de Java, de Célèbes, le groupe des Moluques, et les Hollandais faisaient plus loin encore un commerce actif avec les côtes du Japon. Ils avaient pris aussi en Amérique, quelques-unes des petites Antilles, Curaçao, Tabago, Saint-Eustache et une partie de Saint-Martin.

QUESTIONNAIRE. — **64.** Toutes les provinces des Pays-Bas avaient-elles, au seizième siècle, le même genre de vie ? — Quelle autre différence s'introduisit alors entre celles du Nord et celles du Sud ? — Enumérez les sept provinces du Nord et dites sous quel nom on les désignait en commun. — 65. Par quelle mesure Philippe II amena-t-il la révolte des Pays-Bas ? — Comment cette révolte débuta-t-elle et quel nom prirent les insurgés ? — Qui Philippe II chargea-t-il de réprimer le soulèvement des Pays-Bas, et comment furent exécutés ses ordres ? — Une partie des habitants ne se mit-elle pas à l'abri des cruautés du duc d'Albe, ces cruautés mirent-elles fin à l'insurrection ? — Portrait de Guillaume de Nassau. — Dans quelles provinces et par quel acté les insurgés le placèrent-ils à leur tête ? — Quels furent les résultats de la guerre sous les successeurs du duc d'Albe ? — Par quel acte fut fondée la République des Provinces-Unies ? — — Quand et de quelle mort mourut Guillaume de Nassau ? — 66. Quelles fautes de Philippe II facilitèrent, sous le stathouder Maurice, la résistance des Pays-Bas ? — Par quel roi d'Espagne et en quelle année l'indépendance des Provinces-Unies fut-elle reconnue ? — 67. Racontez, avec les dates principales, la fondation de l'empire colonial des Hollandais en Asie, et dites quels pays il comprenait.

CHAPITRE VI

LE CALVISNISME EN FRANCE. — GUERRES DE RELIGION

68. LE CALVINISME EN FRANCE. — LES BOURBONS ET LES GUISES. — Malgré les rigoureux édits de François Iᵉʳ et de Henri II, le calvinisme, sous François II, fils de ce dernier (1559-1560), comptait en France plus de 4,000 gentils-hommes, qui pouvaient au besoin armer 30 à 40,000 mille soldats. Mais, sauf sur quelques points, le pays restait catholique, et les huguenots (c'était le nom qu'on donnait aux calvinistes) n'y formaient qu'une faible minorité. Deux grandes familles, dans ce règne si court, se placèrent à la tête des deux partis religieux : du côté des catholiques, c'était la maison lorraine de *Guise*, établie depuis peu en France, mais déjà devenue française par les éclatants services qu'elle avait rendus en défendant Metz et en reprenant Calais ; représentée par deux frères, *François de Guise* et le *cardinal de Loraine*, elle était toute-puissante sur l'esprit du roi *François II*, qui avait épousé leur nièce, Marie Stuart, reine d'Ecosse. Du côté des protestants, c'était la maison de *Bourbon*, représentée par *Antoine de Bourbon* roi de Navarre, et *Louis de Condé*, frères tous deux du vainqueur de Cérisoles.

69. PREMIÈRES GUERRES DE RELIGION. — PAIX DE

6

Saint-Germain. — Les dispositions agressives des calvinistes et l'éloignement de l'immense majorité des Français pour leur hérésie rendaient la lutte imminente.

Sous François II, le prélude des guerres civiles fut la conjuration d'Amboise, qui devait renverser les Guises au profit de Condé, mais qui fut découverte avant l'exécution. Sous Charles IX son frère, au nom duquel gouverna d'abord la reine mère *Catherine de Médicis*, le massacre de Vassy, où les gens du duc de Guise tuèrent dans une rixe un grand nombre de huguenots (1562), mit les armes aux mains de tous les réformés de France.

Des meurtres sans nombre et des dévastations sacrilèges devancèrent sur bien des points les batailles rangées. Dans la première guerre, les protestants furent vaincus à Dreux (Eure-et-Loir, 1562); le roi de Navarre, qui s'était rattaché à la cause catholique, périt devant Rouen, et le duc de Guise fut assassiné au siège d'Orléans par le protestant Poltrot de Méré. Dans la seconde, les catholiques furent encore vainqueurs à Saint-Denis (1567). Dans la troisième, le jeune duc Henri d'Anjou, frère du roi, battit les protestants à Jarnac en Angoumois et à Moncontour près de Poitiers (1569), et le prince de Condé, fait prisonnier dans la première de ces deux rencontres, fut tué de sang-froid par Montesquiou, capitaine des gardes. Toujours vaincus mais toujours redoutables, les protestants obtinrent, après

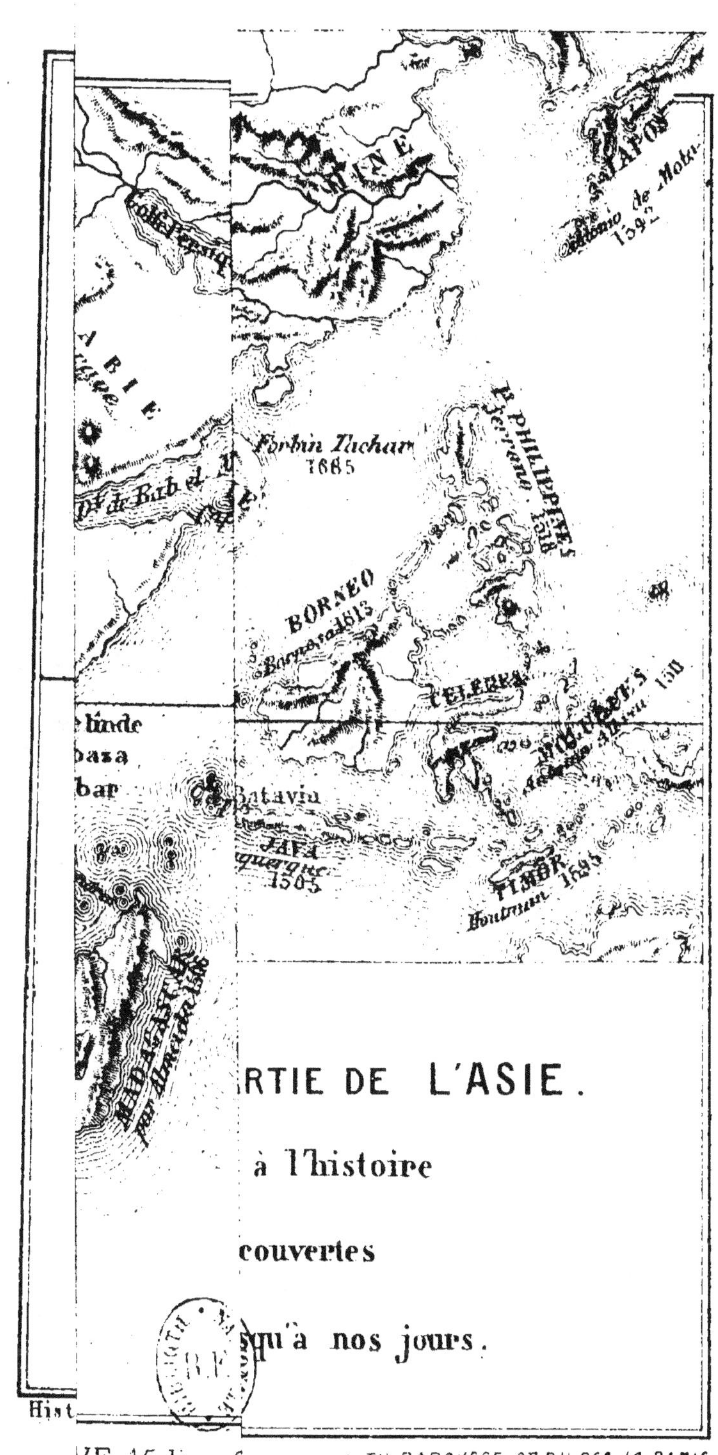

...RTIE DE L'ASIE.

à l'histoire

...couvertes

...squ'à nos jours.

...VE., 15, Rue S...   ...TH BAROUSSE C.ie DU C.ce, 12 PARIS

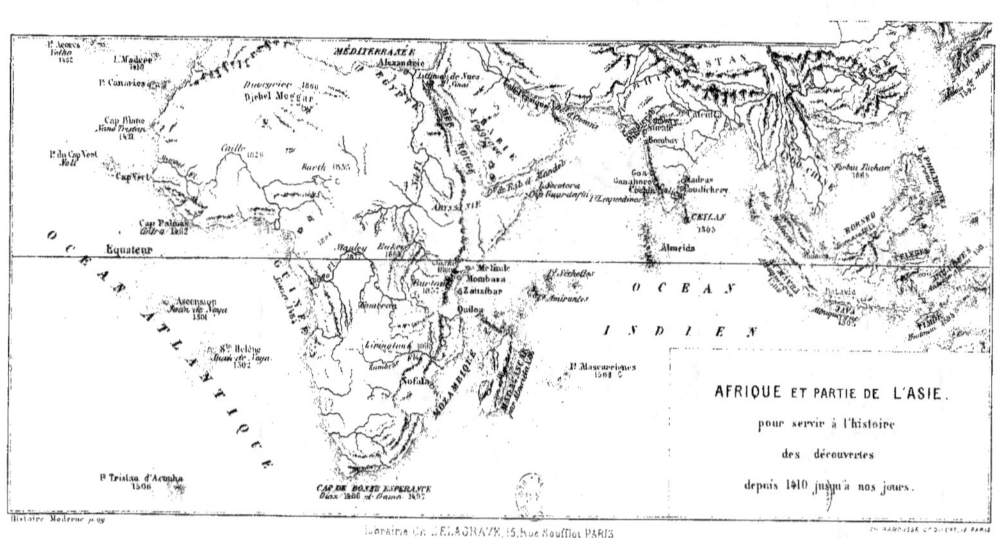

AFRIQUE ET PARTIE DE L'ASIE,
pour servir à l'histoire
des découvertes
depuis 1410 jusqu'à nos jours.
MÉDITERRANÉE
Alexandrie
Djebel Meggar
Barth 1855
Cap Blanc
I. Canaries
I. Madère
I. Açores
I. du Cap Vert
Cap Vert
Cap Palmas
ABYSSINIE
Equateur
OCÉAN ATLANTIQUE
Ascension
S.te Hélène
I. Tristan d'Acunha
GUINÉE
Livingstone
MOZAMBIQUE
Sofala
CAP DE BONNE ESPÉRANCE
Dias 1486 et Gama 1497
Melinde
Mombasa
Zanzibar
Quiloa
I. Séchelles
I. Amirantes
OCÉAN INDIEN
I.s Mascareignes
Goa
Cochin
Madras
Pondichéry
CEYLAN
Almeida
Bombay
Surate
BORNÉO
JAVA
Bombay
Librairie Ch. DELAGRAVE, 15, Rue Soufflot, PARIS
Histoire Moderne

chaque guerre, des conditions de plus en plus tolérantes, et la paix de Saint-Germain (1570) leur accorda, avec quatre places de sûreté, l'accès aux dignités de l'État et le libre exercice de leur culte dans deux villes par province.

70. La Saint-Barthélemy. — Deux ans après cette paix (1572), le jeune roi de Navarre, *Henri de Béarn*, épousa la sœur du roi, Marguerite de Valois, et un grand nombre de chefs protestants vinrent assister au mariage. Le peuple parisien, qui ne les voyait jamais d'un bon œil, était de plus en plus irrité contre eux. A la vue de cette effervescence, Catherine, au lieu de s'opposer aux luttes sanglantes qu'on pouvait prévoir, prit elle-même l'initiative des violences. Elle suscita contre Coligny, devenu par la mort de Condé le principal chef des réformés, l'assassin Maurevel, qui blessa grièvement l'amiral. Le surlendemain (24 août), jour de la Saint-Barthélemy, d'accord avec le nouveau *duc de Guise*, elle commanda le massacre de tous les huguenots de la capitale. Charles IX avait longtemps hésité à le permettre : mais pressé par sa mère, qui l'accusait d'avoir peur : « Tuez-les tous au moins, « s'écria-« t-il dans un accès d'emportement, afin « qu'il n'en reste pas un pour me le repro-« cher après. » A une heure et demie du matin, les cloches de Saint-Germain l'Auxerrois donnèrent le signal ; le duc se chargea lui-même d'aller à la demeure de Coligny et de le faire égorger. Pendant trois jours le sang coula à flots dans tous les quartiers de Paris, et la Seine regorgea de cadavres. Deux mille personnes au moins périrent dans ces abominables journées. Ces scènes de massacre se répétèrent dans plusieurs villes de province, même dans de simples bourgs et dans les campagnes.

71. PROGRÈS DES PROTESTANTS. — LA SAINTE-LIGUE.—La Saint-Barthélemy fut loin d'anéantir le parti protestant, comme on l'avait espéré. Il n'en fallut pas moins, l'année suivante, rendre aux huguenots, après une quatrième guerre, la liberté de culte dans les villes de Nîmes, de La Rochelle et de Montauban. En outre, en excitant l'indignation de toutes les âmes honnêtes que le fanatisme n'égarait point, ce crime odieux donna naissance à un troisième parti, celui des modérés ou politiques, qui, à l'exemple du chancelier L'Hôpital, mort six mois après le massacre, voulait rétablir la paix par la tolérance. C'était un nouvel appui que les réformés trouvaient au sein même du catholicisme. La mort prématurée de Charles IX en 1574 laissait le trône de France à son frère *Henri III*, qui, à cette nouvelle, quitta précipitamment la Pologne, dont une élection lui avait donné la couronne ; dès le début de son règne, ce prince hypocrite et débauché fit aux hérétiques une cinquième guerre, mais, malgré de nouveaux succès des catholiques, la paix de Loches (Indre-et-Loire) qui la termina en 1576, fortifia encore le parti des huguenots. Elle dé-

savouait la Saint-Barthélemy, accordait aux réformés la liberté de culte sans restriction aucune, et donnait la Picardie à Condé leur chef; l'Anjou, le Berry, la Touraine, au nouveau duc d'Anjou, frère du roi, chef des politiques.

Ces concessions exaspéraient au plus haut point les catholiques, et, sous l'inspiration des Guises, une association se forma entre eux, la *Sainte-Union* ou *Sainte-Ligue*. Les adhérents s'engageaient par serment à soutenir de leurs personnes, de leurs biens et de leurs armes, la religion catholique, et à obéir aveuglément aux chefs de l'Union.

72. AMBITION DE HENRI DE GUISE. — SA MORT. — Henri III, espérant faire de la ligue un instrument de la royauté, s'en déclara lui-même le chef ; mais les ligueurs continuèrent à regarder comme leur chef réel le duc *Henri de Guise*, devenu plus populaire par sa victoire récente de Dormans en Champagne, qui lui avait valu son surnom de *Balafré*. Une partie d'entre eux songeaient à l'élever au trône, et lui-même était loin de s'opposer à ces vues qui souriaient à son ambition.

En 1584, la mort du duc d'Anjou, frère du roi, fit d'un cousin fort éloigné, le protestant Henri de Béarn, l'héritier présomptif de la couronne; mais comme ce prince était hérétique, le duc de Guise conserva toutes ses espérances. Soutenu au dehors par le roi d'Espagne Philippe II, et dans Paris par le comité

des Seize (1), il ne songea plus désormais
qu'à arriver au trône. Dans de nouvelles
guerres, où les calvinistes remportèrent à
Coutras (Gironde) leur première victoire (1587),
les succès d'Henri de Guise sur les troupes
allemandes et suisses, qui venaient au secours des huguenots, augmentèrent encore
sa popularité. Le roi inquiet lui interdit de
rentrer dans Paris : il y revint malgré cette
défense, et son entrée fut une entrée triomphale. Henri III alors appela à lui six mille
Suisses ; Paris, en l'apprenant, se couvrit de
barricades, et les troupes du roi furent massa-
crées de toutes parts (1588). Les deux rivaux
pourtant parurent se réconcilier, mais ce sem-
blant d'accord cachait des projets sinistres, et,
aux États de Blois, le Balafré et son frère
Louis, cardinal de Guise, furent perfidement
assassinés (1588).

73. HENRI III ASSASSINÉ. — Le meurtre des
Guises ne réussit pas plus à Henri III que la
Saint-Barthélemy n'avait réussi à sa mère. A
la nouvelle du crime, ce fut dans Paris une
véritable explosion de fureur. Le mouvement
gagna les grandes villes de province, et Henri III,
devenu « roi de néant », comme le lui avait
prédit sa mère à la nouvelle de l'assassinat des
Guises, prit le parti extrême de s'allier au roi

---

(1) Ce comité se composait des plus déterminés ligueurs, dis-
tribués dans les seize quartiers de la ville, et qui s'y partageaient, au nom de la religion et sans nul souci de l'administration municipale, la disposition de toutes les affaires.

de Navarre contre les ligueurs. Après avoir traversé en vainqueur la Beauce et l'Orléanais, les deux rois, vinrent mettre le siége devant Paris, que commandait le duc de Mayenne, frère des Guises, devenu le chef de la ligue après leur mort. La ville allait être bientôt dans la nécessité de se rendre, lorsque le roi de France tomba sous le poignard d'un moine, nommé Jacques Clément (1589).

74. Victoires de Henri IV.—Paix de Vervins et édit de Nantes. — Héritier légitime de la couronne, bien que trois siècles en séparassent la maison de Bourbon, le roi de Navarre, désormais *Henri IV*, eut avant tout à conquérir son royaume de France. L'abandon d'une partie des chefs catholiques le contraignit de renoncer au siége de la capitale, mais ne l'empêcha pas de remporter en Normandie les deux victoires d'Arques et d'Ivry sur l'Eure (1589,1590). Il ne put cependant encore entrer dans Paris malgré l'horrible famine à laquelle il réduisit la ville dans un second siége. Mais les divisions de la ligue assurèrent au roi le succès que ses armes ne lui donnaient point encore. Les prétentions de la faction espagnole, qui voulait faire passer le trône de France à la fille de Philippe II, nièce par sa mère des trois derniers Valois, échouèrent complètement aux Etats généraux de 1593 ; l'audace et la cruauté des Seize ouvrirent les yeux au peuple, qui cessa de les soutenir ; enfin, épuisée par les discordes et tournée en ridicule la Ligue perdit toute raison d'être par la conversion de Henri IV au catholicisme (1593), et son dernier prétexte par l'absolution que lui accorda le pape Clément VIII (1595).

Dès 1594, le gouverneur de Paris, Cossé-Brissac, avait, à prix d'argent, ouvert au Béarnais les portes de la capitale; Mayenne, tous les chefs de la Ligue, tous les gouverneurs de province se soumirent alors où se laissèrent acheter, et les Espagnols restèrent seuls contre la France désormais unie. Henri IV les battit à Fontaine-Française près de Dijon (1595), et trois ans plus tard la paix de Vervins (Picardie) termina la guerre étrangère et rendit à la France toutes les places occupées par les Espagnols.

La même année, l'édit de Nantes termina les guerres de religion : il accorda aux protestants la liberté de leur culte, avec quelques légères restrictions ; l'autorisation de se réunir en assemblées religieuses ou synodes ; l'admission à tous les emplois publics ; l'établissement dans trois Parlements d'une chambre mi-partie; enfin il leur laissait, pour quelques années encore, toutes les places fortes qu'ils occupaient.

tants dans les trois premières guerres de religion. — Quel y fut le sort des chefs des deux partis? — La cause des protestants fut-elle amoindrie par ces revers? — Quel prince protestant épousa la sœur du roi de France et en quelle année? — Quelle fut la conduite de Catherine en présence des dispositions hostiles du peuple de Paris contre les huguenots ? — 70. Racontez, avec les dates, l'assassinat de Coligny et le massacre de la Saint-Barthélemy. — Ce massacre ne fut-il pas imité en province? — 71. La Saint-Barthélemy ruina-t-elle les protestants? — Date et conditions de la paix qui termine la quatrième guerre. — A quel nouveau parti la Saint-Barthélemy donna-t-elle naissance? — Où se trouvait, à la mort de Charles IX, son successeur Henri III? — Que savez-vous de la cinquième guerre de religion et de la paix de Loches qui la termina? — Origine et caractère de la Ligue. — 72. Dans quel espoir Henri III s'en déclara-t-il le chef? — Quel en était le chef réel? — Quel projet ambitieux nourrissait le duc de Guise? — Quel événement fit du roi de Navarre l'héritier présomptif de la couronne ? — L'ambition de Guise s'en trouva-t-elle diminuée? — Qu'était-ce que le comité des Seize? — Comment la guerre fortifia-t-elle contre Henri III les protestants et le duc de Guise? — Quelles circonstances amenèrent la journée des Barricades? — Que fit Henri III devant Paris révolté? — Par quel crime et en quelle année se délivra-t-il du duc de Guise? — 73. Quelle conséquence le meurtre des Guises amena-t-il pour Henri III? — dans quelle alliance chercha-t-il un refuge? — Dans quelle circonstance et en quel lieu trouva-t-il la mort? — 74. Quelles victoires remporta Henri IV sur les Ligueurs dans les deux premières années de son règne? Racontez le siége de Paris qui les suivit. — Quelles causes assurèrent le succès d'Henri IV et la ruine de la Ligue? — Où et quand Henri IV triompha-t-il de l'Espagne? — Donnez, avec la date, les conditions du traité qui termina la guerre. — Faites connaître l'édit qui mit fin aux guerres religieuses.

CHAPITRE VII

HENRI IV DEPUIS L'ÉDIT DE NANTES.

75. RESTAURATION DE LA FRANCE. — SULLY. — Henri IV, après avoir conquis son royaume, l'avait délivré de la guerre civile et de la guerre étrangère. Il fallait maintenant y relever l'autorité royale, tombée si bas sous les derniers Valois ; rendre à la France, épuisée et dépouillée de son ancien prestige en Europe, la vie au dedans et l'influence au dehors. — Henri IV apporta dans cette œuvre difficile le génie qu'elle exigeait. Il était, a-t-on dit, le plus attrayant des hommes, mais il était aussi le plus profond des politiques et le plus ferme des rois. Un ministre intelligent et dévoué, *Sully* (1), le seconda puissamment dans son œuvre : à ses qualités de soldat, il joignait l'ordre, la vigilance, l'économie, et il administrait si bien sa fortune, qu'Henri IV ne crut pouvoir mieux choisir pour administrer celle de l'Etat.

Les finances publiques étaient alors dans une situation déplorable. Elles étaient obérées d'une dette énorme, 300 millions (2), et le revenu annuel n'était que de 50, bien que le

(1) Maximilien de Béthune, né en 1560 à Rosny (Seine-et-Oise), porta longtemps le titre de baron de Rosny et fut créé duc de Sully (Loiret) en 1606.
(2) Environ 800 millions de nos francs.

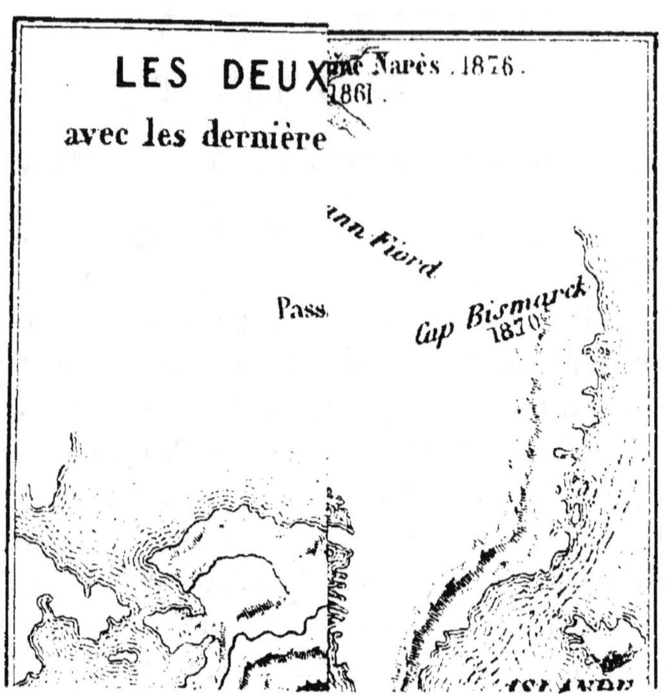

LES DEUX
avec les dernière
Narès . 1876 .
1861 .
nn Fiord
Pass.
Cap Bismarck
1870

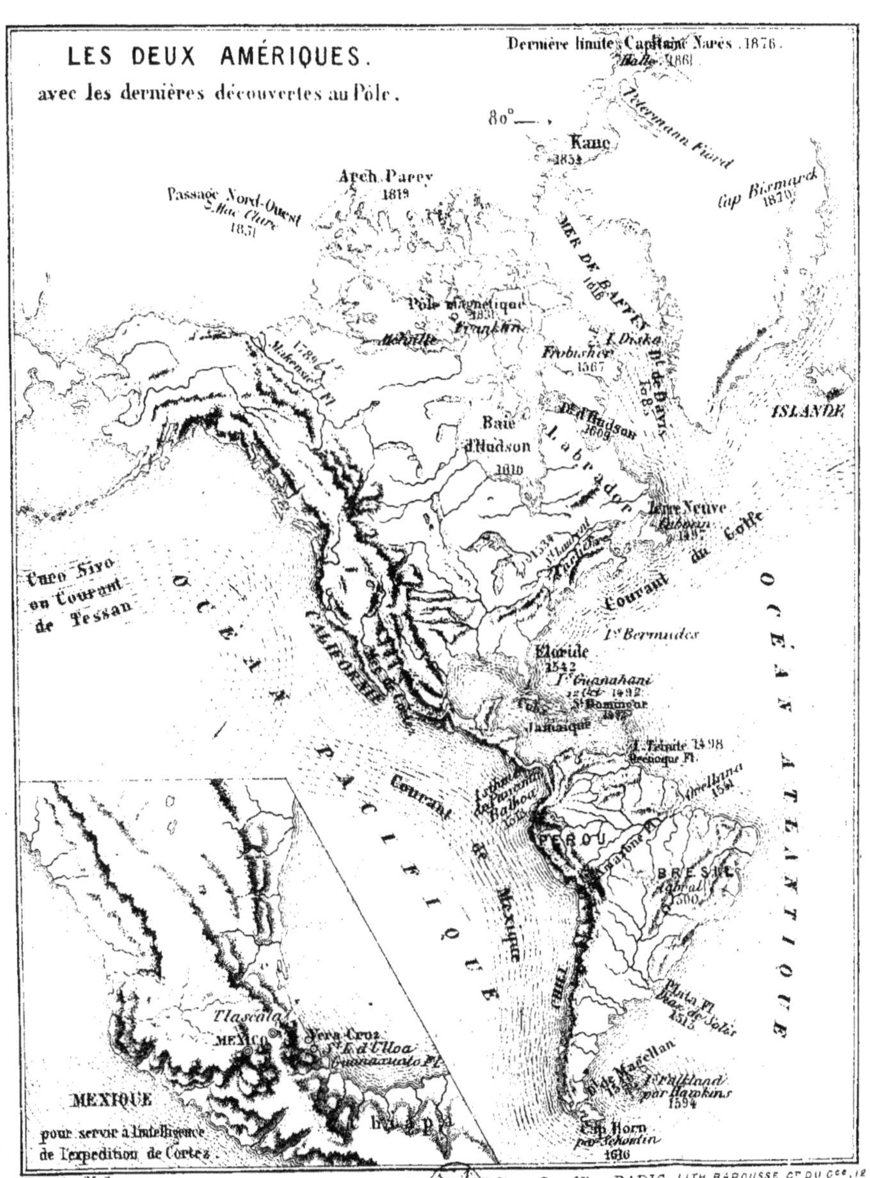

LES DEUX AMÉRIQUES.
avec les dernières découvertes au Pôle.
Dernière limite Capitaine Nares . 1876.
Halle . 1861
80°
Kane 1854
Arch. Parry 1819
Passage Nord-Ouest Mac Clure 1851
Petermann Fiord
Cap Bismarck 1870
MER DE BAFFIN 1616
ISLANDE
Mackenzie Fl.
Pôle magnétique 1831
Franklin
Melville
I. Drake Dt de Davis 1585
Frobisher 1567
Dt d'Hudson 1609
Baie d'Hudson 1610
Labrador
St Laurent Cartier
Terre Neuve Cabot 1497
Golfe
Caco Sivo ou Courant de Tessan
OCÉAN PACIFIQUE
Courant du Golfe
I. Bermudes
OCÉAN ATLANTIQUE
CALIFORNIE
Floride 1542
I. Guanahani 12 Oct 1492
St Domingue 1492
Jamaïque
I. Trinité 1498
Orénoque Fl.
Isthme Panama Balboa 1513
Magelhana 1591
PÉROU
Amazone Fl.
BRÉSIL Cabral 1500
Courant de Mexique
CHILI
Plata Fl. Diaz de Solis 1513
Dt de Magellan
I. Falkland par Hawkins 1594
Cap Horn par Schouten 1616
MEXIQUE
pour servir à l'intelligence de l'expédition de Cortez.
Tlascala
MEXICO
Vera Cruz St J. d'Ulloa Guanaxuato Fl.

peuple en payât quatre fois davantage. En surveillant avec sévérité la perception, en interdisant toute levée d'argent, à moins d'ordonnance royale, Sully libéra l'État, soulagea le peuple, et amassa dans les caisses publiques une réserve de 30 millions. Ce n'était pas assez de mettre l'ordre dans les finances du pays, il fallait lui faire produire tout ce qu'il pouvait produire, et Sully mit une véritable passion à encourager l'agriculture. « Le pâturage et le labourage, disait-il, sont les deux mamelles dont la France est alimentée, les vraies mines et trésors du Pérou. » Il ne voyait, au contraire, dans l'industrie qu'une source de luxe corrupteur. « La France, disait-il, n'est pas propre à de telles babioles ; cette vie sédentaire des manufactures ne saurait faire de bons soldats. » Henri IV heureusement, plus large dans ses idées, protégeait l'industrie de tous ses efforts : il encourageait l'éducation du ver à soie, faisait planter en France 50,000 mûriers, créait des manufactures de tapis aux Gobelins et au Louvre même, creusait le canal de Briare entre la Loire et la Seine, envoyait Champlain fonder Québec au Canada, et signait des traités de commerce avec la Hollande, l'Angleterre et la Turquie.

76. Politique extérieure de Henri IV. — Au dehors, une petite guerre avec le duc de Savoie se termina avec un plein succès. Malgré les conditions du traité de Vervins, il refusait de livrer à Henri IV le marquisat de Saluces, au-

delà des Alpes. Après quelques hostilités, la paix de Lyon (1601) donna en échange à la France la Bresse et le Bugey (département de l'Ain), situés en deçà des montagnes.

Reprenant ensuite la politique inaugurée par François Ier contre la maison d'Autriche, Henri IV songeait, si l'on en croit les mémoires de Sully, à un remaniement complet de l'Europe, où cette famille, toujours menaçante, aurait été dépouillée de la plupart de ses possessions; il rêvait de remplacer dans cette Europe nouvelle la force par le droit, et les guerres par l'arbitrage d'un congrès suprême, où chaque nation enverrait ses représentants; il espérait lui assurer ainsi une paix perpétuelle. L'ouverture de la succession des duchés de Clèves et de Juliers allait être pour Henri IV une occasion d'intervenir dans les affaires de l'Allemagne, quand le poignard de Ravaillac enleva à la France le grand roi qui la refaisait si prospère et si puissante (1610).

QUESTIONNAIRE. — 75. Quelle œuvre restait à accomplir, lorsque Henri IV eut conquis son royaume ? — Faites le portrait de ce roi. — Par quel ministre fut-il secondé ? — Portrait de Sully. — Donnez une idée de la situation financière du royaume à cette époque. — Par quelles mesures Sully réforma-t-il les abus, et quel en fut le résultat ? — Quelle importance donnait-il à l'agriculture ? — Quelles étaient ses idées sur l'industrie ? — Henri IV les partageait-il ? — 76. A quelle occasion Henri IV engagea-t-il une guerre contre la Savoie, et quelles provinces y gagna-t-il ? — Indiquez les projets de Henri IV contre la maison d'Autriche, son plan de paix perpétuelle. — Quand et comment mourut Henri IV ?

CHAPITRE VIII

LE CALVINISME EN ALLEMAGNE. — GUERRE DE TRENTE ANS.

77. L'ALLEMAGNE DEPUIS CHARLES-QUINT. — CAUSES DE LA GUERRE DE TRENTE ANS. — SON DOUBLE CARACTÈRE. — Dans les libertés que la paix d'Augsbourg avait concédées aux protestants d'Allemagne (1555), deux graves restrictions avaient été posées. L'une était l'interdiction de toute autre secte que le luthéranisme; l'autre était le *réservat ecclésiastique*, qui, en reconnaissant les sécularisations, c'est-à-dire les transformations des biens de l'Église en principautés héréditaires, antérieures à l'année 1555, les défendait à l'avenir, et prescrivait, à tout évêque ou abbé qui se ferait protestant, de renoncer à ses bénéfices.

Soit par esprit de tolérance, soit par la crainte de susciter de nouveaux orages, les deux premiers successeurs de Charles-Quint, Ferdinand Ier (1556-1564) et Maximilien II, son fils (1564-1576), fermèrent les yeux, et laissèrent impunément violer ces deux articles de la pacification religieuse. Tout ce qui restait de sécularisations à faire dans l'Allemagne du Nord s'accomplit alors rapidement, et le calvinisme s'introduisit dans le Palatinat du Rhin, dans la Saxe, dans la Bohême, et sur bien d'autres points encore. Rodolphe, au contraire, fils de Maximilien II (1576-1612), était l'ami et l'admirateur de Philippe II d'Espagne et de sa politique ; il voulut exécuter à la lettre la paix d'Augsbourg, et les deux sectes protestantes se préparèrent à la lutte sous la conduite de l'électeur palatin Frédéric IV. La guerre fut retardée par la mort de l'électeur et par l'assassinat de Henri IV, qui se disposait à la soutenir (1610), mais elle éclata enfin sous l'ambitieux Mathias, qui avait profité de ces divisions pour dépouiller son frère Rodolphe. L'appui que les calvinistes lui avaient prêté dans ses révoltes les rendaient chaque jour plus exigeants dans leurs prétentions ; les catholiques, de leur côté, se plaignaient des innombrables violations de la pacification d'Augsbourg de plus en plus dépassée. Les deux partis formaient déjà deux ligues en armes et prêtes à combattre : l'union protestante, sous la conduite du nouveau comte palatin Frédéric V ; la ligue catholique, sous la conduite du duc Maximilien de Bavière. La guerre éclata enfin en 1618 : purement allemande et surtout religieuse au début, elle allait bientôt devenir une nouvelle lutte de l'Europe contre la maison d'Autriche, et elle ne devait se terminer que trente ans plus tard.

78. GUERRE DE TRENTE ANS.—PÉRIODE PALATINE. (1618-1623). — L'occasion de la guerre fut l'érection de deux temples construits sur des terres catholiques par les protestants de Bohême.

Mathias se prononça contre eux, « arrêt juste, mais imprudent peut-être », et les Bohémiens se soulevèrent sous la conduite de l'ardent et ambitieux comte de Thurn. La populace envahit le château de Prague, trois conseillers impériaux furent jetés par les fenêtres, et cette violence inouïe qu'on a appelée *défénestration de Prague* fut le signal des hostilités. Déjà la lutte était engagée quand Mathias mourut en 1619. Les Bohémiens ne voulurent pas reconnaître pour roi son cousin Ferdinand II, qu'on savait ardent catholique, et ils offrirent la couronne à l'électeur palatin Frédéric V ; la Hongrie, de son côté, se donna pour roi Bethlem Gabor, prince de Transylvanie. Mais Ferdinand II, à force d'activité et de courage, triompha de cette double défection. Frédéric, attaqué dans Prague, perdit sous les murs de cette ville la bataille de la Montagne Blanche (1620), fut réduit à fuir, dépouillé de tous ses États, et le haut Palatinat fut donné, avec la dignité électorale, à Maximilien de Bavière. La Bohême perdit sa liberté religieuse, et les ministres protestants en furent chassés.

79. PÉRIODE DANOISE (1625-1629). — Ferdinand II, vainqueur, somma les États du nord de l'Allemagne de restituer aux catholiques tous les biens ecclésiastiques sécularisés depuis la paix d'Augsbourg. Le roi de Danemark, Christian IV, qui en faisait partie comme duc de Holstein, et que les progrès de la maison d'Autriche inquiétaient d'ailleurs pour ses propres États, se

fit alors le défenseur de la religien protestante et des libertés germaniques ; mais la lutte était devenue plus difficile encore qu'elle ne l'avait été pour le palatin son beau-frère. Outre l'armée de la ligue catholique et le terrible Tilly qui la commandait, l'empereur en avait maintenant une autre non moins redoutable, et qui, sans rien lui coûter, n'était qu'à lui et ne dépendait que de lui. C'était une armée de mercenaires qu'un seigneur de Bohême Wallenstein, ou plutôt Waldstein, avait levée en faisant appel à tous les aventuriers, allemands ou autres, qu'excitaient l'espoir du pillage et l'appât d'une forte paye. Il l'avait portée à 100,000 hommes, et s'était réservé le choix de tous les officiers ; cette armée était nourrie, vêtue, pourvue d'armes et largement soldée aux dépens des pays qu'elle traversait, amis ou ennemis. Christian fut d'abord battu par Tilly à Lutter, dans le duché de Brunswick (1626). Waldstein, après s'être rendu maître de la Poméranie et du Mecklembourg, le chassa de ses provinces continentales, et le contraignit à fuir dans l'île de Fionie ; mais il échoua devant le port de Stralsund, qu'une armée de Suédois vint secourir, et Christian rentra dans les provinces qu'il avait perdues. Ferdinand II, qui avait un instant songé à réduire le Danemark à une vassalité complète, se contenta d'imposer à son roi l'humiliant traité de Lubeck ; Christian, sans obtenir pour ses alliés aucune garantie, s'engageait dans ce traité à ne plus s'immiscer dans les affaires de l'empire (1629). L'armée de Waldstein retomba alors sur l'Allemagne, où elle fit partout exécuter l'*édit de restitution* des biens ecclésiastiques, et qu'elle plongea sur bien des points dans la plus horrible détresse : la famine fut telle, qu'on mangeait l'herbe des champs, et qu'on alla jusqu'à déterrer les morts. Toute autre religion que la religion catholique fut proscrite par Ferdinand dans ses Etats héréditaires, et le reste de l'empire fut à la discrétion de l'Autriche. Le salut vint de la France, qui déjà avait soutenu de son assentiment le roi de Danemark, et qui, après sa défaite, se mêla plus directement à la lutte.

80. La France sous Louis XIII et Richelieu. — Après la régence orageuse de Marie de Médicis et la courte administration d'un favori du jeune roi, Albert de Luynes, la France était soumise à l'énergique direction d'un grand ministre, le cardinal de Richelieu, et Louis XIII qui, avec des vertus privées, n'avait ni l'esprit ni l'habileté de son père, avait du moins le bon sens de laisser régner Richelieu à sa place. Au dedans, le cardinal avait voulu que l'autorité royale fût partout respectée et obéie : toutes les forteresses de l'intérieur, qui servaient de point d'appui aux guerres civiles, avaient été démantelées, et d'impitoyables exécutions punissaient les conspirations et les révoltes, dont les grands jusque-là s'étaient fait un jeu. Tout en laissant aux protestants

la liberté religieuse, il avait aboli leurs assemblées, repris la Rochelle et les autres places de sûreté que leur laissait l'édit de Nantes, et ils avaient cessé de former une sorte d'Etat au milieu de l'Etat. Au dehors, il continua avec plus de suite et de vigueur la politique de François Ier et de Henri II contre la maison d'Autriche, encore redoutable pour ses voisins, et il intervint dans la guerre d'Allemagne en faveur des protestants.

81. PÉRIODE SUÉDOISE (1630-1635). —Richelieu commença par désarmer à demi l'Autriche en poussant les électeurs à réclamer contre les excès des mercenaires, et à demander le renvoi de Waldstein. Ferdinand s'y décida dans l'espoir d'obtenir pour son fils le titre de roi des Romains, c'est-à-dire d'héritier présomptif de la couronne impériale. Quand l'Autriche se fut ainsi privée d'une partie de ses défenseurs, Richelieu lança contre elle le roi de Suède, Gustave-Adolphe, qui, par la conquête de l'Ingrie, de l'Esthonie et de la Livonie, venait de donner aux Suédois, maîtres de la Finlande depuis le douzième siècle, toutes les côtes orientales de la Baltique jusqu'à la Duna. Les Etats du nord de l'Allemagne accueillirent avec joie ce protestant zélé, et sa victoire sur Tilly, près de Leipsick (1631), lui assura leur alliance. Voulant alors découvrir l'Autriche de tous côtés, il poussa l'un de ses alliés, l'électeur de Saxe Jean George, sur la province autrichienne de Bohême, qui se hâta de secouer

le joug de l'empereur ; lui-même rattacha par des succès rapides toute l'Allemagne occidentale à sa cause, força, malgré le vieux Tilly qui y fut tué, le passage du Lech, envahit la Bavière, et Vienne fut menacée de toutes parts. Ferdinand II n'eut alors d'autre ressource que de supplier l'orgueilleux Waldstein de lever encore une fois des troupes, dont il serait le maître absolu. Une armée de 40,000 vétérans fut levée en trois mois et la Bohême fut reprise. Waldstein voulut ensuite punir l'électeur de Saxe en portant chez lui l'invasion, et Gustave-Adolphe, pour défendre son allié, livra la bataille de Lutzen, où il trouva la mort dans une seconde victoire (1632).

Sous la jeune reine Christine, fille du héros, les Suédois, commandés par son meilleur élève, Bernard de Saxe-Weimar, continuèrent d'abord leurs succès et prirent à l'Autriche toute la haute Alsace, sauf Brisach. Mais en même temps que Ferdinant II se délivrait par un assassinat des hauteurs et de l'ambition de Waldstein, qui allait se faire roi de Bohême (février 1634), une grande victoire, remportée par l'archiduc Ferdinand son fils, le sauvait à Nordlingen (Bavière) des attaques de la Suède (mai 1634) ; la terreur des armes de l'Autriche força alors les princes protestants à la paix de Prague (1635), l'Allemagne se trouva de nouveau à la merci de l'empereur, et Richelieu crut qu'il était temps d'intervenir.

82. PÉRIODE FRANÇAISE (1635-1648). — La

guerre fut déclarée tout ensemble à la branche allemande et à la branche espagnole de la maison d'Autriche. A l'alliance des Suédois s'ajouta celle des Hollandais, des Suisses, des ducs de Savoie et de Mantoue; la France eut d'abord quatre armées, elle les porta bientôt au nombre de sept, équipa deux flottes, et l'action s'engagea sur presque tous les points à la fois. Après la victoire d'Avein, près de Liége (1635), la France fut envahi de deux côtés, en Picardie et en Bourgogne, et la prise de Corbie près d'Amiens par les Espagnols jeta l'effroi dans la capitale. Déjà un nombre immense de Parisiens allaient chercher un refuge à Orléans, et dans les rues de Paris on éclatait en menaces contre le cardinal. Richelieu, sans s'émouvoir, se rendit à l'Hôtel de Ville avec une escorte de trois ou quatre hommes seulement, et ce trait d'audace transforma en enthousiasme la fureur de la foule, et ses menaces en acclamations. L'Hôtel de Ville vota des fonds extraordinaires et une levée d'hommes, Corbie fut reprise, et la France, sauvée de l'invasion, remporta de tous côtés d'éclatantes victoires. En Allemagne, c'était Bernard de Saxe-Weimar, qui, vainqueur dans toutes les rencontres, songeait à se faire le souverain de l'Alsace; mais il mourut, laissant son armée au maréchal de Guébriant, qui continua ses succès. — Aux Pays-Bas, c'étaient La Meilleraye et Châtillon qui prenaient Arras (1640), et enlevaient ainsi l'Artois à l'Espagne, comme l'Alsace venait d'être enlevée à l'Empire. — En Italie, c'était le comté d'Harcourt qui, par trois brillantes victoires, Casal, Turin, Ivrée (1640-1641), ramenait à l'alliance française le duc de Savoie, déserteur de notre cause. — En Espagne, à la voix et avec l'appui de Richelieu, le Portugal brisait, en 1640, le joug qu'il supportait à regret depuis soixante ans, tandis que la Catalogne, soulevée aussi, reconnaissait Louis XIII pour son souverain. Le roi de France, accourant au secours des révoltés, chassa les Espagnols de la Catalogne, et leur prit avec Perpignan la province entière de Roussillon (1642). — Sur mer enfin, Sourdis, archevêque de Bordeaux, détruisait une flotte espagnole sur les côtes de la Sicile, et les Hollandais en ruinaient une autre près des dunes de la mer du Nord (1638-1639).

Quand Richelieu et Louis XIII moururent à six mois d'intervalle (1642-1643), la France était agrandie de trois provinces : l'Alsace à l'est, l'Artois au nord, et le Roussillon au midi. Sous le jeune Louis XIV, qui n'avait que cinq ans à la mort de son père, ou plutôt sous le cardinal Mazarin à qui la régente Anne d'Autriche accorda toute sa confiance, la France eut à la tête de ses armées deux généraux de premier ordre, Condé et Turenne. Condé battit les Espagnols à Rocroy (Champagne, 1643), les Allemands à Fribourg (Alsace, 1644), et s'empara de Thionville, de Philippsbourg et de Mayence. Avec Turenne, il triompha de nouveau à Nordlingen (Bavière, 1645) ; enfin deux nouvelles batailles, gagnées en 1648 par ces deux grands capitaines, l'une à Sommershausen (Bavière) par Turenne, l'autre par Condé à Lens (Artois), amenèrent la branche allemande de la maison d'Autriche à conclure aussitôt les traités de Munster et d'Osnabruck ou de Westphalie (1648).

83. Traités de Westphalie. — Cette paix assura complètement aux protestants d'outre-Rhin la liberté religieuse, en donnant aux calvinistes tous les droits que la paix d'Augsbourg avait accordés aux luthériens, et en décidant que les diètes seraint composées d'un nombre égal de catholiques et de protestants. Les libertés politiques des Etats de l'Empire furent garanties avec le même soin : ce fut à la diète, dans laquelle entrèrent tous les princes séculiers ou ecclésiastiques et les représentants des villes impériales, qu'il appartint de faire les lois, de statuer sur la paix, la guerre, les alliances, les impôts, et l'empereur ne conserva que le pouvoir exécutif. Le traité reconnut aux 343 Etats de l'Empire, le droit de se gouverner eux-mêmes, de contracter, sans l'assentiment de l'empereur, toute espèce d'alliances pourvu qu'elles ne fussent pas dirigées contre l'Empire : c'était ouvrir l'Allemagne à toutes les influences de l'étranger et écarter les ambitieuses prétentions de la maison d'Autriche à la souveraine domination. Enfin, les diverses puissances belligérantes furent indemnisées aux dépens de l'Au-

triche ou par de nouvelles sécularisations. L'Autriche perdit la Lusace, qui fut donnée à l'électeur de Saxe, et la haute Alsace, qui passa tout entière à la France, sauf les deux villes libres de Strasbourg et de Mulhouse ; la Suède eut, entre autres possessions, la Poméranie citérieure, c'est-à-dire à l'ouest de l'Oder, Stettin et l'île de Rugen aux bouches de ce fleuve, l'archevêché de Brême et l'évêché de Verdun aux bouches du Wéser. En dédommagement de ce qu'il perdait dans la Poméranie, l'électeur de Brandebourg obtint l'archevêché de Magdebourg, les évêchés d'Halberstadt, de Minden et de Comin qui le rapprochaient de son duché de Clèves ; le fils du comte palatin Frédéric V rentra en possession du bas Palatinat (cap. Heidelberg) et de la dignité électorale ; un huitième électorat fut créé en faveur du duc de Bavière qui conserva le haut Palatinat (cap. Amberg).

Rien n'était encore décidé quant aux provinces espagnoles d'Artois et de Roussillon. L'Espagne, qui espérait profiter de la minorité de Louis XIV pour les ressaisir, s'était retirée des négociations et bornée à un traité avec les Provinces-Unies, dont elle reconnaissait l'indépendance, et à qui elle abandonnait ce que les Hollandais avaient conquis aux Indes et en Amérique.

QUESTIONNAIRE. — **77.** Quels obstacles étaient encore opposés aux progrès du protestantisme dans la paix d'Augsbourg ? — Les successeurs de Charles-Quint

tinrent-ils compte de ces restrictions, et que résulta-
t-il de leur tolérance? — Quel empereur voulut faire
exécuter à la lettre la paix d'Augsbourg? — Parlez
des divisions qui remplirent le règne de Rodolphe II
et de l'ambitieux à qui elles profitèrent. — Donnez
une idée des difficultés que rencontra l'empereur
Mathias, et dites en quelle année commença la guerre
de Trente ans. — 78. Quelle fut l'occasion de la
guerre de Trente ans et quelle violence en donna le
signal? — Quand mourut l'empereur Mathias, et qui
reçut après lui la couronne impériale? — Quels prétendants se disputèrent le titre de roi de Bohême à la mort
de Mathias? — Racontez la guerre qui fit naître cette
rivalité et indiquez-en les conséquences pour l'électeur palatin et pour la Bohême? Que devint après
cette guerre le Palatinat du Rhin? — La Hongrie ne
s'était-elle pas un peu mêlée à ces divisions? —
79. Quels motifs poussèrent Christian IV de Danemark
à prendre part à la guerre et en quelle année? —
Quelles armées eut-il à combattre? — Quels revers essuya-t-il? — Devant quelle place échoua Waldstein, et
en quoi cet échec profita-t-il au roi de Danemark?
— Quelles conditions accepta Christian IV et dans
quel traité? — Quelle mesure fit exécuter l'armée de
Waldstein après le traité de Lubeck, et dans quelle
détresse jeta-t-elle l'Allemagne? — Donnez une idée
de la situation de l'empire après le traité de Lubeck?
— 80. Quel fut en France le successeur de Henri IV et
quel ministre gouvernait en son nom? — Parlez du
gouvernement de Richelieu à l'intérieur? — Quelle
fut sa politique extérieure? — 81. Quel adversaire
Richelieu suscita-t-il contre l'empereur? — Racontez,
avec les dates, l'invasion de Gustave-Adolphe dans
l'empire. — Qui le remplaça sur le trône et dans l'armée? — Principaux faits de la période suédoise de la
guerre de Trente ans depuis la mort de Gustave-
Adolphe. — 82. Quelle fut, après la paix de Prague,
la politique de la France, et quels alliés la secondèrent? — Racontez l'invasion des Espagnols en Picardie. — Indiquez, avec leurs dates, les succès des
armées françaises sur tous les points où les hostilités
étaient engagées. — La France se trouvait-elle agrandie à la mort de Richelieu et de Louis XIII? —
Grands capitaines et victoires des Français dans la
guerre de Trente ans sous Louis XIV et Mazarin. —

83. Comment le traité de Westphalie compléta-t-il la liberté religieuse de l'empire germanique ? — Comment assura-t-il les libertés politiques des États de l'empire, et à quoi réduisit-il la souveraineté impériale ? — A quelles puissances donna-t-il des provinces ou des territoires et aux dépens de qui ? — Que régla-t-il pour le Palatinat du Rhin ? — A quoi se borna le rôle de l'Espagne dans les négociations du traité de Westphalie ?

CHAPITRE IX

DÉCADENCE DE L'ESPAGNE

84. L'Espagne sous Philippe II. — La branche espagnole de la maison de Habsbourg était aussi tombée, sous les successeurs de Charles-Quint, dans une décadence rapide et profonde. En 1571, au moment où le fils de Soliman, Sélim II, venait de prendre aux Vénitiens l'île de Chypre, la flotte espagnole, aidée de celles de Venise et du Saint-Siége, remporta sur les Turcs la victoire de Lépante, qui leur coûta 25,000 hommes et 224 vaisseaux ; mais, à part ce brillant succès, toute la politique de Philippe II (1556-1598) n'eut d'autres résultats que de compromettre la cause de la religion qu'il voulait servir, et de conduire la Péninsule à sa ruine.

Pour effacer en Espagne tout souvenir de la domination musulmane, il défendit en 1566 aux Maures d'Andalousie de porter leur costume national, de parler et d'écrire la langue arabe, de conserver des bains dans leurs de-

meures, et il interdit à leurs femmes l'usage
du voile, sans lequel les musulmanes ne se
montrent jamais; mais, pour obtenir leur
obéissance, il fallut en exterminer plus de cent
mille, en déporter une foule d'autres en Afrique,
et ces Maures d'Andalousie étaient les plus
habiles agriculteurs et les plus actifs commerçants de toute l'Espagne.

Philippe II voulut de même écarter de ses
Etats par la terreur toute innovation ayant
couleur d'hérésie, et de son palais de l'Es-
curial (1) il poursuivit sans relâche en Europe
un double but, l'agrandissement de la domination espagnole et la destruction du protestantisme. On sait déjà comment Henri IV et Elisabeth triomphèrent de ses attaques. Il ne fut
pas plus heureux dans la Suède et dans le Danemark, où, d'accord avec le fils de Gustave
Vasa, Jean III, qui avait abjuré l'hérésie, il
songea un instant à écraser les doctrines nouvelles. En Espagne, le tribunal royal de l'inquisition se montra de plus en plus immo-
déré dans sa surveillance, de plus en plus
implacable dans ses rigueurs, et ce fut en
vain que les papes saint Pie V et Grégoire XIII
s'élevèrent contre ces sévérités sans mesure,
comme l'avaient fait Sixte IV, Léon X et
Paul III sous les deux règnes précédents. L'inquisition brûla des milliers de victimes, ruina

____

(1) Ce palais est à quelques lieues de Madrid, que Philipe II
avait choisie pour capitale en 1563.

des milliers de familles, priva le commerce et l'industrie des capitaux et de la sécurité dont ils ont besoin ; mais, au lieu de protéger la religion comme elle semblait le faire, elle lui suscita partout des ennemis, et son souvenir lui en suscite aujourd'hui encore. Milan et Naples repoussèrent les inquisiteurs, et, aux Pays-Bas, l'établissement de leur tribunal amena sept riches provinces à se détacher de la monarchie espagnole pour se constituer en république indépendante.

En 1580, l'acquisition du Portugal, auquel Philippe II imposa sa souveraineté à la mort du roi-cardinal Henri, son oncle maternel, put sembler une compensation à l'affranchissement de la Hollande ; mais cette domination ne pouvait être que passagère, puisqu'il fallait toujours la soutenir par les armes, et elle amena presque aussitôt la perte de la marine et des colonies portugaises : les Hollandais ruinèrent l'une et s'emparèrent de la plupart des autres, lorsqu'en 1592 Philippe II leur interdit de venir acheter à Lisbonne les denrées de l'Inde. La destruction de l'*Invincible armada* avait déjà quelques années plus tôt ruiné la marine espagnole, et quand Philippe II mourut en 1598, l'Espagne était obérée, impuissante, et le prestige dont Charles-Quint l'avait entourée, s'était complètement évanoui.

85. L'ESPAGNE AU DIX-SEPTIÈME SIÈCLE. — *Philippe III* et *Philippe IV*, fils et petit-fils de Philippe II, ne furent rois que de nom (1598-1621;

1621-1665), et ce furent des favoris qui gouvernèrent à leur place. Le duc de *Lerme*, pendant presque tout le règne du premier, et le duc *d'Olivarès* dans les vingt-deux premières années du second. Sous Philippe III, en 1610, un décret royal chassa tous les Maures, dans la crainte chimérique qu'ils n'appelassent les Berbères d'Afrique à une nouvelle invasion de l'Espagne; ce décret menaçait de mort ceux qui refuseraient de s'expatrier et les Espagnols qui leur donneraient asile. L'expulsion des Juifs avait affaibli l'industrie dans la Péninsule, l'expulsion des Maures acheva de l'y ruiner. De Ferdinand le Catholique à Philippe III, l'Espagne avait perdu plus de 3,000,000 de Juifs ou de Maures. Elle put d'autant moins supporter la perte de cette population active et laborieuse que la colonisation de l'Amérique lui en enlevait davantage encore.

Sous Philippe IV, l'Espagne paya cher l'appui qu'elle donna aux Habsbourg d'Allemagne, dès le début de la guerre de Trente ans. Pendant que le Portugal s'affranchissait et se donnait pour roi le duc de Bragance (1640), l'Artois et le Roussillon furent occupés par les troupes françaises (1640-1642) et, en 1643, l'infanterie espagnole fut presque détruite par Condé à la bataille de Rocroy. Quand la guerre d'Allemagne fut terminée, les Espagnols voulurent profiter de la guerre civile de la Fronde, qui agita quatre ans la France, et de la révolte de Condé, qui passa dans leurs rangs, pour reprendre les provinces perdues ; mais Turenne les força de lever le siége d'Arras, les vainquit aux Dunes, près de Dunkerque, et le traité des Pyrénées (1659) laissa à la France l'Artois et le Roussillon. Enfin, sous Charles II, dernier descendant d'une famille dégénérée (1665-1700), la Flandre française et la Franche-Comté furent encore enlevées à l'Espagne par Louis XIV (3e partie, chapitre i).

Le pays qui avait envoyé plus de cent vaisseaux à Lépante contre les Turcs, et qui en avait réuni cent soixante-quinze en 1588 contre l'Angleterre, se voyait réduit à en emprunter quelques-uns à des navigateurs génois pour son service du Nouveaumonde. Après avoir eu des armées formidables sur tout le continent, il ne pouvait plus entretenir qu'un effectif de vingt mille hommes ; sa population, qui s'était élevée à vingt millions sous les Arabes, et qui aujourd'hui monte à plus de quinze, était alors descendue à six.

Malgré les mines d'or du Nouveau monde, qui avaient poussé l'Espagne à abandonner le travail, vraie source de la richesse, le gouvernement était toujours dans la pénurie, parce que le pays, qui ne produisait presque plus rien par lui-même, était sans ressources. Le commerce en effet y avait complètement disparu ; le manque de bras, l'indolence nationale, le préjugé contre les travaux manuels, une administration financière inintelligente et oppressive, qui exigeait du travailleur plus qu'il ne gagnait, avaient ruiné l'agriculture si florissante autrefois, et amené la chute de presque toutes les manufactures. La Péninsule recevait de l'étranger plus des sept huitièmes des denrées et des marchandises qui lui étaient nécessaires, et elle donnait en échange à l'étranger plus des sept huitièmes des 85 millions qui venaient annuellement d'Amérique. L'Espagne, par la faute de ses princes, était descendue au dernier degré de l'échelle des nations.

QUESTIONNAIRE. — 84. Quelle victoire l'Espagne remporta-t-elle sur les Turcs sous Philippe II, et en quelle année? Dates et résultats du règne de Philippe II. — Comment furent traités les Maures sous ce règne? — Politique intérieure et extérieure de Philippe II; son peu de succès sur tous les points de l'Europe. — Par quel moyen Philippe II voulut-il écarter l'hérésie de ses Etats, et comment le Saint-Siége apprécia-t-il sa conduite? — Quelles provinces repoussèrent l'inquisition? — Quel royaume ajouta Philippe II à la monarchie espagnole, et en quelle année? — Que devinrent par sa faute la marine et les colonies du Portugal? — Dans quel état laissa-t-il en mourant la marine et les finances de l'Espagne? — 85. Nommez, avec leurs dates, les trois successeurs de Philippe II. — Quels ministres gouvernèrent au nom de Philippe III et de Philippe IV? — Quel édit Philippe III porta-t-il contre les Maures, et quelles en furent les conséquences pour l'Espagne? — Quelles provinces et quelles batailles perdit la monarchie espagnole sous Philippe IV? — Ses nouvelles pertes sous Charles II. — Dites ce qu'étaient au temps de Charles II la marine, l'armée, la population, l'agriculture, le commerce et l'industrie de l'Espagne.

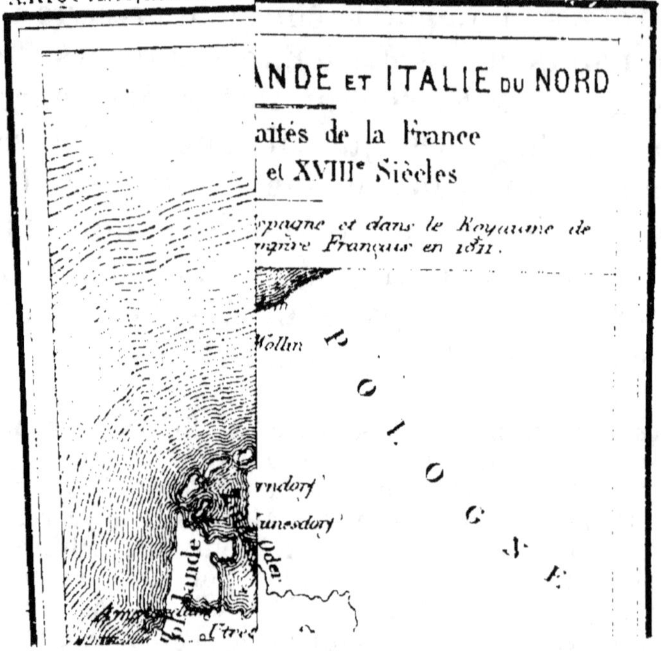
ANDE ET ITALIE DU NORD
aités de la France
et XVIIIe Siècles
spagne et dans le Royaume de
mpire Français en 1811.
Wollin
POLOGNE
rndorf
unesdorf
Oder
Hollande

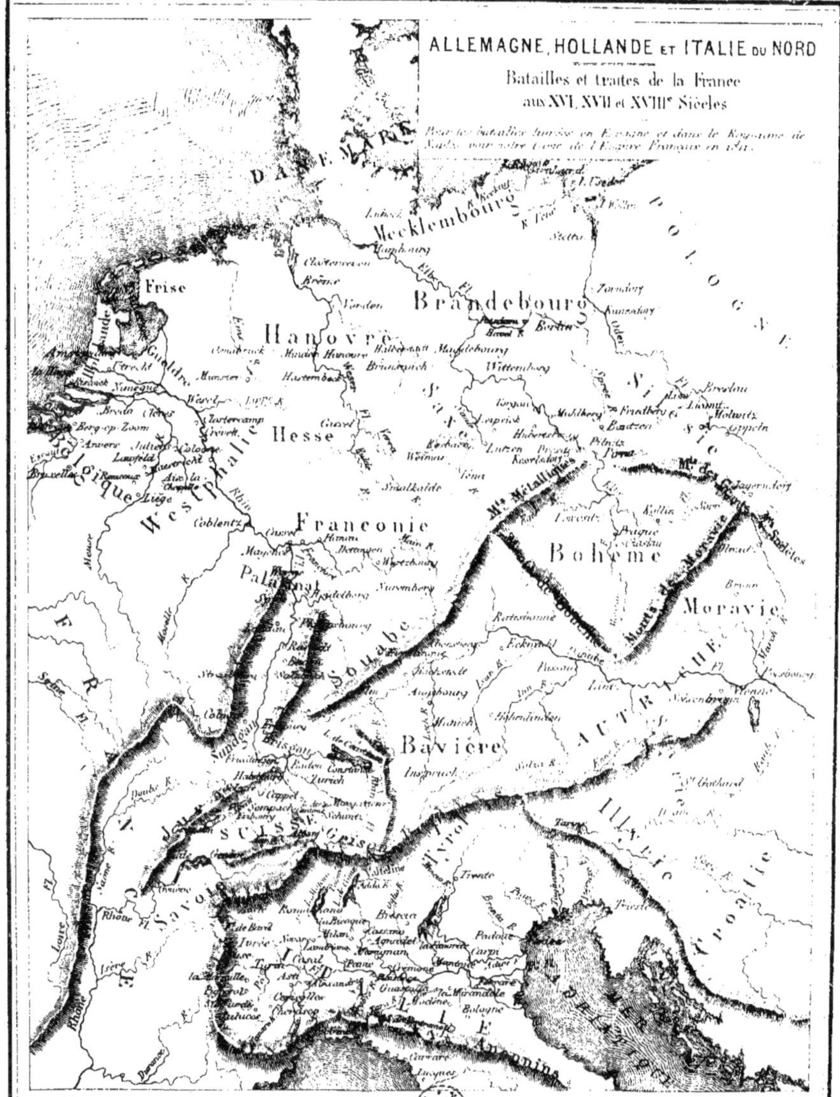
ALLEMAGNE, HOLLANDE ET ITALIE DU NORD
Batailles et traités de la France
aux XVI, XVII et XVIII⁰ Siècles
DANEMARK
POLOGNE
Mecklembourg
Brandebourg
Frise
Hanovre
Hesse
Silésie
Westphalie
Franconie
Bohême
Palatinat
Moravie
Souabe
AUTRICHE
Bavière
ILLYRIE
SUISSE
Grisons
Tyrol
Croatie
Savoie
APENNIN

CHAPITRE X

LE PURITANISME EN ANGLETERRE. — LES STUARTS ET LA RÉVOLUTION D'ANGLETERRE.
CROMWELL.

86. LE PURITANISME EN ANGLETERRE. — JACQUES Ier. — Malgré la violente persécution d'Henri VIII et d'Elisabeth, le calvinisme ou puritanisme s'était rapidement propagé en Angleterre. On y comptait un grand nombre de puritains au sein de la petite noblesse, de la bourgeoisie et du peuple, et ils eurent une grande part dans la révolution qui se prépara sous l'incapable Jacques Ier et dans laquelle Charles Ier, son fils, perdit tout ensemble le trône et la vie.

A la mort d'Elisabeth, en 1603, le fils de Marie Stuart, *Jacques VI*, roi d'Ecosse, devint roi de la Grande-Bretagne sous le nom de Jacques Ier. C'était un prince sans dignité, sans grâce et sans justesse dans l'esprit. Dès le commencement de son règne, il mécontenta les *puritains*, qui dominaient en Ecosse, les catholiques, qui étaient encore nombreux en Angleterre, et le Parlement qui sortait peu à peu de la compression où l'avaient tenu les Tudors, Les puritains espéraient beaucoup d'un prince qui avait été élevé dans leur religion, et les catholiques plus encore du fils de Marie Stuart. Mais Jacques Ier avait embrassé la religion anglicane, parce qu'il trouvait dans l'anglicanisme un instrument précieux de prépondérance politique. L'irritation populaire enfanta d'abord en 1605 *la conspiration des poudres*, dont les auteurs, découverts avant l'exécution du complot, furent punis de mort ou moururent en se défendant : les réclamations du Parlement, qui retrouvait le sentiment et le souvenir de ses droits, devinrent chaque jour de plus en plus vives. Au dehors, la politique de Jacques Ier était antinationale. Il abandonnait son gendre, l'électeur palatin Frédéric V, au début de la guerre de Trente ans; il rendait aux Provinces-Unies les places qu'elles avaient données en gage à leur alliée Elisabeth; il accordait aux réclamations de l'Espagne la condamnation et la mort de Walter Raleigh, coupable d'avoir attaqué la ville de Saint-Thomas dans un voyage de découverte; il se rapprochait encore de l'Espagne, en sollicitant pour son fils la main d'une infante. La conduite scandaleuse de son favori Buckingham empêcha, il est vrai, les négociations d'aboutir, et le prince de Galles épousa Henriette, sœur de Louis XIII, à la suite d'autres négociations, qui furent poursuivies par le même favori et avec le même scandale.

87. CHARLES Ier. — LA PÉTITION DES DROITS. — *Charles Ier*, dont l'avénement au trône, en 1625, fut d'abord accueilli avec faveur, semblait propre à fixer l'amour de la nation par les

grâces de sa personne, par la loyauté et la génénérosité de son caractère. Mais bientôt la défiance fut éveillée par le zèle catholique de la reine Henriette de France et par la partialité inconsidérée que le roi continua à Buckingham.

Le Parlement reprit son rôle d'opposition contre les impôts établis sans son consentement et contre le favori, et il déclara ne vouloir voter les subsides qu'après avoir fait accepter au roi la *pétition des droits*, c'est-à-dire la reconnaissance des droits fondamentaux spécifiés par la grande charte. Vainement Charles Ier voulut-il donner un gage de son anglicanisme et relever Buckingham dans l'opinion publique en lui confiant le commandement d'une flotte destinée à soutenir les protestants de La Rochelle contre Richelieu. L'échec de Buckingham devant l'île de Ré, défendue par Toiras, acheva de le perdre, et il tomba sous le poignard d'un fanatique nommé Felton, au moment où il préparait une seconde expédition.

88. ONZE ANS D'ABSOLUTISME (1629-1640). LE LONG PARLEMENT. — PRÉLUDES DE LA GUERRE CIVILE. — Charles résolut alors de gouverner sans Parlement, et pendant 11 ans il se passa de la représentation nationale. Deux ministres dirigèrent les affaires, *Thomas Wenworth*, comte de *Strafford*, et *Laud*, archevêque de Cantorbéry : le premier s'appuyait sur la *Chambre étoilée* et le second sur la *Cour de haute com-*

mission ; ces deux tribunaux, composés de magistrats nommés par le roi, furent les instruments dociles du gouvernement, et leurs décisions réglèrent toutes les questions de culte, de liturgie, de taxes et d'impôts ; les monopoles furent concédés pour tous les objets de première nécessité, et le trésor royal encaissa ainsi de grosses sommes que les marchands firent ensuite payer en détail aux acheteurs.

Avec non moins de vigueur, Laud poursuivait les non-conformistes, soit en Angleterre, soit en Ecosse : toute liberté fut suspendue, et beaucoup d'Anglais aimèrent mieux s'expatrier que de subir un pareil joug. — La triple persécution fiscale, religieuse et politique qui pesait sur l'Angleterre souleva sur de nombreux points des rébellions générales ou individuelles. Les Ecossais s'unirent en armes pour soutenir leur culte et repousser la nouvelle liturgie de Laud, et ils formèrent le *Covenant*, c'est-à-dire l'assemblée des soldats de tous les clans. En Angleterre, *Hampden* refusa de payer un impôt illégal, se fit condamner à tous les degrés de la juridiction et remua fortement l'opinion publique par la véhémence de ses plaidoyers. Le roi résolut de marcher contre les Ecossais ; mais comme il n'avait d'argent ni pour faire la guerre ni pour gouverner, il leur accorda le traité de Berwick, par lequel il abolissait en Ecosse la liturgie de Laud, et il revint en Angleterre au gouvernement parlementaire (1640).

L'Assemblée, convoquée en 1641, a reçu le nom de *Long parlement*, et elle a exercé la souveraineté pendant treize années.

Les membres de cette assemblée, dirigée par *Pym*, *Hampden* et *Olivier Cromwell*, demandèrent l'abolition de toutes les taxes illégales, de la Chambre étoilée et de la Cour de haute commission ; puis ils voulurent frapper ceux qu'ils appelaient les *délinquants :* Strafford et Laud furent arrêtés et mis en jugement. Strafford, que le roi abandonna à la veangence de ses ennemis, marcha dignement vers le lieu du supplice, en répétant avec une certaine amertume ces paroles du Psalmiste : « Ne mettez pas votre confiance dans les princes ni « dans les fils des hommes, dont on ne peut at-« tendre le salut. » Quatre ans après, Laud subit aussi le dernier supplice.

Le roi voulut alors agir avec énergie, et pendant que la reine se réfugiait en France, il se rendit au sein de l'Assemblée pour arrêter cinq de ses membres, qu'il accusait de trahison. Le Parlement déclara que le roi violait les priviléges de la représentation nationale et appela le peuple aux armes ; de son côté Charles Ier se retira à Nottingham, réunit la noblesse autour de lui et se disposa à marcher sur Londres. La guerre civile allait commencer (1643).

89. LA GUERRE CIVILE ET CROMWELL. — MORT DE CHALES Ier. — Les débuts de la guerre furent heureux pour le roi : les engagements de Worcester et de Edge-Hill lui ouvrirent les portes

d'York ; il prit Bristol et investit Glocester. Les comtés de l'Ouest se déclarèrent pour la cause royale et augmentèrent le nombre des cavaliers ou défenseurs du roi. De leur côté, les comtés de l'Est, du Sud et du Nord fournissaient les *têtes rondes* ou soldats du Parlement, sous les ordres du comte d'Essex, et les terribles *côtes de fer*, cavalerie organisée par Cromwell. Charles fut battu à Newbury, échoua au siège de Hull, fut encore défait à Marston-Moor en 1644, et la prise d'York et de Newcastle par les têtes rondes ruina la cause royale dans le nord de l'Angleterre. Enfin, la perte de la bataille de Naseby ne lui laissa d'autre ressource que la fuite ; il se remit aux mains des Ecossais, et ceux-ci le vendirent aux presbytériens ou indépendants qui dominaient dans le Parlement. Le roi essaya vainement de s'enfuir ; arrêté dans l'île de Wight, il fut amené à Londres par ordre de Cromwell et traduit devant un tribunal présidé par *Bradshaw*. Ce tribunal et le Parlement lui-même étaient à la dévotion de Cromwell depuis qu'il avait expulsé de l'assemblée 143 députés ; ils étaient devenus les dociles serviteurs de l'armée, et l'armée était l'instrument de Cromwell. Charles Ier fut condamné à la peine de mort, comme coupable des malheurs publics. Il subit le dernier supplice avec une grande dignité devant son palais de White-Hall le 30 janvier 1649. Après sa mort, le Parlement vota la suppression de la Chambre des lords, l'abolition de la royauté et proclama la République : un conseil d'État était investi de la puissance exécutive, on remarquait, parmi ses membres, Cromwell, Bradshaw, et le poète Milton.

90. Victoires et protectorat de Cromwell. — Rétablissement des Stuarts — Cependant l'Irlande se soulevait : Cromwell marcha contre elle et noya la révolte des catholiques dans des flots de sang. Il se dirigea ensuite vers l'Ecosse qui, à la voix de Montrose, venait de proclamer Charles II. Les Ecossais furent battus à Dumbar et à Worcester, le prétendant obligé de se réfugier en France, et Cromwell revint à Londres avec des troupes victorieuses prêtes à toutes les entreprises. Les Hollandais avaient refusé de reconnaître la République anglaise : Cromwell les frappa par l'*Acte de Navigation*, défendant l'importation en Angleterre de toute marchandise qui ne serait pas un produit du sol ou de l'industrie de la nation étrangère qui l'importait. La Hollande voulut résister ; mais elle fut vaincue, et ses amiraux Tromp et Ruyter furent défaits à Douvres, au cap Nord-Foreland et à l'embouchure du Vieux-Rhin par les amiraux anglais Blake et Monk.

Désormais Cromwell était assez fort pour dominer la Révolution et la confisquer à son profit ; il chassa à main armée le Long parlement et lui substitua une autre Assemblée, appelée parlement *Barbone*, du nom d'un de ses membres ; cette assemblée déféra à Cromwell en 1653 le gouvernement à vie, avec le titre de lord Protecteur. Les cinq années du protectorat de Cromwell ne furent pas sans gloire. Mazarin lui-même rechercha l'alliance anglaise et il livra aux troupes de Cromwell les villes de Mardick et de Dunkerque, en échange de leur concours à la bataille des Dunes gagnée sur les Espagnols; la flotte anglaise, commandée par Blake, enleva encore la Jamaïque à l'Espagne.

Lorsque Cromwell mourut en 1658, son fils Richard lui succéda dans le protectorat; puis il abdiqua l'année suivante. Les chefs de l'armée voulurent alors réunir les débris du Long parlement, et cette Assemblée, décriée et sans existence légale, reçut le nom de parlement *Rump* ou croupion. Le général Monk, qui commandait en Ecosse, marcha sur Londres et convoqua une Convention, qui rappela Charles II sans conditions en 1660.

QUESTIONNAIRE. — 86. Quel fut le successeur d'Elisabeth? — Quelles étaient les espérances des catholiques et des puritains? — Comment Jacques Ier trompa-t-il ces espérances? — Racontez la conspiration des Poudres. — Quelle fut au dehors la politique de Jacques Ier? — Quelle princesses fit-il épouser à son fils? — Qui fut le négociateur de ce mariage? — 87. Donnez la date de la mort de Jacques Ier et indiquez son successeur. — Quel fut le favori du roi? — Comment le Parlement manifesta-t-il son esprit d'opposition? — De quelle expédition Buckingham fut-il chargé et quel en fut le résultat? — 88. Combien d'années Charles Ier gouverna-t-il sans Parlement? — Quels furent ses ministres? — Quels furent les instruments de leur pouvoir? — Dites les mesures adoptées par Strafford, par Laud. — Quel fut le résultat de cette politique? — Qu'est-ce que le Covenant? — Comment Hampden entreprit-il de lutter contre l'autorité royale? — Quel traité le roi conclut-il avec les Ecossais? — Quelle fut la durée du *Long parlement?* — — Quels furent les principaux membres du Long parlement? — Racontez le procès de Strafford. — Quelle mesure le roi voulut-il prendre contre l'Assemblée? — **89.** Comment la guerre civile fut-elle engagée? — Quels succès le roi remporta-t-il en 1643? — Quelles défaites et quelle trahison amenèrent la captivité de Charles Ier? — Comment fut composé le tribunal chargé de juger le roi d'Angleterre? — Quel supplice subit Charles Ier? — **90.** Quel gouvernement remplaça la royauté? — Quelle expédition Cromwell dirigea-t-il contre l'Irlande? — Quelles victoires remporta-t-il en Ecosse? — Dites la cause et les principales batailles de la guerre qu'il eut à soutenir contre la Hollande. — Que fit-il du Long parlement? — Qu'est-ce que le parlement Barbone? — Quel nouveau titre reçut Cromwell? — Combien d'années dura le protectorat d'Olivier Cromwell et quels sont les principaux actes de sa politique extérieure? — Qui succéda à Cromwell? — Qu'est-ce que le parlement *Rump?* — Comment Charles II fut-il rappelé?

TROISIÈME PARTIE

Prépondérance de la France au dix-septième siècle, de l'Angleterre et de la Prusse au dix-huitième siècle. — Accroissement de la Russie. — Fondation des États-Unis d'Amérique. (Des traités de Westphalie à la Révolution française 1648-1789.)

CHAPITRE PREMIER

GOUVERNEMENT PERSONNEL DE LOUIS XIV. — DE LA MORT DE MAZARIN A LA GUERRE CONTE LA LIGUE D'AUGSBOURG (1661-1688).

91. GOUVERNEMENT PERSONNEL DE LOUIS XIV. — Après avoir, sous Richelieu et Mazarin, ruiné à tout jamais les ambitieuses prétentions de la maison d'Autriche, la France, sous Louis XIV, enleva de nouvelles provinces à la branche espagnole, devint à son tour puissance prépondérante, et inquiéta l'Europe comme l'avaient inquiétée avant elle Charles-Quint et Philippe II.

A la mort de Mazarin, *Louis XIV*, âgé de vingt-trois ans, prit en main la conduite des affaires. Un roi absolu, représentant de Dieu sur la terre, responsable seulement devant lui, et chargé de protéger ses sujets contre toutes les tyrannies des privilégiés : tel est l'idéal de gouvernement qu'il nous a laissé lui-même dans ses mémoires.

92. COLBERT ET LOUVOIS. — Deux grands ministres choisis dans les rangs de la bourgeoisie *Colbert et Louvois*, illustrèrent la première partie du règne. Colbert, né à Reims, d'une famille de commerçants, est une des gloires les plus solides de la France. Il releva les finances, encouragea puissamment l'industrie et le commerce, fortifia la marine militaire et créa les ports de Rochefort et de Toulon. Son influence pacifique s'affaiblit de plus en plus devant celle de Louvois, ministre de la guerre, qui avait réformé l'armée avec une énergique rudesse et permis ainsi à Louis XIV d'agrandir la France par deux guerres heureuses.

93. GUERRE DU DROIT DE DÉVOLUTION. — A la mort de son beau-père Philippe IV (1665), Louis XIV éleva des prétentions sur certaines provinces des Pays-Bas ; pour les justifier, il transportait dans le droit politique une coutume du droit civil de ce pays, le *droit de dévolution*, qui donnait l'héritage paternel aux enfants du premier lit, quel que fût leur sexe, au détriment des enfants du second : c'était le cas de Marie-Thérèse par rapport à son frère Charles II. Sur le refus qu'essuya sa demande, Louis XIV envahit la Flandre, où rien n'était prêt pour la défense (1667). La débile monarchie espagnole avait beau recevoir dans ses coffres les trésors du Nouveau monde, elle était épuisée d'hommes et

d'argent. Pas une bataille ne fut livrée, aucune place, pas même Lille, ne fit de résistance sérieuse, et le pays fut conquis en quelques mois. L'année suivante, la Franche-Comté fut attaquée à son tour et soumise plus rapidement encore. Le salut de l'Espagne lui vint du dehors. La Hollande s'inquiéta de voir à ses portes un monarque ambitieux et puissant; elle s'adressa à l'Angleterre et à la Suède, et la *triple alliance*, conclue entre ces trois puissances, opposa une barrière aux progrès de Louis XIV. Au traité d'Aix-la-Chapelle (1668), il rendit la Franche-Comté, mais garda la partie de la Flandre comprise entre la mer et l'Escaut.

94. Guerre de Hollande (1672). — Traité de Nimègue (1678). — Malgré cette acquisition importante, Louis XIV ne put pardonner aux Hollandais d'avoir suscité contre lui une coalition. Ce petit peuple, républicain et calviniste, détesté à ce double titre de Louis et de ses ministres, devait payer cher l'honneur d'avoir résisté un jour à l'ambition française. Louis XIV envahit les Provinces-Unies, après avoir détaché de leur alliance, pour la remplacer par la sienne, l'Angleterre et la Suède, et obtenu la neutralité des princes allemands. Sur mer, elles pouvaient lutter contre la flotte française et la flotte anglaise réunies; mais elles n'avaient point d'armée de terre, et se trouvaient encore affaiblies par les luttes de deux partis rivaux : le parti bourgeois soutenu par les

Etats généraux et le Grand Pensionnaire (1) *Jean de Witt*, et le parti militaire, qui voulait rétablir pour *Guillaume de Nassau*, prince d'Orange, le stathoudérat aboli en 1650. Le passage du Rhin et la marche victorieuse des troupes françaises jusqu'au Zuiderzée firent sentir la nécessité de revenir, pour défendre l'indépendance, à la dictature militaire qui l'avait fondée. Le prince d'Orange fut mis à la tête du pays, et bientôt après les frères Witt furent indignement massacrés par la populace de la Haye. On perça les digues, et le pays ne fut plus qu'un vaste lac, d'où émergeaient comme des îles les villes avec leurs remparts et leurs clochers. La Hollande resta deux ans sous les eaux ; les envahisseurs, pour échapper à une destruction complète, furent contraints à une retraite précipitée. En même temps le stathouder rattacha à sa cause l'Espagne, l'empereur Léopold Ier, qui avait succédé à son père Ferdinand III en 1658, le Danemark, et la plupart des princes allemands ; le parlement anglais imposa au roi Charles II la neutralité, et, pour lutter contre la coalition, la France se trouva réduite à ses propres forces.

Elle triompha cependant sur tous les points. Pendant que Louis XIV s'emparait en personne de la Franche-Comté, la guerre était engagée

---

(1) Nom donné jadis au premier ministre et président des Etats de Hollande. Ses fonctions duraient cinq ans, et il pouvait être réélu.

à la fois aux Pays-Bas et en Allemagne. —
Aux Pays-Bas, Condé, en 1674, tint tête à Guillaume d'Orange dans la furieuse bataille de
Sénef ; en 1677, Luxembourg le vainquit à
Cassel. — En Allemagne, Turenne, pour enlever toute ressource à l'armée ennemie, dévasta le Palatinat du Rhin, sur les ordres implacables de Louvois, et remporta plusieurs victoires. Forcé bientôt de repasser le Rhin à cause
du petit nombre de ses troupes, il ne tarda
pas, après deux nouvelles victoires, à reprendre
l'offensive. Il se préparait à une nouvelle
campagne contre Montécuculli, lorsqu'il fut
tué par un boulet à Salzbach (duché de Bade,
1675). L'Alsace fut protégée alors par Condé,
et, quand le prince malade eut renoncé pour
toujours à la guerre, les belles campagnes de
Créqui maintinrent de ce côté notre frontière
intacte. — Sur les mers, *Duquesne* lutta sans
désavantage, près des îles Lipari, contre l'a-
miral hollandais *Ruyter ;* quelques mois après,
il fut encore plus heureux à Agosta, près de
Syracuse, où Ruyter fut battu et mortellement
blessé ; à Palerme enfin, il triompha des Espagnols et des Hollandais réunis.

Tant de succès amenèrent bientôt la conclusion des traités de Nimègue (1678). Cette fois
encore la France gagnait aux dépens de l'Espagne une province, la Franche-Comté.

95. RÉVOCATION DE L'ÉDIT DE NANTES (1685.) —
Louis XIV, désireux de rétablir en France l'u-
nité religieuse, avait eu le tort de recourir, dès

le commencement du règne, à des mesures oppressives auxquelles s'ajoutèrent ensuite les violences qu'on a appelées *dragonnades*. — Enfin en 1685, la révocation de l'édit de Nantes interdit partout le culte réformé, sauf en Alsace, et Innocent XI blâma fortement la destruction des temples, et « ces conversions à milliers dont aucune peut-être, disait-il, n'était volontaire ». Malgré une loi qui punissait des galères toute tentative de fuite, 300,000 protestants parvinrent à émigrer, et allèrent porter à l'étranger leurs bras, leur industrie, leurs talents et la haine du gouvernement de la France. A ces conséquences funestes se joignirent les soulèvements des calvinistes des Cévennes, désignés sous le nom de Camisards ; il fallut envoyer pour les réduire une armée de 10,000 hommes et un habile général, *Villars*.

96. LIGUE D'AUGSBOURG (1688). — Les quatre traités de Westphalie, des Pyrénées, d'Aix-la-Chapelle et de Nimègue, avaient ajouté cinq provinces à la France ; Louis XIV employait le génie de *Vauban* à fortifier sur toutes ses frontières le royaume ainsi agrandi. Il voulut continuer ses conquêtes en pleine paix : des *chambres de réunion* furent chargées d'interpréter le mot de *dépendances*, joint dans ces actes aux noms des territoires cédés à la France. Louis XIV occupa ainsi vingt villes nouvelles, fit de l'une, la ville impériale de Strasbourg, le boulevard oriental du royaume (1681). Ces agrandissements, l'investissement de Luxem-

bourg dans les Pays-Bas, et les progrès de la marine française inquiétèrent l'Europe. La ligue d'Augsbourg, ébauchée dès 1681, réunit six ans plus tard contre Louis XIV l'empereur, l'Espagne, la Suède, la Hollande, les princes d'Allemagne et d'Italie. L'Angleterre seule y manquait encore; la révolution de 1688 l'y joignit.

QUESTIONNAIRE. — 91. Qui gouverna la France à la mort de Mazarin? — Idées de Louis XIV sur le gouvernement. — 92. De quel pays était Colbert? — Principaux actes de son ministère. — Réformes de Louvois dans l'armée. — 93. Origine de la guerre du Droit de dévolution. — Racontez brièvement cette guerre et indiquez, avec la date et les conditions, le traité qui la termina. — 94. Causes de la guerre de Hollande. — Quelles étaient les ressources des Provinces-Unies et les causes de leur faiblesse? — A quelle révolution donna lieu l'invasion française? — Par quel moyen le prince d'Orange protégea-t-il son pays contre Louis XIV? — Résumez l'histoire de cette guerre. — Date et conditions du traité qui y mit fin. — 95. Parlez des dragonnades et de la révocation de l'édit de Nantes, et donnez la date de ce dernier acte. — Comment Innocent XI appréciait-il ces persécutions? — 96. Comment l'ambition de Louis XIV inquiéta-t-elle l'Europe après le traité de Nimègue? — Par quelle coalition l'Europe s'apprêta-t-elle à lui résister?

CHAPITRE II

RESTAURATION DES STUARTS EN ANGLETERRE. — CHARLES II ET JACQUES II. — RÉVOLUTION DE 1688.

97. CHARLES II. — Le fils de Charle Ier avait peu profité des leçons de l'expérience : il

apportait dans le gouvernement du royaume les mêmes principes politiques que son père, avec des mœurs mauvaises et une insouciance coupable des affaires. Il blessa le sentiment national en vendant à Louis XIV pour 5 millions les villes de Mardick et de Dunkerque. Il fit à la Hollande une guerre maritime dont l'*acte de navigation* fut encore le prétexte. Il enleva à ses ennemis plusieurs territoires sur les côtes de l'Amérique ; mais, après deux éclatantes victoires en vue de Dunkerque et près du cap Nord-Foreland, la flotte hollandaise, commandée par Ruyter, pénétra dans la Tamise et fit trembler Londres. La paix de Bréda en 1667 termina cette période d'hostilités. Puis *Charles II*, rapproché de la Hollande par ce traité, s'unit à elle et à la Suède pour imposer sa médiation à Louis XIV et l'amener à conclure la paix d'Aix-la-Chapelle. Mais cette alliance fut bientôt rompue par la sœur du roi, Henriette d'Angleterre ; cette princesse, épouse du duc d'Orléans, frère de Louis XIV, servit la politique du roi de France, traversa deux fois le Pas-de-Calais et rattacha son frère aux intérêts de la France par le traité de Douvres. En effet, quand les hostilités eurent commencé en 1672, les flottes de Duquesne et du duc d'York s'unirent pour combattre Ruyter dans la rade de *Solbay*. Mais bientôt l'irritation de la nation anglaise et du Parlement obligea Charles II à renoncer, au moins ostensiblement, à cette alliance, et, tout en continuant à recevoir les millions que Louis XIV lui envoyait chaque année comme subsides, il demeura neutre, et permit même, quelques années après, le mariage de sa nièce Marie avec Guillaume d'Orange, devenu stathouder de Hollande. — Le pays était agité par des conspirations : l'une imaginée par un misérable fourbe, nommé Titus Oates, servit de prétexte aux plus odieuses persécutions contre les catholiques. Une autre, ourdie dans la ferme de Rye-House, était une manifestation en faveur du duc de Montmouth, fils illégitime de Charles II, qu'on voulait faire proclamer héritier. C'est au milieu de tous ces troubles que Charles II termina son existence, en 1685.

98. Jacques II. — Réaction catholique. — Son frère, le duc d'York, lui succéda sans opposition sous le nom de *Jacques II*. Il eut d'abord à réprimer la révolte du duc d'Argyle en Ecosse et du duc de Montmouth dans le Dorset : ils furent tous deux mis à mort ; le chancelier Jeffries fut l'exécuteur impitoyable des vengeances royales.

L'opinion publique commença à s'alarmer quand on vit le roi engager des négociations avec la cour de Rome pour le rétablissement de la religion catholique en Angleterre. Une vive réaction catholique s'étendit sur toute la Grande-Bretagne, et ces excès d'un zèle imprudent furent blâmés par la cour de Rome elle-même. L'opposition devint plus vive, lorsqu'un prince de Galles naquit du second mariage de Jacques II avec la princesse catholique Marie de Modène. De sa première union avec la fille de l'historien Clarendon, Jacques II avait eu deux filles, protestantes comme leur mère, Marie et Anne, mariées, l'une à Guillaume d'Orange, l'autre à un prince danois. La naissance d'un fils, catholique comme sa mère, assurait plus de solidité et de durée aux projets de Jacques II. Le clergé anglican, la noblesse, le Parlement se réunirent pour repousser les prétentions du roi et offrir la couronne à Guillaume d'Orange.

99. GUILLAUME D'ORANGE DEVIENT GUILLAUME III D'ANGLETERRE. — Guillaume d'Orange était alors stathouder des Provinces-Unies. En recevant ce titre en 1672, il avait été chargé de sauver la Hollande, envahie par les armées de Louis XIV. Il avait d'abord arraché la Hollande à ses ennemis en l'inondant ; puis il avait combattu avec opiniâtreté à Sénef, à Cassel, à Mons. Les entreprises de Louis XIV après la paix de Nimègue l'avaient effrayé et irrité, et il avait été l'un des princes qui formèrent en 1686 la ligue d'Augsbourg contre la France. Enfin il accueillit avec empressement les protestants français chassés par la révocation de l'édit de Nantes, et la ville d'Amsterdam bâtit pour eux mille maisons.

Ce prince, déjà chef du parti protestant en Europe, accepta la couronne qui lui était offerte : il partit avec 15,000 hommes sur une flotte dont les étendards portaient ces mots :

Pro religione et libertate, pour la religion et la liberté ; il débarqua à Torbay et marcha sur Londres. Jacques II fut abandonné de sa flotte, qui laissa passer les vaisseaux hollandais, de ses troupes, qui firent défection, et de sa fille Anne, qui alla rejoindre sa sœur auprès de Guillaume d'Orange. Il put gagner la France et reçut de Louis XIV une magnifique hospitalité dans le château de Saint-Germain. Pendant ce temps, le Parlement déférait à Guillaume et à sa femme Marie les titres de roi et de reine, (1688).

QUESTIONNAIRE. — **97.** Caractère et premiers actes de Charles II. — Comment furent-ils accueillis? — Racontez la guerre avec la Hollande — Quel fut le rôle de Charles II pendant la guerre que Louis XIV déclara à la Hollande. — Quelles conspirations furent ourdies vers la fin du règne de Charles II. — **98.** Quel nom prit le duc d'York en montant sur le trône? — Quelle révolte eut-il à combattre? — Quelles relations entretint-il avec la cour de Rome? — Nommez la seconde épouse de Jacques II? — Quels enfants avait-il de son premier mariage? — Quel intérêt le clergé et la noblesse d'Angleterre avaient-ils au maintien de la religion protestante? — Quel prince reçut leurs avances? — **99.** Quels avaient été les principaux actes de la vie politique de Guillaume d'Orange? — Quelle expédition dirigea-t-il vers l'Angleterre? — Que devint Jacques II? — Quel titre le Parlement déféra-t-il à Guillaume?

CHAPITRE III

DERNIÈRES GUERRES DE LOUIS XIV (1688-1715).

100. MADAME DE MAINTENON. — Dans la seconde période du règne de Louis XIV, l'affaiblissement de sa santé le rendit plus accessible aux influences de ceux qui l'entouraient, en particulier de *madame de Maintenon*, qu'il épousa secrètement en 1683. Reine de fait sans l'être de nom, madame de Maintenon intervint avec une discrétion habile dans la nomination des ministres et des généraux, et fit faire plus d'une fois des choix déplorables.

101. GUERRE CONTRE LA LIGUE D'AUGSBOURG. — TRAITÉ DE RYSWICK (1697). — Jacques II, réduit à quitter son royaume, se réfugia à la cour de Louis XIV, qui voulut rétablir par les armes ce dernier soutien de la monarchie absolue en Angleterre. Mais, après quelques succès, le roi détrôné, vaincu en Irlande à la bataille de la Boyne, revint en France, et le projet d'une descente en Angleterre fut entravé en 1692 par la défaite de la Hogue, où Tourville lutta dix heures avec quarante-quatre vaisseaux, contre des forces deux fois plus considérables. Sa victoire du cap Saint-Vincent, l'année suivante, fit éprouver aux alliés des pertes sensibles, mais sans rien changer à la situation politique de l'Angleterre. — Sur le continent, la guerre resta défensive du côté de l'Allemagne, et si Duras ravagea de nouveau le Palatinat, ce ne fut que pour protéger l'Alsace. — Elle fut offensive contre les deux puissances les plus faibles, l'Espagne et la Savoie. Aux Pays-Bas, *Luxembourg*, audacieux comme son ami Condé, triompha successivement de l'Allemand Waldeck à la bataille de Fleurus (1690) et de Guillaume III

à Steinkerque et à Nerwinden (1692, 1693). En Italie, le sage *Catinat*, le meilleur élève de Turenne, remporta sur le duc *Victor-Amédée* et le prince *Eugène de Savoie* les victoires de Staffarde et de la Marsaille (1690-1693), qui ne laissèrent guère au premier que Turin. — Ces succès éclatants, les courses heureuses de nos corsaires, *Forbin, Duguay-Trouin, Jean-Bart*, et l'épuisement général amenèrent enfin le traité de Ryswick (château près de la Haye) (1697). La France reconnaissait Guillaume III pour roi d'Angleterre ; elle rendait à l'Espagne les conquêtes faites sur elle depuis la paix de Nimègue, et, des villes annexées par les Chambres de réunion, elle ne conservait que Strasbourg.

102. GUERRE DE LA SUCCESSION D'ESPAGNE. — TRAITÉ D'UTRECHT (1713). — MORT DE LOUIS XIV. — Trois ans après la paix de Ryswick, la mort du débile Charles II, en ouvrant la succession d'Espagne, amena une guerre plus terrible encore que la précédente.

Des divers prétendants qui avaient pu aspirer à la succession, il en restait deux en 1700 : le dauphin Louis, petit-fils de Philippe IV par sa mère Marie-Thérèse, et l'empereur Léopold Ier, qui était par la sienne petit-fils de Philippe III, et qui transmettait tous ses droits à son fils cadet, l'archiduc Charles. Le testament du roi d'Espagne donna la monarchie tout entière au second fils du dauphin, le duc *Philippe d'Anjou*. Louis XIV l'accepta, et, malgré la renonciation de Philippe à ses droits éventuels au trône de France, l'Europe s'inquiéta à juste titre de ce nouveau progrès des Bourbons. Guillaume III organisa une quatrième coalition, et cette fois, à l'exception du Danemark et de la Suède restés neutres, toute l'Europe se leva contre nous. La lutte ainsi préparée, Guillaume III mourut (1702); mais son esprit lui survivait et se perpétuait dans trois hommes d'intelligence et d'énergie, animés d'une haine égale contre la France : le prince *Eugène de Savoie*, le général anglais *Marlborough* et le grand pensionnaire *Heinsius*.

Les succès furent d'abord balancés. Deux provinces espagnoles, les Pays-Bas et le Milanais, furent envahies par Marlborough et le prince Eugène, vainqueur de Catinat à Carpi. Mais en revanche, le *duc de Vendôme*, successeur de Catinat disgracié, chassa les Impériaux du Milanais et s'empara de la plus grande partie du Piémont. En Allemagne, Villars remporta les deux grandes victoires de Friedlingen et d'Hochstedt (1702, 1703), et il se préparait à marcher sur Vienne, lorsqu'on le rappela pour finir la guerre des Camisards.

La fortune alors abandonna les armées françaises, et, sauf les batailles de Cassano près de Milan et d'Almanza en Espagne, il n'y eut plus pendant longtemps de victoires que pour les alliés. Dans les plaines d'Hochstedt, où Villars avait été vainqueur l'année précédente, Eugène et Marlborough sauvèrent l'Autriche en battant Tallard et Marsin (1704). Par sa victoire de Turin, le prince Eugène chassa les Français de l'Italie entière ; à Ramillies, Villeroy, battu par Marlborough, perdit les Pays-Bas (1706) ; à Oudenarde et à Malplaquet (1708, 1709), Vendôme et Villars eux-mêmes furent successivement refoulés par les deux grands capitaines réunis, et la première défaite amena la perte d'une partie de la Flandre française. Mais enfin la victoire de Vendôme à Villaviciosa en Espagne (1710), et celle de Villars à Denain dans le Hainaut sur le prince Eugène (1712) « déguignonnèrent la France ». Marlborough fut disgracié bientôt après, et lorsque l'archiduc Charles, à la mort de son frère aîné, devint empereur sous le nom de Charles VI, l'Europe comprit que, s'il avait aussi la monarchie espagnole, le vaste empire de Charles-Quint se trouverait reformé. Des négociations furent ouvertes et aboutirent aux traités d'Utrecht et de Rastadt. La monarchie espagnole était démembrée. Philippe V cédait à l'Autriche Naples, le Milanais, les Pays-Bas et la Sardaigne ; la Sicile passait au duc de Savoie avec le titre de roi ; Minorque et Gibraltar restaient à l'Angleterre qui s'en était emparée, et à qui nous cédions en outre Terre-Neuve en Amérique.

Ainsi finit le règne du grand roi. Louis XIV mourut quelque temps après, en 1715, en regrettant lui-même les guerres continuelles et les dépenses énormes qui avaient épuisé la France.

QUESTIONNAIRE. — 100. A qui appartint surtout l'influence dans la seconde partie du règne de Louis XIV? — Que savez-vous de madame de Maintenon? — 101. Racontez brièvement la guerre de la ligue d'Augsbourg, et donnez la date et les conditions du traité qui y mit fin. — 102. En quelle année s'ouvrit la succession de la monarchie espagnole? — Quels prétendants s'étaient, sous Charles II, partagé à l'avance la monarchie espagnole? — A qui le testament de Charles II la légua-t-il? — Sous quelles influences s'organisa et se maintint une ligue nouvelle contre la France, et de quels Etats fut-elle formée? — Résumez l'histoire de la guerre de la succession d'Espagne. — Date et conditions des traités qui la terminèrent. — Quand mourut Louis XIV, et quels regrets exprima-t-il à sa mort?

CHAPITRE IV

LES LETTRES, LES ARTS ET LES SCIENCES
AU DIX-SEPTIÈME SIÈCLE.

103. GRANDS ÉCRIVAINS. — En même temps que Richelieu et Louis XIV établissaient la suprématie de la France dans le monde politique, ses grands écrivains lui donnaient une place hors ligne dans le monde littéraire. *Descartes* y créait la prose philosophique; *Pascal* laissait, avec les *Lettres provinciales*, les admirables fragments qu'on a appelés ses *Pensées*. La scène française étaient fière des trois génies qui la couvraient de chefs-d'œuvre, *Corneille*, *Racine* et *Molière*. Un autre génie, aussi grand que les plus grands, *La Fontaine*, donnait ses *Fables*; Boileau réformait le goût par ses *Satires* et ses *Épîtres*, et son *Art poétique* en fixait les règles.

L'histoire philosophique était rédigée par *Bossuet*, et les mémoires par le cardinal *de Retz* et le duc de

Saint-Simon. Fénelon écrivait son *Télémaque*, ses *Fables*, ses *Dialogues des morts*, son *Traité de l'existence de Dieu*; *La Bruyère*, ses *Caractères*; *Madame de Sévigné*, ses *Lettres*. Enfin, la chaire chrétienne était successivement occupée par Bossuet, par *Bourdaloue*, par *Massillon*, et jamais, depuis le temps des saint Basile et des saint Chrysostôme, l'Evangile n'avait donné tant de grandeur, inspiré un si beau langage à ses interprètes.

En Espagne, un grand écrivain, *Cervantès*, publiait alors son immortel *Don Quichotte*, et en Angleterre, *Milton* écrivait son poème du *Paradis perdu*.

104. Les arts et les sciences. — Les grands artistes et les gloires de la science se répartissaient davantage entre les divers pays.

La peinture était presque aussi florissante qu'au temps de la Renaissance, et ce n'était plus seulement en Italie. L'Espagne avait *Murillo*; la Flandre, *Rubens* et *Van Dyck*; la Hollande, *Rembrandt*; l'Italie, *le Dominiquin*, *le Guide* et *l'Albane*; la France, *Le Sueur*, *Poussin*, *Claude Lorrain*.

Dans les sciences, *Descartes* et *Pascal* créaient, avec l'Allemand *Leibnitz*, les hautes mathématiques; l'Allemand, *Képler*, déterminait la course elliptique des planètes. Le Français *Denis Papin*, devinait le premier tout le parti que pourrait tirer l'industrie de la puissance de la vapeur, en s'en servant comme d'une force motrice. En Italie, *Galilée* établissait sur de nouvelles preuves, après *Copernic*, le mouvement de la terre autour du soleil, et *Toricelli* inventait le baromètre. Enfin, l'Anglais *Newton*, par la magnifique découverte de l'attraction universelle, expliquait la marche des mondes et l'équilibre de l'univers.

CHAPITRE V

LA FRANCE ET SES GUERRES SOUS LOUIS XV.
(1715-1774)

105. LA RÉGENCE. — Au dix-huitième siècle, la France perdit l'importance politique qu'elle avait eue dans le siècle précédent. Le premier rôle appartint à l'Angleterre, qui domina les mers en souveraine absolue, et à la Prusse, qui, élevée par Frédéric II au rang de grande puissance, devint à peu près sous lui l'arbitre de la paix et de la guerre. Dans l'Europe orientale, la Russie sortit alors de la barbarie et de l'obscurité où elle avait vécu jusque-là.

Un enfant de cinq ans, *Louis XV*, avait succédé à Louis XIV, son bisaïeul. Au mépris du testament du feu roi, le Parlement avait nommé régent sans restriction *Philippe d'Oléans,* son neveu et son gendre, et celui-ci accorda toute sa confiance à son précepteur l'abbé *Dubois.* En même temps qu'ils affichaient une immoralité d'autant plus dangereuse que l'exemple partait de plus haut, ces deux hommes oublièrent, pour leur intérêt personnel, les vrais intérêts du pays. Au lieu de faire contrepoids à la marine anglaise, déjà si puissante, en augmentant celle de la France, ils laissèrent dépérir nos vaisseaux ; au lieu de soutenir le cardinal *Albéroni*, qui donnait une flotte à l'Espagne et cherchait à rendre à ce pays les possessions que le traité d'Utrecht lui avait enlevées, ils conclurent avec l'Angleterre, la Hollande et l'Empire la *Quadruple-Alliance*, qui ruina tous les plans d'Albéroni et força Philippe V de renvoyer son ministre (1719).

A l'intérieur, le grand fait de la régence fut le système du financier écossais *Law*. En créant à profusion des billets de banque, qui devinrent une sorte de papier monnaie, il parvint à réduire de moitié la dette énorme laissée par Louis XIV ; mais ce fut au prix d'une véritable banqueroute, car ces billets n'eurent bientôt qu'une valeur imaginaire, et ne purent se changer en numéraire qu'avec des pertes énormes.

Dubois et le duc d'Orléans, successivement premiers ministres quand eut cessé la régence, moururent, à trois mois de distance, la même année (1723).

106. MINISTÈRE DE FLEURY.—GUERRE DE LA SUCCESSION D'AUTRICHE.—Après le court ministère du duc de Bourbon, ce fut un vieillard septuagénaire, le cardinal *Fleury*, qui gouverna la France. Une économie poussée jusqu'à la lésinerie, un amour de la paix poussé parfois jusqu'à la faiblesse, tels furent les caractères du gouvernement nouveau. L'opinion de la cour

l'entraîna, malgré ses dispositions pacifiques, dans deux guerres sérieuses.

Louis XV avait épousé *Marie Leczinska*, fille de *Stanislas Leczinski*, roi de Pologne, détrôné par Auguste II de Saxe. A la mort de ce dernier (1733), la France voulut rendre au beau-père de Louis XV son ancienne couronne, au détriment d'Auguste III fils de l'usurpateur, soutenu par la Russie et l'Autriche. Ce but fut compromis dès l'abord par la mesquinerie des secours fournis à Stanislas. La guerre se continua pourtant contre l'Autriche avec l'appui de l'Espagne. La conquête de la Lorraine, enlevée par Berwick à l'archiduc François, gendre de l'empereur, les victoires des Français à Parme et à Guastalla dans le nord de l'Italie, enfin la victoire de l'infant don Carlos à Bitonto, suivie bientôt de la conquête de Naples et de la Sicile, amenèrent en 1738, après de longues négociations, le traité de Vienne. Auguste III était reconnu comme roi de Pologne ; mais Stanislas, en conservant le titre de roi, obtenait la province de Lorraine, qui devait, après sa mort, revenir à la France. L'archiduc François eut en échange la Toscane, devenue vacante par la mort du dernier Médicis. Les Bourbons d'Espagne eurent un trône nouveau, et don Carlos, désormais Charles VII, conserva Naples avec le titre de roi des Deux-Siciles.

Trois ans après, une nouvelle guerre s'ouvrit, celle de la succession d'Autriche. L'empereur *Charles VI*, s'appuyant sur les renonciations formelles des filles de son frère aîné, avait voulu, par l'acte appelé *Pragmation sanction*, laisser tous les Etats d'Autriche à sa fille *Marie-Thérèse*. A sa mort, le roi de Pologne et l'électeur de Bavière, époux de ses nièces, réclamèrent tout l'héritage; d'autres en réclamèrent une portion, comme le roi de Prusse Frédéric II, qui prétendait avoir des droits sur la Silésie. De l'électorat de Brandebourg, son grand-père avait fait un royaume (1701); son père avait donné à ce royaume des trésors et une bonne armée; lui, à son tour, voulut y ajouter des provinces. Dès l'abord, il se jeta sur la Silésie, et la victoire de Molwitz lui en assura la possession (1741). La France, par l'habitude de voir une ennemie dans l'Autriche, prit aussi parti contre Marie-Thérèse, et la guerre débuta par des revers pour cette malheureuse princesse; mais son héroïsme rattacha les Hongrois à sa cause. A ce généreux appui vint s'ajouter l'alliance de l'Angleterre; enfin Frédéric II et le roi de Pologne se détachèrent de la ligue formée contre elle. Les Français, qui avaient envahi la Bohême, se virent contraints de battre en retraite; vaincus à Dettingen en Bavière par les armées réunies de l'Angleterre et de l'Autriche, ils furent rejetés au delà du Rhin. Mais ils défendirent avec succès toutes leurs frontières, et les victoires du maréchal Maurice de Saxe dans les Pays-Bas, à Fontenoy, à Raucoux, à Lawfeld, la prise de l'imprenable Berg-op-Zoom et l'investissement de Maëstricht, amenèrent en 1748 le traité d'Aix-la-Chapelle, qui, sans agrandir la France, ne lui enleva du moins aucun territoire. On reconnaissait à Marie-Thérèse ses droits à l'héritage de son père, à son mari, François de Lorraine, le titre d'empereur; la Prusse gardait la Silésie; l'Angleterre, qui avait profité de la lutte pour achever de ruiner notre marine, nous rendit les colonies qu'elle nous avait prises. Fleury était mort pendant la guerre à l'âge de 90 ans, et une favorite du roi, la marquise de Pompadour, avait hérité de son influence. Quant à Louis XV, vil, égoïste et honteux débauché, il ne faisait guère qu'assister à son règne.

107. GUERRE DE SEPT ANS. — La marine française, relevée par un ministre habile, *Machault*, la prospérité et l'extension de nos colonies excitèrent la jalousie de l'Angleterre, qui, sous un prétexte futile, nous déclara la guerre en 1756. Elle avait pour elle le roi de Prusse; la France de son côté avait pour alliées l'impératrice Marie-Thérèse et la tzarine Elisabeth, et la guerre commença sur mer et sur terre.

Sur mer, la France eut un grand succès, la prise de Minorque par la Galissonnière et le maréchal de Richelieu; mais partout ailleurs elle n'essuya que des revers. En quelques années, l'Angleterre, victorieuse de nos flottes au cap Sainte-Marie et à Brest, enleva à la France, en Afrique, le Sénégal; en Amérique,

Québec, le Canada, les Antilles ; en Asie, ce qui lui restait dans les Indes, y compris Pondichéry, malgré l'héroïque défense de l'Irlandais Lally-Tollendal.

Sur terre, la France et ses alliés obtinrent d'abord quelques succès, mais la victoire remportée par Frédéric II à Rosbach (Saxe, 1757) sur le maréchal de Soubise fut le signal de nos revers ; les Français, trois fois vaincus, trois fois vainqueurs, furent contraints de repasser tour à tour le Weser, le Mein et le Rhin. La guerre traîna quelques années encore ; mais enfin la fatigue et l'épuisement général déterminèrent les nations belligérantes à signer les traités d'Hubertsbourg et de Paris : le premier entre Marie-Thérèse et Frédéric II, qui garda la Silésie ; le second entre la France et l'Angleterre. La France abandonnait aux Anglais l'île de Minorque et presque toutes ses colonies.

108. MINISTÈRE DE CHOISEUL. — ACHAT DE LA CORSE. — MORT DE LOUIS XV. — Un ministre novateur, *Choiseul*, essaya de remédier à l'épuisement du pays. Chargé de la guerre et de la marine, il introduisit plus d'ordre dans l'administration militaire et nous rendit une flotte. Ce fut sous son ministère que la mort de Stanislas Leczinski rattacha la Lorraine à la France (1766), et il y ajouta, deux ans plus tard, l'île de Corse achetée aux Génois. La France commençait à se relever dans ses mains, lorsqu'il fut renversé par le crédit de madame

Dubarry, favorite nouvelle, dont l'élévation était un scandale encore plus grand que tous ceux qui avaient précédé. Sa chute laissa s'accomplir sans protestations, en 1772, le démembrement de la Pologne par la Russie, la Prusse et l'Autriche.

Un pays démoralisé et ruiné au dedans, déconsidéré au dehors, où les abus venaient d'être poussés aux dernières limites par le pouvoir, voilà l'héritage qu'en mourant (1774) Louis XV remettait au malheureux Louis XVI, son petit-fils.

QUESTIONNAIRE. — 105. A quels Etats appartint la prépondérance en Europe au dix-huitième siècle ? — Qui fut nommé régent à la mort de Louis XIV ? — Qui Philippe d'Orléans prit-il pour ministre ? — Quel fut le caractère de leur politique ? — Quel but poursuivait Albéroni ? — Parvint-il à l'atteindre ? — Donnez une idée du système de Law, et indiquez-en les résultats. — Quand moururent le régent et son ministre ? — 106. Caractère du gouvernement de Fleury. — Quelle fut l'origine de la guerre de la succession de Pologne ? — Racontez-la brièvement, donnez la date et les conditions du traité qui la termina. — Origine de la guerre de la succession d'Autriche. — Résumez l'histoire de cette guerre et donnez la date et les conditions du traité qui y mit fin. — 107. Origine de la guerre de Sept ans. — Quels furent les alliés de l'Angleterre et ceux de la France ? — Racontez les principaux événements de la guerre sur terre et sur mer. — Date et conditions des traités qui la terminèrent. — 108. Que savez-vous du ministère de Choiseul, et quelles acquisitions importantes furent faites sous ce ministère ? — Date de la mort de Louis XV.

CHAPITRE VI

DÉVELOPPEMENT DE LA PUISSANCE RUSSSE. — LUTTE
DE PIERRE LE GRAND CONTRE LA SUÈDE.

109. LA RUSSIE A LA FIN DU DIX-SEPTIÈME SIÈCLE. — PIERRE LE GRAND. — Vers la fin du dix-septième siècle, les Russes ou Moscovites étendaient leur domination des rives du Dniéper au grand Océan, et de la mer Blanche à la mer Noire ; mais ils étaient repoussés de la mer Baltique par les possessions de la Suède ; de l'Europe centrale, par la résistance énergique des Polonais ; de la mer Noire par la puissance encore redoutable des Turcs ; ils n'avaient d'accès que vers les rives glacées de l'océan Boréal ou vers les steppes inhabitables de la Sibérie. C'était un peuple barbare et grossier, presque sans rapports avec le reste de l'Europe.

Après plusieurs années d'anarchie, Michel Romanow, descendant par les femmes de Rurik, conquérant northman de la Moscovie, prit le titre de *tzar* (1) en 1613 ; son fils Alexis lui succéda, et quatre enfants de ce dernier, Fédor III, Iwan V, Sophie et Pierre occupèrent après lui le trône de Moscou. Mais, en 1689, *Pierre* relégua sa sœur dans un couvent, et régna seul avec une autorité absolue.

---

(1) Mot slave signifiant souverain.

Ce jeune prince, doué d'un corps de fer et d'une âme d'acier, barbare de génie, auquel ses deux précepteurs, le Génevois Lefort et l'Écossais Gordon, avaient fait entrevoir des horizons nouveaux, voulut d'abord réformer son armée et se créer une marine. Pierre se crut alors assez fort pour attaquer la Turquie et lui disputer l'empire de la mer Noire. Les circonstances semblaient favorables, car depuis trente ans les chrétiens montraient aux Turcs, qui attaquaient de nouveau l'Autriche et la Hongrie, que le temps de leurs conquêtes était passé. Montécuculli les avait battus à Saint-Gothard (Hongrie) en 1664, le duc de Lorraine, à Mohacz en 1687, le roi de Pologne, Jean Sobieski, les avaient repoussés quand ils étaient venus au nombre de 200,000 assiéger Vienne en 1683, et, de 1684 à 1687, le Vénitien Morosini leur avait pris toute la Morée, qu'ils ne devaient recouvrer que trente ans plus tard. Le tzar, à son tour, leur enleva le port d'Azof (1695-1696), il fit creuser dans le voisinage un nouveau port, Taganrog, où cinquante vaisseaux, construits par ses ordres, furent l'origine de la puissance des Russes sur ces mers. L'année suivante, le prince Eugène les écrasa encore à Zenta, sur la Theiss (1697), et par la paix de Carlowitz, sur le Danube (1699), l'empire ottoman fut réduit à reconnaître la conquête de Pierre, à rendre à l'Autriche tout ce qu'avaient pris les Turcs en Hongrie et en Transylvanie, et à laisser la Morée à Venise.

En 1697, le désir de suivre de près les conférences diplomatiques qui se tenaient à Ryswick, et d'étudier sur les lieux mêmes les secrets de de la civilisation le conduisirent en Hollande. Il se mêla aux ouvriers du port de Saardam, travailla, comme charpentier et comme calfat, à l'armement d'un vaisseau, et s'entoura d'ingénieurs, d'officiers, d'artisans et de marins que l'Angleterre et la Hollande mirent à sa disposition. Il revenait avec sa colonie d'étrangers quand il apprit qu'une révolte, suscitée par l'impératrice Sophie, avait éclaté chez les *Strélitz* ou chasseurs, qui étaient l'ancienne garde impériale. La répression fut terrible, et les exécutions capitales se prolongèrent pendant plusieurs années.

110. LUTTE DE PIERRE LE GRAND CONTRE CHARLES XII ROI DE SUÈDE. — Cependant, une occasion se présentait d'entrer en lutte contre la Suède et de reculer jusqu'à la mer Baltique les frontières de l'empire.

Depuis la paix de Westphalie, la Suède était devenue un Etat puissant sous *Christine*, fille de Gustave-Adolphe. Après l'abdication de cette princesse, en 1654, *Charles X* fit des guerres souvent heureuses en Pologne et en Danemark. *Charles XI* fut l'allié de la France, qui lui confirma ses possessions continentales. A la mort de ce dernier prince, en 1697, la Suède était maîtresse de presque tout le littoral de la mer Baltique; mais elle avait suscité bien des haines, et tous ses voisins étaient d'accord pour la rejeter dans la Péninsule, qu'elle avait dépassée au sud et à l'est. Le fils de Charles XI paraissait incapable de la défendre et de la gouverner. C'est alors que se forma contre *Charles XII* la coalition du Danemark, de la Saxe et de la Russie : le roi de Danemark, *Frédérick IV*, voulait conquérir le Holstein, possession du beau-frère du roi de Suède ; *Auguste II*, duc de Saxe et roi élu de Pologne, désirait mettre la main sur la province suédoise de Livonie, et *Pierre I*er cherchait un débouché sur la Baltique par la conquête de l'Ingrie et de l'Esthonie.

Charles XII étonna ses ennemis par la soudaineté de son réveil et par l'éclat de ses victoires : parti du port de Carlscrona, en 1700, il descendit dans l'île de Seeland, força Frédéric IV à respecter le Holstein et à se retirer de la coalition par le traité de Travendal ; il traversa la mer Baltique sur la flotte danoise, battit avec 8,000 hommes, sous les murs de Narva, une armée russe de 80,000 hommes, soumit rapidement la Livonie et la Courlande, entra en Pologne, en chassa Auguste II, et fit proclamer roi à sa place un jeune noble, *Stanislas Leckzinski*, qui devait plus tard être le beau-père de Louis XV.

Pendant cinq ans il s'obstina à guerroyer en Saxe pour forcer Auguste II à reconnaître le nouveau roi de Pologne, tandis que Pierre Ier reprenait à loisir les côtes de la Baltique et fondait, à l'embouchure de la Néva, au milieu de sa conquête, la nouvelle capitale de la Russie européenne, la ville de Saint-Pétersbourg. Charles XII se retourna enfin contre son plus redoutable adversaire, et, en 1708, il s'avança vers Moscou. Il cheminait avec 40,000 hommes par Minsk, Mohilew et Smolensk, lorsqu'un *hetmann,* ou chef militaire de Cosaques, qui voulait se rendre indépendant, lui offrit son alliance et l'entraîna sur l'Ukraine : décimée par le cruel hiver de 1709 et par les attaques des généraux russes dans les marais de Pinsk, l'armée suédoise fut presque anéantie sous les murs de Poltava, et Charles XII blessé fut emporté par quelques cavaliers sur le territoire turc jusqu'à la ville de Bender.

Il résida cinq ans dans l'empire gouverné alors par Achmet III et ne parut s'occuper que de préparer une revanche de ses défaites contre la Russie. Le sultan consentit bien à marcher contre Pierre Ier, et il enveloppa son armée sur les bords du Pruth ; mais après avoir obtenu des conditions avantageuses et la cession des ports d'Azof et de Tangarog, il crut avoir assez fait pour le roi de Suède et pour lui-même et refusa de continuer une guerre sans profit. Or, pendant ce temps, la ligue s'était reformée contre la Suède : La Russie pénétrait en Finlande et détruisait les flottes suédoises ; le roi de Danemark envahissait le Holstein ; l'électeur de Hanovre s'emparait de Brême et de Verden, les troupes saxonnes et prussiennes soumettaient la Poméranie occidentale, et la ville

de Stralsund, dernière possession de la Suède
sur le continent, était investie par terre et par
mer. A cette nouvelle, Charles XII quitta enfin
sa retraite et traversa toute l'Europe centrale ;
mais il ne put sauver Stralsund, et il dut se
réfugier en Suède. Le pays était dépeuplé et
ruiné, et pourtant son roi songeait à l'engager
dans de nouvelles aventures. Après avoir fait
un arrangement secret avec la Russie, il avait
commencé à attaquer le roi de Danemark en
Norwège, et il faisait le siège de Friedrickshall
en plein hiver, quand il fut frappé mortellement d'une balle à la tempe en visitant les
tranchées (1718).

Ainsi disparut Charles XII. Sa sœur Ulrique
Eléonore, investie après sa mort du titre de
reine, dut signer avec ses ennemis la paix de
Nystadt, qui consacrait la perte des provinces
continentales de la Suède.

111. GOUVERNEMENT DE PIERRE LE GRAND. — SES
VUES SUR L'AVENIR DE LA RUSSIE. — Victorieux de
son premier ennemi et maître de la Baltique,
Pierre Ier reprit avec ardeur ses projets de réforme. Il commença par le clergé. Dès 1705, à
la mort du patriarche Adrien, il abolit cette
dignité de patriarche, se déclara chef de l'É-
glise russe et convoqua un synode d'évêques
qui ne fut que l'instrument de sa volonté. Il
força les moines et les religieuses au travail
dans leurs couvents, et établit à Moscou un
séminaire pour les popes ou prêtres. Il voulut
ensuite dompter la noblesse en la courbant

sous un impôt régulier que les nobles ou boyards durent faire payer à leurs serfs, et en l'astreignant au service militaire, qui fut réglé par des lois d'une excessive sévérité. Les longues barbes durent être coupées, les robes asiatiques remplacées par des habillements façonnés à l'européenne, et une amende de cent roubles frappa les porteurs d'anciens costumes quand ils osaient s'aventurer dans les villes : c'est ce que le tzar appelait habiller en hommes son troupeau de bêtes; mais les mœurs n'en furent pas transformées pour cela. Le sénat qu'il créait et le code de lois qu'il donnait à ses peuples n'en laissaient pas moins la Russie, bien qu'à demi policée en apparence, à l'état barbare.

112. DERNIÈRES ANNÉES DE PIERRE LE GRAND. — Le tzar voulut faire un second voyage en Europe. En 1717, il reparut en Allemagne, en Hollande, à Paris, et partout les hommages les plus flatteurs lui furent décernés. A son retour en Russie, il fit instruire le procès de son fils Alexis, né d'un premier mariage avec Eudoxie Lapouchin. Le jeune prince, accusé de conspiration avec les ennemis de son père, fut condamné à mort et expira dans sa prison, probablement empoisonné par ordre du tzar.

Les dernières années de ce règne furent marquées par la conquête des provinces de la mer Caspienne, au sud du Caucase : la Russie commençait à déborder de ce côté-là sur la Perse et sur la Turquie. En 1725, Pierre le Grand mourut, brisé par ses excès et par les chagrins domestiques de ses dernières années. Catherine, sa seconde épouse, fut proclamée impératrice par le crédit du général Menchikoff et prit le titre de Catherine Iʳᵉ.

QUESTIONNAIRE. — 109. Bornes de la Russie à la fin du dix-septième siècle. — Caractère et importance des réformes de Pierre Iᵉʳ. — Donnez la généalogie de Pierre Iᵉʳ. — Quels furent les précepteurs du tzar? — Quel peuple attaqua-t-il d'abord? — Quelques mots des Turcs et de leurs revers au dix-septième siècle. — Quel voyage entreprit Pierre Iᵉʳ en 1697 et dans quel but? — Quelle révolte éclata en son absence, et comment la punit-il?— 110. Quels sont les principaux faits des règnes de Christine, de Charles X et de Charles XI, en Suède? — Quelle coalition se forma contre Charles XII et dans quel but? — Quelle expédition Charles XII fit-il en Danemark? — Par où attaqua-t-il la Russie? — Quelle fut sa conduite en Pologne? — Que faisait Pierre Iᵉʳ, pendant le séjour de Charles XII en Pologne? — Quelle route suivit le roi de Suède pour attaquer une seconde fois la Russie? — Comment fut-il attiré dans l'Ukraine? — Quelle bataille perdit-il en 1709? — Que devint-il? — Quel sultan régnait à Constantinople? — Quel appui donna-t-il à Charles XII, et comment se termina sa lutte avec Pierre Iᵉʳ? — Quels furent les Etats qui se liguèrent contre la Suède? — Quelles pertes éprouva ce pays? — A quel moment Charles XII songea-t-il a le secourir? — Quel traité secret fit-il avec la Russie? — De quel côté dirigea-t-il sa première attaque? — Où et comment mourut-il? — Quel fut son successeur? — 111. Quelles réformes Pierre Iʳ introduisit-il en Russie, dans le clergé, dans la noblesse, dans dans le costume, dans la justice, dans le gouvernement? — 112. Quel voyage fit le tzar en 1717? — Quel procès fit-il instruire à son retour? — Quelles sont les dernières conquêtes de Pierre Iᵉʳ? — Comment mourut-il?

———————

CHAPITRE VII

SUCCESSEURS DE PIERRE LE GRAND. — CATHERINE II.
— GUERRES CONTRE LA TURQUIE. — PARTAGE DE
LA POLOGNE.

113. CATHERINE II. — MEURTRE DE PIERRE III.
— Après les règnes successifs de *Catherine Ire*,
de *Pierre II*, d'*Anne Iwanowna* et d'*Elisabeth
Petrowna*, *Pierre III*, neveu d'Elisabeth, avait
été désigné par elle pour lui succéder. Il était
par son père duc de Holstein-Gottorp, et avait
épousé une princesse d'Anhalt-Zerbst, qui fut
la fameuse *Catherine II*. Pierre était capricieux,
brutal, presque fou ; Catherine menait comme
lui une vie désordonnée, et menacée d'être ré-
pudiée, elle résolut de prévenir son époux. Elle
se fit proclamer impératrice par les troupes, sa-
crer par l'archevêque de Novogorod, et elle assura sa puissance en laissant étrangler Pierre III
de la main d'un de ses favoris. Alors commence
un règne fastueux plutôt que brillant, mélangé
de grandeur apparente et de perfidie politique,
remarquable dans ses résultats, presque toujours misérable dans ses instruments.

**114. INTERVENTION EN POLOGNE. — PREMIÈRES
CONQUÊTES SUR LES TURCS.** —Catherine intervint
d'abord en Pologne. A la mort d'*Auguste III*,
en 1763, elle fit élire un de ses favoris, *Stanislas Poniatowski*. Les Polonais, justement indi-
gnés, formèrent la *confédération de Bar*, qui
reçut l'appui secret de la France. Les malheu-

reux confédérés furent écrasés, et près de 50,000 périrent dans des combats contre les cohortes russes, qui les poursuivirent jusque sur le territoire turc. Le sultan *Mustapha III*, inquiet des progrès de la Russie et poussé du reste par l'ambassadeur français et par les promesses du ministre Choiseul, déclara alors la guerre à Catherine II (1768). Mais il fut vaincu sur terre et sur mer, et les Russes, après avoir franchi le Dniéper, le Dniester, le Pruth et le Danube, pénétrèrent jusque dans la Bulgarie. Là fut signé en 1774 le traité de Kaïnardji, par lequel la Turquie abandonnait au vainqueur le pays situé entre la Crimée, le Dniéper et le Bug.

115. PREMIER PARTAGE DE LA POLOGNE. — La conséquence des revers de la Turquie avait été, dès le mois de février 1772, un premier partage de la Pologne entre la Russie, la Prusse et l'Autriche ; Marie-Thérèse fut entraînée dans cette iniquité par l'ambition de son fils, *Joseph II*, proclamé empereur depuis 1765. On fit quatre parts du vaste royaume de Pologne : la Galicie, avec les riches mines de sel gemme de Bochnia et de Wiélitska, fut donnée à l'Autriche ; le grand-duché de Posen, avec des territoires jusqu'à la rive gauche de la Vistule, moins les villes de Thorn et de Dantzig, forma le lot de la Prusse ; la Lithuanie fut livrée à la Russie ; enfin, un nouveau royaume de Pologne, fut composé des débris que les spoliateurs laissaient à Poniatowski, avec l'antique constitution anarchique qui en avait déjà préparé la

scission et en assurait la ruine prochaine.

116. Nouvelles conquêtes sur les Turcs. — Cependant, la Turquie n'abandonna pas l'espoir d'une revanche : le sultan *Sélim III*, ayant fait alliance avec le roi de Suède *Gustave III*, recommença la guerre en 1788, mais il ne fut pas plus heureux que son prédécesseur. Des victoires répétées conduisirent les troupes russes jusque sous les murs d'Ismaïlia, dont le farouche Souwarow s'empara après un siége terrible. C'était une des portes de la Turquie, qui se trouvait ainsi ouverte aux embouchures du Danube : le sultan fut obligé de signer le traité d'Iassy en 1792. Gustave III échoua également en Finlande et s'empressa de conclure le traité de Verloë. Au moins la Suède conservait ses frontières ; mais la Turquie perdait tout le territoire entre le Bug et le Dniester, et sur le littoral conquis, Catherine fit bâtir les villes de Kerson et d'Odessa.

117. Second partage de la Pologne. — Pendant que la Russie, l'Autriche, la Turquie et la Suède étaient aux prises, le roi de Pologne songea à réformer la constitution anarchique de son pays. L'élection des rois et le *liberum veto*, c'est-à-dire le pouvoir donné à un seul vote négatif d'empêcher l'adoption d'une loi, étaient des causes perpétuelles de discordes et de guerres civiles. Dans sa nouvelle constitution, Stanislas Poniatowski n'exigea plus l'unanimité des suffrages, déclara la royauté héréditaire, et plaça, à côté de la diète des seigneurs,

un sénat nommé par lui. Mais alors le parti dit *national* réclama contre l'abolition des anciennes lois, qu'il appelait les lois cardinales, et les chefs de ce parti, Branicki, Potoki, confondant leurs intérêts politiques avec ceux de la nation, appelèrent Catherine à la défense de leur cause. Catherine accourut en effet, et aussi le roi de Prusse, Frédéric-Guillaume II, neveu de Frédéric le Grand : ils s'avancèrent, l'un plus à l'est, l'autre plus à l'ouest que dans le premier partage, de manière à ne laisser libre entre eux qu'un territoire peu étendu autour de Varsovie ; puis ils déclarèrent que l'état d'agitation où se trouvaient la Pologne et l'Europe ne leur permettait pas d'abandonner les pays qu'ils occupaient. Ainsi fut consommé le second partage en 1793. Cette fois-ci l'Autriche s'était tenue à l'écart.

118. Dernier partage de la Pologne. — Après cette manifestation des sentiments de leurs voisins à leur égard, les Polonais ouvrirent enfin les yeux, mais trop tard. Tous les partis se réunirent pour la défense commune du dernier lambeau de la patrie, et un officier de mérite, *Kosciusko*, déjà célèbre par ses exploits en Amérique, organisa rapidement une armée. La Russie, la Prusse et l'Autriche se vengèrent sur les patriotes de Varsovie de la victoire que les Français venaient de remporter à Valmy. Kosciusko, vainqueur des Autrichiens, fut écrasé par l'armée du général Fersen dans les champs de Maciéjowitz, et le général Souwarow s'empara de Varsovie après un combat sanglant. Désormais la Pologne n'existait plus : la Russie, la Prusse et l'Autriche s'en partagèrent le reste en 1795. Ces trois Etats eurent pour limites communes, dans l'ancienne Pologne, le cours de la Piliça, de la Vistule, du Bug (1) et du Niémen. Quant à Stanislas Poniatowski, il avait abdiqué au commencement de la lutte suprême.

119. MORT DE CATHERINE II. — ETENDUE DE SON EMPIRE. — Une année après, Catherine II mourut d'apoplexie. Elle avait étendu son empire à l'ouest jusqu'au Niémen et jusqu'au Bug ; au sud, jusqu'à la mer Noire par la possession de la Crimée, obtenue en 1783, et par les conquêtes sur les Turcs ; au sud-est, jusqu'au delà du Caucase. Les scandaleuses débauches de cette souveraine, que ses flatteurs ont appelée Catherine la Grande, l'ont placée à côté de cette Messaline dont le nom est devenu le type de la dépravation la plus éhontée.

QUESTIONNAIRE. — 113. Souverains de Russie depuis la mort de Pierre le Grand jusqu'à l'avénement de Pierre III. — De quelle famille était Pierre III, et comment se rattachait-il à la famille impériale de Russie? — Par quel crime Catherine II s'empara-t-elle du pouvoir? — Quelle opinion faut-il avoir d'elle et de son gouvernement? — 114. Quel roi Catherine fit-elle élire en Pologne? — Pourquoi fut formée la confédération de Bar, et par qui fut-elle secrètement soutenue? — Quand et pour quel motif la Turquie déclara-t-elle la guerre à Catherine II, et quel traité y mit fin? — 115. Quelle fut la conséquence des re-

---

(1) Il y a deux rivières du même nom, un affluent du Dniéper, et un affluent de la Vistule : c'est de la seconde qu'il s'agit ici.

vers des Turcs? — Quelles nations se partagèrent la Pologne en 1772, et quelle fut la part de chacune? — 116. Quelle alliance conclut Sélim III contre la Russie? — Quel fut le résultat de la guerre déclarée à la Russie? — Quels traités la terminèrent? — Quelle cession de territoire fit la Turquie? — 117. Quelles furent les réformes politiques que Stanislas Poniatowski essaya d'introduire en Pologne? — Quelle fut l'attitude du parti qui s'appelait *national*? — Quels souverains prirent part au second partage de 1793? — 118. Racontez le dernier effort de la Pologne. — Quel fut le héros de la résistance? — Où succomba-t-il? — Que devint la Pologne? — 119. Quand mourut Catherine II? — Quelle extension avait-elle donnée à la Russie?

CHAPITRE VIII

ORIGINES DE LA PRUSSE. — FRÉDÉRIC II; SES GUERRES; SON ADMINISTRATION.

120. ORIGINES ET PREMIERS AGRANDISSEMENTS DE LA PRUSSE.—Le royaume de Prusse, qui occupe une si grande place dans l'histoire militaire depuis le siècle dernier, s'était formé lentement et presque silencieusement pendant trois siècles. En 1415, un burgrave de Nuremberg, *Frédéric I*er de *Hohenzollern,* reçut le margraviat de Brandebourg et le titre d'électeur de l'empire. Ses successeurs furent Frédéric II *Bras de fer*, Albert *l'Ulysse*, Jean *le Cicéron*, Joachim Ier le *Nestor*, Joachim II *l'Hector*. Dans le siècle suivant, *Albert de Brandebourg*, grand maître de l'ordre Teutonique, se fit luthérien, sécularisa ses États, et prit le titre de duc de Prusse (1525). Le margraviat et le duché réunis dans les mêmes

10.

mains à partir de 1618, furent la double origine de la puissance qui s'est accrue si prodigieusement dans les deux siècles et demi suivants.

Ce fut par deux héritages que commencèrent les agrandissements des Hohenzollern. En 1709, ils élevèrent des prétentions sur la succession des duchés de Clèves et de Juliers, près du Rhin, et ils finirent par en obtenir la moitié, le duché de Clèves et le comté de la Marck. En 1737, l'extinction de la ligne masculine des ducs de Poméranie fit la maison de Brandebourg héritière de cette province des bords de la Baltique. *Frédéric-Guillaume*, dit le *grand électeur*, qui, dès son avénement, en 1640, s'était montré capitaine habile et fin politique, et qui avait perfectionné la constitution militaire de son pays, obtint de riches sécularisations dans la Saxe, l'archevêché de Magdebourg sur l'Elbe, et les évêchés d'Halberstadt et de Minden dans les bassins de l'Elbe et du Wéser. Magdebourg fut la capitale de cette Saxe prussienne. Après le grand électeur, son fils *Frédéric III* (1688-1713) se crut assez fort pour imposer des conditions à l'empereur Léopold Ier : il lui promit son alliance contre Louis XIV dans la guerre de la succession d'Espagne ; mais il voulut en échange le titre de roi, et il se couronna de ses propres mains à Kœnigsberg en 1701. Ce titre lui fut confirmé aux traités d'Utrecht et de Radstadt : il est le premier roi de Prusse.

121. LES DEUX PREMIERS ROIS DE PRUSSE. — C'était un triste pays que ce royaume éparpillé du Rhin au Niémen, sans ports, sans frontières, sans culture, sans industrie, et qui n'avait guère plus de deux millions d'habitants (2,240,000). Frédéric Ier lui donna quelque éclat, en fondant des Universités et des Académies. Mais sous *Frédéric-Guillaume* Ier, qui succéda à son père en 1713, les lettres et les sciences furent négligées. Ce prince ignorant et brutal, que le roi d'Angleterre appelait *mon frère le caporal*, s'engagea d'abord dans une guerre contre la Suède, dont le roi Charles XII était alors en Turquie. En 1715, il s'allia contre lui avec Frédéric IV de Danemark, et ses troupes contribuèrent à la prise de Stralsund, que la présence du roi de Suède ne put pas sauver. Après la mort de Charles XII, à la paix de Nystadt en 1720, Frédéric IV rendit à la Suède Stralsund et l'île de Rugen ; mais le roi de Prusse garda la partie de la Poméranie suédoise comprise entre l'Oder et la Pène, les îles de Wollin et d'Usedom et la ville de Stettin, qui devint la capitale de toute la province.

Frédéric-Guillaume employa les loisirs de la paix à perfectionner les moyens de faire la guerre : il consacra toute son attention et toutes ses ressources à la formation de régiments d'hommes de haute stature, qu'il faisait recruter dans les pays étrangers. Ils mourut en 1740, laissant à son successeur un trésor de 20 millions d'écus prussiens (environ 80 millions de francs), un revenu de 12 millions (48 millions de francs), et une armée de 76,000 hommes.

122. FRÉDÉRIC II. — CONQUÊTE DE LA SILÉSIE. — *Frédéric II* monta sur le trône à 28 ans. Profondément ambitieux, âme froide et sans scrupule comme sans croyance, il avait par-dessus tout une vanité démesurée, servie par une vive intelligence et par une activité infatigable.

Cinq mois après l'avénement de Frédéric, mourut l'empereur d'Allemagne Charles VI. Il ne laissait pas d'héritier mâle; mais un acte célèbre, la *Pragmatique sanction*, reconnue par l'Europe presque entière, la Bavière exceptée, garantissait à sa fille Marie-Thérèse, mariée au duc François de Lorraine, la succession des Etats patrimoniaux de la maison de Habsbourg et de l'Empire, qui jusque-là avait été électif.

Malgré cette garantie, le roi de Pologne, duc de Saxe, voulut faire prévaloir les droits de sa femme, nièce de Charles VI; le duc de Bavière prétendit à l'Empire en vertu d'un acte autrefois passé entre Ferdinand Ier et l'un de ses ancêtres; l'Espagne réclama la Hongrie et la Bohême; la France se crut liée par la reconnaissance à la maison de Bavière, notre seule alliée pendant la guerre de la succession d'Espagne, et Frédéric II, qui avait envie de faire la guerre, envahit la Silésie à l'improviste, parce qu'elle était à sa convenance, et il la conquit en un tour de main. Marie-Thérèse fut obligée de signer en 1742 le traité de Breslau, par laquelle elle abandonnait au roi de Prusse la Silésie et le comté de Glatz.

— Mais deux ans après, l'Autriche se relevait : les Français étaient chassés de la Bohême, le duc de Bavière de ses états, et les Anglais, alliés de Marie-Thérèse, remportaient sur le maréchal de Noailles la victoire de Dettingen. François de Lorraine, époux de Marie-Thérèse, se fit élire empereur à Francfort. Alors menacé dans sa conquête par la jonction des Saxons et des Autrichiens, Frédéric II résolut de reprendre l'offensive, et s'assura la possession de la Silésie par les victoires de Friedberg, de Sorr et de Kesselsdorf. L'Autriche dut s'incliner de nouveau et le traité de Dresde confirma celui de Breslau (1745).

123. Guerre de Sept ans. — La paix conclue à Dresde ne pouvait être de bien longue durée. Le célèbre Kaunitz, ministre de Marie-Thérèse, s'entendit avec le comte de Stainville, plus tard duc de Choiseul, notre ambassadeur à Vienne, et conclut entre l'Autriche et la France une alliance à laquelle se joignirent ensuite la Russie et la Saxe. De leur côté, l'Angleterre et la Prusse s'engagèrent, par le traité de Londres, à défendre en commun le Hanovre, et la guerre de Sept ans commença.

Frédéric crut dissiper la ligue en portant les premiers coups : il prit l'armée saxonne à Pirna et livra aux Autrichiens la bataille indécise de Lowozitz, en 1756. Vainqueur devant Prague l'année suivante, mais battu par l'Autrichien Daun à Kollin (Bohême), tandis qu'un de ses lieutenants l'était par les Russes à Jœgerndorf (Prusse orientale). Rejeté de la Bohême et entouré de quatre armées, il fut sauvé par la victoire de Rosbach, remportée sur les troupes françaises et impériales de Soubise, par celle de Lissa sur les Autrichiens et par celle de Zorndorf sur les Russes. Alors les armées se séparent : pendant que Frédéric II soutient l'effort de la lutte au sud et à l'est, Ferdinand de Brunswick tient tête aux Français sur les bords du Rhin, en Westphalie et en Hanovre. La guerre était partout très-meurtrière. Nos troupes, vaincues à Crévelt, essuyaient encore une effroyable défaite à Minden, mais relevaient l'honneur français dans la brillante affaire de Clostercamp, illustrée par le dévouement du chevalier d'Assas. Le roi de Prusse fut encore tout près de sa perte : accablé par le succès de Daun à Hohenckirchen, et du Russe Soltikoff à Kunersdorf, il fut tiré du péril par la victoire de Torgau, qu'il dut à l'impéritie de ses ennemis, (1760), et surtout par l'avénement du tzar Pierre III, qui lui donna un instant l'appui de ses troupes. Les triomphes maritimes de l'Angleterre et l'épuisement des puissances continentales décidèrent la paix : le traité d'Hubertsbourg laissa la Silésie à la Prusse. Un million d'hommes avaient péri, mais la popularité de Frédéric II avait grandi, et l'opinion publique n'avait pas cessé de lui être favorable.

124. Prise du grand-duché de Posen. — Administration de Frédéric II. — A l'iniquité de ses conquêtes, Frédéric II en joignit une seconde plus odieuse encore, le démembrement de la Pologne, dont le spoliateur n'avait pas plus de prétextes que dans l'envahissement de la Silésie.

Ce qui mérite vraiment des éloges à Frédéric II, et justifie le surnom de Grand qu'on lui a donné, ce sont les efforts merveilleux qu'il fit jusqu'à sa mort (1786) pour tirer la Prusse de l'état de misère où l'avaient jetée deux longues guerres hors de proportion avec les forces et les ressources d'un royaume naissant. Il attira des pays étrangers plus de 40,000 familles, qu'il établit dans les campagnes que la guerre avait rendues désertes, dans les landes que le défrichement donnait à la culture, sur les terres marécageuses, qui furent desséchées et assainies. Il fit creuser un port, Swionemünde, à l'embouchure de l'Oder, bâtit quinze villes et plus de huit cents villages, et la population de la Prusse, augmentée de la Silésie et du grand-duché de Posen ou Pologne prussienne, s'éleva avant sa mort jusqu'à près de six millions d'habitants. Frédéric encouragea l'agriculture, et de vastes dépôts de grains furent une garantie contre la disette. Il créa des manufactures de tous genres, et il facilita l'action du commerce par la fondation de la banque de Berlin et le creusement de plusieurs canaux. La Prusse doit la réforme de la justice au *Code Frédéric*, que rédigèrent les chanceliers Coecéji et Carmer : la torture disparut alors de la législation criminelle.; de nombreux hôpitaux s'élevèrent et la mendicité fut interdite ; enfin, chaque village eut son école, et des écoles normales primaires préparèrent de nombreux instituteurs. Le haut enseignement fut confié aux jésuites, que Frédéric s'empressa d'accueillir, comme le faisait Catherine II en Pologne, au moment où les pays catholiques les repoussaient (1773) (1).

QUESTIONNAIRE. — 120. Quelles principautés furent l'origine du royaume de Prusse, à quelle maison obéissaient-elles, et quand furent-elles réunies dans les mêmes mains ? — Indiquez les trois agrandissements des Hohenzollern au dix-septième siècle. — Quel fut le principal souverain de la Prusse, avant qu'elle devînt royaume, et que savez-vous de lui ? — Quel souverain donna à la Prusse le nom de royaume et en quelle année ? — 121. Donnez une idée du royaume de Prusse à sa naissance. — Quelles institutions dut-il à son premier roi ? — Nommez, avec les dates, son second roi, dites quel pays il ajouta au royaume et comment il prépara de nouveaux progrès ? — Dans quel état laissa-t-il la Prusse à sa mort ? — 122. Date du règne de Frédéric II. — Quelle mort suivit de près l'avénement de Frédéric II ? — Comment fut traitée la Pragmatique sanction de Charles VI ? — Pour qui la France prit-elle parti ? — Que fit Frédéric II, quelles victoires remporta-t-il en Silésie ? Quel traité lui abandonna cette province ? — Quel résultat eurent les premières victoires des Français dans la Haute-Autriche et en Bohême ? — Où les Anglais furent-ils vainqueurs en 1743 ? — Pourquoi Frédéric II reprit-il l'offensive ? — Quelles victoires lui redonnèrent la Silésie ? — 123. Causes de la guerre

(1) Voir, pour l'expulsion des Jésuites, notre *Histoire de l'Église*, petit cours, sixième partie, chap. I.

de Sept ans. — Quelles furent les premières batailles livrées par Frédéric en Saxe et en Bohême? — Où fut-il vaincu? — Comment se releva-t-il? — Quels combats les Français eurent-ils à soutenir en Westphalie? — Quelles nouvelles défaites furent infligées à Frédéric? — Comment assura-t-il son triomphe définitif? — Quel traité fut conclu entre lui et Marie-Thérèse? — 124. Quelle acquisition injuste fit Frédéric II après celle de la Silésie? — Etat de la Prusse après la guerre de Sept ans? — Dites à quoi Frédéric II dut son surnom de Grand, et insistez sur ses efforts pour rendre à la Prusse sa population et la prospérité que lui avaient enlevées les guerres?

CHAPITRE IX

GUILLAUME III ET SES SUCCESSEURS. — PUISSANCE MARITIME ET COLONIALE DE L'ANGLETERRE. — CONQUÊTES DES ANGLAIS AUX INDES ORIENTALES.

125. FIN DES STUARTS. — MAISON DE BRUNSWICK-HANOVRE. — En recevant la couronne que lui déférait le Parlement, Guillaume d'Orange, devenu *Guillaume III*, dut accepter la *déclaration des droits*, véritable contrat entre le roi et la nation, confirmant toutes les vieilles libertés anglaises : le gouvernement parlementaire triomphait définitivement dans la Grande-Bretagne. Le pays resta toutefois divisé en deux grands partis, les *Tories* et les *Whigs*, ou les partisans des Stuarts et du pouvoir absolu, et les partisans de la liberté politique. Mais peu à peu, les Tories se rattachèrent au pouvoir nouveau, et à la mort

du dernier des Stuarts, en 1807, ils ne représentèrent plus dans le régime parlementaire que le parti de l'extension du pouvoir royal, tandis que les Whigs demeurèrent fidèles au parti de l'extension des libertés publiques.

A la mort de Guillaume III, en 1702, *Anne* sa belle-sœur, épouse du prince Georges de Danemark, lui succéda et continua sa politique. Avant de mourir, Anne Stuart, qui n'avait pas d'enfants, dut reconnaître pour successeur, au détriment de son frère, repoussé comme catholique, le prince protestant Georges de Brunswick-Hanovre, dont la mère était petite-fille de Jacques Ier : ce fut ce prince qui devint roi en 1714. Il commençait en Angleterre la dynastie de Brunswick-Hanovre, qui règne encore aujourd'hui et dont les quatre rois portent le même nom : *Georges Ier* (1714-1727), *Georges II*, son fils, (1727-1760), *Georges III* (1760-1820), et *Georges IV* (1820-1830).

126. GEORGES Ier. — TENTATIVE DU PRÉTENDANT JACQUES III. — *Georges Ier*, ivrogne, cruel et d'un esprit des plus vulgaires, ne connaissait ni la constitution ni même la langue du pays qu'il gouvernait. Les Anglais ne le supportèrent que par haine des Stuarts et par attachement à l'anglicanisme, devenu pour eux une religion nationale. Il eut d'ailleurs d'habiles ministres, qui signèrent et gouvernèrent pour lui, lord *Stanhope* et plus tard *Robert Walpole*, qui, pendant vingt ans, fut véritablement maître de l'Angleterre. A l'intérieur, le gouver-

nement parlementaire fut sincèrement appliqué et sans arrière-pensée d'empiétement sur les droits de la nation et de retour à l'absolutisme. On doit néanmoins reprocher à Walpole d'avoir fait de la corruption électorale son principal moyen de gouvernement. A la mort de la reine Anne, Louis XIV avait reconnu pour roi d'Angleterre, sous le nom de Jacques III, le fils de Jacques II, qu'on appelait le chevalier de Saint-Georges. Ses partisans, nombreux en Ecosse et désignés sous le nom de jacobites, levèrent l'étendard de la révolte sous la conduite du comte de Marr. Après un avantage remporté près d'Edimbourg, ils furent vaincus par le duc d'Argyle, et le prétendant qui était venu les joindre fut réduit à prendre la fuite et repassa avec le comte de Marr sur le continent.

127. GEORGES II. — TENTATIVE DU PRÉTENDANT CHARLES-EDOUARD. — *Georges II*, second roi de sa famille, était, comme son père, court de bon sens et d'une avarice ridicule. Mais il avait quelque talent militaire et il le dirigea surtout contre la France. Il fut l'allié de Marie-Thérèse dans la guerre de la succession d'Autriche et gagna pour elle la bataille de Dettingen. Plus tard, ses troupes furent battues à Fontenoy en 1745 par Maurice de Saxe, au moment où un grand danger allait le menacer sur le sol même de la Grande-Bretagne. Charles-Edouard, fils du chevalier de Saint-Georges, avait quitté Rome pour reconquérir le trône de ses pères. Vainqueur à Preston, près d'Edimbourg, il s'avança audacieusement en Angleterre; il était déjà arrivé à vingt-cinq lieues de Londres, quand les montagnards écossais refusèrent d'aller plus loin. Dans sa retraite, il remporta une seconde victoire à Falkirk, près d'Edimbourg; mais il n'en fut pas moins forcé de reculer plus loin encore, vers le nord de l'île. A Culloden, près d'Inverness, son armée, exténuée de fatigue, fut complètement défaite par le duc de Cumberland (1746), et les vainqueurs souillèrent leur triomphe par les plus horribles cruautés. Charles-Edouard fut traqué comme une bête fauve et sa tête mise à prix. Il erra cinq mois dans les montagnes, et parvint enfin à s'embarquer sur un navire français qui le déposa en Bretagne.

128. PROGRÈS DE LA MARINE ET DES COLONIES ANGLAISES. — GUERRE DE SEPT ANS. — Au milieu de toutes ces épreuves, l'Angleterre, plus soucieuse de sa propre fortune que de la défense des intérêts qui passionnaient alors le reste de l'Europe, cherchait à dominer les cabinets étrangers, à devenir maîtresse absolue des mers et à acquérir un empire colonial immense. Dès le temps de la reine Anne, l'Amérique du Nord comptait à côté de la Virginie, fondée sous Elisabeth, dix autres colonies anglaises le long de l'océan Atlantique, et l'Angleterre avait plus de deux cents vaisseaux de guerre portant près de 50,000 hommes

et de 10,000 canons. Restait à rendre cette puissante marine sans rivale au monde et à donner à l'Angleterre, par de nouvelles possessions sur tous les points du globe, le vaste empire colonial que sa force navale semblait supposer. Tous les actes des différents ministères furent dirigés vers cet objet.

Une contestation au sujet de territoires sur les bords de l'Ohio amena la mort de l'envoyé français Jumonville, la prise de Louisbourg par les Anglais et la capture d'un grand nombre de navires français. Alors la guerre fut déclarée (1756). D'abord nous nous emparâmes de Minorque après un siége héroïque, et l'amiral français La Gallissonière battit Byng à la hauteur de l'île. Mais ces heureux commencements eurent une triste suite ; pendant que nous luttions péniblement en Westphalie et en Hanovre contre les troupes du roi de Prusse, les escadres anglaises nous gagnaient des batailles navales au cap Saint-Vincent et à l'embouchure de la Vilaine : elles s'emparaient de Belle-Isle, du Sénégal, de la plupart des petites Antilles et du Canada, où Montcalm succombait glorieusement sous les murs de Québec. La paix de Paris, en 1763, nous enleva le Canada, la Louisiane (1), l'Acadie, Terre-

---

(1) La Louisiane, occupée par les Français sur les deux rives du Mississipi dès le règne de Louis XIV, fut divisée en deux portions par le traité de Paris : la rive gauche fut cédée à l'Angleterre : la rive droite fut donnée à l'Espagne pour la dédommager de la Floride, qu'elle livrait aux Anglais. Mais cette

Neuve, le cap Breton, les îles de la Grenade, des Grenadines, de Saint-Vincent, de la Dominique et de Tabago, en Amérique ; Saint-Louis du Sénégal, en Afrique, et il anéantit notre puissance en Asie en nous réduisant à quelques villes de l'Hindoustan.

129. GEORGES III. — WILLIAM PITT. — Georges II n'avait pas vu ce résultat éclatant de la politique de ses ministres : il était mort dès 1760 et avait eu pour successeur son fils, *Georges III*. Sous son règne, *William Pitt*, plus tard comte de *Chatham*, fut ministre des affaires étrangères de 1757 à 1761, c'est-à-dire pendant la période la plus active de la guerre de Sept ans. En 1766, il fut encore chargé de former un ministère, où il n'accepta que le poste de garde du sceau, mais dont il fut l'âme sans vouloir en être le chef. Deux ans après, ses infirmités et ses souffrances le contraignirent de quitter le monde politique et de vivre dans la retraite. Mais il n'en continua pas moins jusqu'à sa mort (1778) de suivre avec attention la marche des affaires publiques, et toutes les fois qu'il crut sa présence et sa parole nécessaires, il reparut dans la Chambre des lords, où sa grave éloquence et ses sentiments généreux excitèrent toujours une vive émotion.

130. L'ANGLETERRE RUINE L'INFLUENCE FRAN-

Louisiane espagnole rétrocédée à la France en 1800, fut vendue par le consul Bonaparte aux États-Unis en 1803, au prix de 80 millions.

ÇAISE DANS L'HINDOUSTAN. — Dès le seizième siècle, l'Angleterre avait mis le pied dans l'Hindoustan. La compagnie des Indes orientales, fondée en 1559 par quelques marchands avec un misérable capital de 30,000 livres sterling (750,000 fr.), eut d'assez pénibles débuts, qui ne faisaient guère prévoir sa grandeur future. Sous Charles II, il est vrai, les Anglais possédaient déjà Calcutta, bâtie sur un des bras du Gange, et les villes de Madras et de Bombay ; mais ils trouvaient à côté d'eux l'influence française, représentée par Martin, par Dumas, les premiers directeurs de nos compagnies commerciales, et plus tard, au dix-huitième siècle, par *Dupleix*. Cet homme de génie, cet organisateur intelligent, dont le gouvernement ne sut alors comprendre ni les desseins ni le patriotisme, étendait sa domination de Mahé sur la côte de Malabar, à Pondichéry sur la côte de Coromandel.

Dupleix s'empara de Madras pendant la guerre de la succession d'Autriche et fit respecter partout le nom français. La triste politique de Louis XV nous fit perdre tous ces avantages. L'une des conditions du traité d'Aix-la-Chapelle (1748) fut la restitution de Madras aux Anglais et la disgrâce de Dupleix, sacrifié aux exigences de nos ennemis.

131. PROGRÈS DES ANGLAIS DANS L'INDE. — LORD CLIVE. — L'Angleterre eut alors le champ libre, et elle trouva, pour défendre ses intérêts, un homme qui reprit pour son propre compte

les projets de Dupleix, en assurant leur exécution par la perfidie et la cruauté auxquelles il joignait une cupidité éhontée : c'était lord *Clive*. Il s'empara d'abord du Bengale, c'est-à-dire des rives du Gange, par la victoire de Plassey. Puis il se tourna du côté des Français et assiégea notre gouverneur, *Lally-Tollendal* dans Pondichéry. Abandonné par la France, dévoré d'inquiétude et de colère, Lally-Tollendal dut capituler en 1761, et, plus tard, il paya de sa tête cette capitulation. Le traité de Paris nous rendit bien les villes françaises de l'Hindoustan, Pondichéry, Mahé, Karikal, Chandernagor, mais les villes seulement, avec défense de les fortifier et d'acquérir des territoires.

132. WARREN HASTINGS. — Pendant que lord Clive, rappelé en Angleterre, se défendait péniblement des accusations portées contre lui devant la Chambre des communes, *Warren Hastings*, son successeur, était pourvu du titre nouveau de gouverneur général de la Compagnie des Indes. Il continua les conquêtes dans la vallée du Gange et commença à attaquer le centre appelé Dékan. Comme lord Clive, il eut à soutenir un immense procès dont ses exactions et ses violences fournissaient les charges les plus accablantes. Un instant, la puissance anglaise parut faiblir dans les Indes : l'alliance des Français, commandés par l'héroïque *Bussy* et par le *bailli* (1) de Suffren,

____

(1) Bailli, dignité dans l'ordre de Malte.

avec *Hyder-Ali*, sultan de Mysore, et les cinq victoires navales, remportées sur l'amiral anglais Hughes, rendirent une certaine importance à notre colonie de Pondichéry. Mais Hyder-Ali succomba dans la lutte, et son fils, Tippoo-Saëb, fut tué dans sa capitale, Seringapatam : ses Etats furent alors réunis à ceux de la Compagnie (1799), et les Anglais dominèrent sans interruption dans toute la péninsule.

QUESTIONNAIRE. — 125. Quelle condition dut accepter Guillaume III en recevant la couronne ? — Qu'est-ce que les Tories et les Whigs? — Quelle fut la politique d'Anne Stuart envers la France? — Quelle dynastie nouvelle commença après la reine Anne ? — Nommez, avec leurs dates, les quatre premiers rois de la maison de Hanovre. — 126. Faites en quelques mots le portrait de Georges Ier. — Quels furent ses ministres? — Quelle fut la politique intérieure de Walpole? — Racontez la tentative de Jacques III pour reprendre sa couronne. — 127. Dites ce qu'était Georges II. — Quelle part prit-il à la guerre de la succession d'Autriche? — Racontez l'expédition du prince Edouard. — 128. Donnez quelques détails sur la puissance maritime de l'Angleterre au temps de Georges II. — Expliquez les causes de la guerre de Sept ans. — Quels sont les principaux faits qui regardent l'Angleterre? — Quelles furent les conditions de la paix de Paris? — 129. Date de l'avénement de Georges III. — Qu'est-ce que William Pitt? — 130. Quelles sont les premières colonies anglaises dans l'Hindoustan? — Quelle était l'étendue des territoires français sous l'administration de Dupleix? — 131. Qu'arriva-t-il après la prise de Madras? — Quels moyens furent employés par lord Clive pour étendre sa domination? — Qu'est-ce que Lally-Tollendal? — Quelles furent les conditions du traité de Paris, au sujet de l'Hindoustan français? — 132. Quel fut le successeur de lord Clive? — Quelle lutte soutint Hyder-Ali? — Comment mourut Tippoo-Saëb?

CHAPITRE X

COLONIES ANGLAISES DE L'AMÉRIQUE DU NORD,
GUERRE DE L'INDÉPENDANCE DES ÉTATS-UNIS,
TRAITÉ DE VERSAILLES.

133. Les colonies anglaises d'Amérique. — Causes de la guerre de l'Indépendance. — Dès le temps de la reine Elisabeth, les Anglais avaient fondé des colonies sur la côte orientale de l'Amérique du Nord, entre la baie de Fundy et la péninsule de la Floride : *lord Raleigh, lord Baltimore, William Penn*, ont laissé leurs noms à des villes ou à des Etats, autour desquels d'autres colons vinrent successivement se grouper (1). En 1763, après la cession du Canada, il y avait sur le littoral de l'océan Atlantique treize colonies anglaises dont les villes les plus importantes étaient Boston, New-York, Philadelphie, York-Town, Charlestown, Savannah, etc. Les trois millions d'habitants qui peuplaient déjà ces établissements faisaient un grand commerce avec la mère patrie. Les nouveaux colons avaient apporté dans leur pays d'adoption les maximes gouvernementales de la Grande-Bretagne, et un attachement profond à ses libertés politiques. Or, pendant la guerre de Sept ans, la dette

---

(1) Les villes de Raleigh dans la Caroline, de Baltimore dans le Maryland et l'Etat de Pensylvanie.

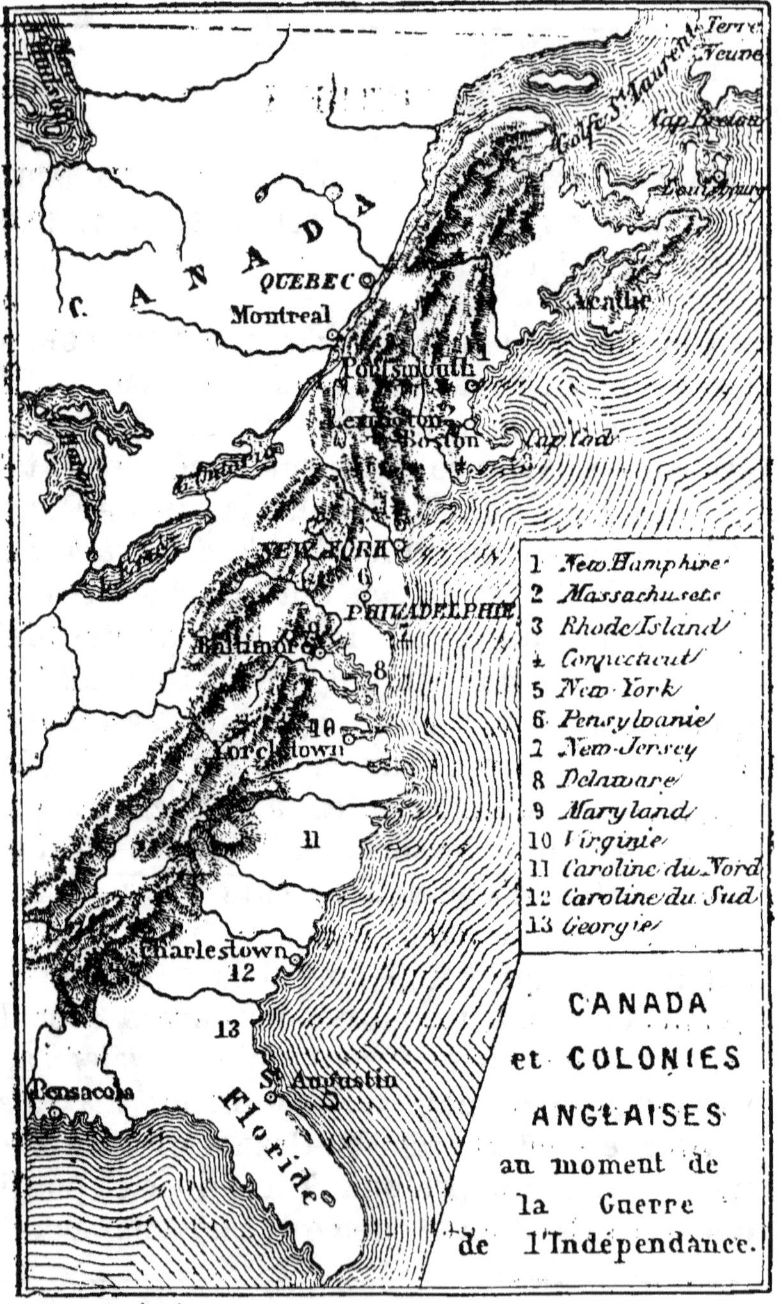
CANADA
QUEBEC
Montreal
Portsmouth
Boston
NEW-YORK
PHILADELPHIE
Baltimore
Yorcktown
Charlestown
S' Augustin
Pensacola
Floride
Golfe S' Laurent
Cap Breton
Terre Neuve
1 New-Hamphire
2 Massachusets
3 Rhode-Island
4 Connecticut
5 New-York
6 Pensylvanie
7 New-Jersey
8 Delaware
9 Maryland
10 Virginie
11 Caroline du Nord
12 Caroline du Sud
13 Georgie
CANADA
et COLONIES
ANGLAISES
au moment de
la Guerre
de l'Indépendance.

de l'Angleterre s'était élevée à deux milliards et demi : le ministre, lord *Grenville*, proposa de faire supporter aux colonies une partie des charges qui pesaient sur la métropole, en établissant chez elles un impôt sur le timbre. Les Américains s'indignèrent qu'on osât les frapper d'une taxe, puisque, n'ayant point de représentants dans le Parlement, ils ne l'avaient nullement consentie. Mais quelques années après, un nouveau ministre, *lord North*, mit un impôt sur le thé importé en Amérique. Si peu onéreuse que fût cette contribution, les Américains en s'y soumettant auraient reconnu au gouvernement britannique le droit qu'il prétendait avoir, *de les lier et de les obliger en tout.* Au lieu de se soumettre, les habitants de Boston jetèrent à la mer la première cargaison de thé qui arriva en 1774. La révolte gagna tout le pays et la guerre fut inévitable.

134. GUERRE DE L'INDÉPENDANCE JUSQU'A L'ALLIANCE AVEC LA FRANCE. — Les Américains, réunis en congrès à Philadelphie, se déclarèrent séparés de l'Angleterre et proclamèrent leur indépendance le 4 juillet 1776. Mais leur armée, formée à grand'peine par *Georges Washington,* qui avait été investi des fontions de général en chef, n'éprouva d'abord que des revers. Après un léger avantage à Lexington, près de Boston, sur les troupes du général anglais Gage, les Américains furent battus à Brooklyn, auprès de New-York, à Trenton, à Germantown, au Canada, où fut tué, en attaquant Québec,

Irlandais *Montgommery*, l'un des lieutenants
de Washington ; et le congrès, chassé de New-
York et de Philadelphie, dut se réfugier à Baltimore. Cependant, Washington combattait
toujours : il savait maintenir l'ordre dans son
armée composée de recrues indisciplinées,
raffermir les espérances des populations dé-
couragées, créer une patrie et un sentiment
national chez un peuple qui n'avait guère eu
jusqu'ici que l'instinct de ses intérêts, et s'at-
tirer l'admiration et les sympathies du vieux
monde ! Louis XVI résistait encore aux dé-
marches de Franklin, envoyé en France comme
ambassadeur. Mais les instances devinrent
plus vives : la noblesse française brûlait de
venger sur les Anglais les hontes de la guerre
de Sept ans ; l'immense popularité de Franklin
rejaillissait sur sa cause, du reste sympathique
à la nation, et la capitulation du général anglais *Burgogne* à Saratoga venait de relever la
fortune des Américains. Alors Louis XVI n'hésita plus, et, le 6 février 1778, un traité d'alliance fut signé avec les nouveaux Etats-Unis.
Le roi prêtait à Washington quinze millions de
francs et lui envoyait une première armée de
6,000 hommes, commandée par *Rochambeau*.

135. Fin de la guerre. — Traité de Versailles. — Présidence de Washington. — Grâce
au secours de la France, la guerre continentale fut terminée en 1781. Un illustre
volontaire français, le jeune marquis de *La
Fayette*, se distingua par de belles manœuvres

en Virginie contre l'Anglais *Cornwallis*, qu'il réduisit à s'enfermer dans York-Town. Alors Washington et Rochambeau accoururent et forcèrent le général ennemi à capituler avec 8,000 hommes, six vaisseaux et soixante navires marchands. Sur mer, nos opérations prirent un vaste développement : nous avions avec nous l'Espagne, liée depuis 1761 à notre politique par le pacte de famille, la Hollande, lésée dans ses intérêts commerciaux par les prétentions de l'Angleterre, et la Russie, dont l'impératrice Catherine II venait de signer avec les puissances du Nord un traité de neutralité armée. Nos flottes, commandées par *d'Orvilliers d'Estaing*, *Grasse*, *Bouillé*, *Lamotte-Piquet*, furent victorieuses devant l'île d'Ouessant et dans les dix-sept combats dont la mer des Antilles et l'océan Atlantique furent le théâtre, pendant que la flotte espagnole, sous les ordres de l'amiral *Solano*, s'emparait de Pensacola et du reste de la Floride. Une seule bataille navale fut complètement perdue, celle des îles des Saintes, où l'amiral Grasse fut forcé de se rendre après dix heures de combat.

En Europe, le duc de *Crillon*, uni aux Espagnols, s'empara de Minorque, mais les deux armées alliées échouèrent devant Gibraltar, qui avait pour défenseur l'Anglais *Elliott*. En Asie, le bailli de *Suffren* s'illustra par cinq victoires remportées sur l'amiral anglais Hughes ; il allait seconder les efforts de *Bussy*, qui avait fait alliance avec *Hyder-Ali*, sultan de Mysore, lorsque la nouvelle de la paix vint l'arrêter. Le traité fut signé à Versailles en 1783. Il reconnaissait l'indépendance des Etats-Unis, rendait à l'Espagne Minorque et la Floride, à la France le Sénégal et Tabago, et il effaçait la clause du traité de Paris relative à la démolition des fortifications de Dunkerque.

Washington, qui avait été l'un des législateur de sa patrie, après l'avoir si bien défendue, fut élu président deux fois de suite ; mais il refusa nettement une troisième élection, déposa ses pouvoirs, et mourut en 1799 au milieu des regrets du peuple tout entier.

QUESTIONNAIRE. — 133. A quel temps remontent les premiers établissements des Anglais sur la côte orientale de l'Amérique du Nord? — Nommez les principales villes. — Quels étaient les sentiments politiques des colons anglais? — Quelle taxe lord Grenville voulut-il établir? — Quel nouvel impôt fut ordonné par lord North? — Quelle fut l'attitude des Américains? — 134. Donnez la date de la proclamation de l'indépendance. — Qui fut général en chef de l'armée américaine? — Quelles batailles furent d'abord livrées? — Comment se distingua Washington? — Quel fait détermina le traité d'alliance? — 135. Quels secours la France envoya-t-elle aux Américains? — Racontez la capitulation de York-Town. — Quels étaient nos alliés dans la guerre maritime? — Quels furent les plus célèbres commandants de nos escadres? — Quelle bataille perdit l'amiral Grasse? — Parlez des tentatives contre Minorque et contre Gibraltar. — Quels sont les principaux faits de la guerre dans les Indes orientales? — Donnez la date et les conditions du traité de Versailles. — Racontez les dernières années de Washington.

CHAPITRE XI

LES SOUVERAINS DE L'EUROPE DANS LA SECONDE MOITIÉ DU DIX-HUITIÈME SIÈCLE. — ESPRIT DE RÉFORME.

136. LES ÉCRIVAINS RÉFORMATEURS AU DIX-HUI-TIÈME SIÈCLE.—La France, abaissée sous le règne de Louis XV par des guerres malheureuses ou par des traités désastreux, perdait sa prépondé-rance politique en Europe au profit de la Prusse et de la Russie, nouveaux États qui grandissaient chaque jour. Mais elle gardait la souveraineté de l'intelligence et rayonnait plus vivement et plus loin que jamais par ses écrivains. Au pre-mier rang par le génie et par l'influence se placent *Voltaire* (de Paris, 1694-1778), *Montes-quieu*, (du Château de la Brède, près de Bor-deaux 1689-1755), *Jean-Jacques Rousseau*, (de Genève 1712-1778). En même temps que le Mi-lanais *Beccaria* écrivait son remarquable traité *Des délits et des peines*, *Voltaire*, au nom de l'hu-manité, appelait ardemment la révision et l'a-doucissement des codes. En 1762, il défendit vigoureusement la mémoire du protestant Calas, accusé d'avoir donné la mort à son pro-pre fils, qui voulait se faire catholique, et en 1766, il soutint avec la même chaleur, mais sans succès, le jeune La Barre, accusé de sacri-lége. *Montesquieu*, dans son *Esprit des Loïs*, analysa et apprécia les constitutions de tous les

peuples. Le grand écrivain vanta la constitution anglaise, qui donnait aux lords et aux communes réunis en parlement la direction du pays, et qui autorisait tout citoyen emprisonné à exiger qu'on lui fît son procès à l'instant même (1). Bien que l'auteur n'exprimât sa pensée qu'à demi-mot, il laissait assez voir que c'était là le gouvernement qu'il souhaitait à la France. *Rousseau* alla plus loin dans son *Contrat social*, où il posa nettement le principe politique de la souvraineté du peuple. Il y faisait de toutes choses, et de la religion elle-même, une question de majorité de voix, et le culte qui réunissait le plus de suffrages devenait forcément celui de tout le peuple, il s'imposait avec une autorité sanctionnée par le bannissement et la peine de mort.

Aux projets de réformes judiciaires ou politiques se mêlaient donc des erreurs capitales, de dangereux paradoxes ; mais Voltaire et Rousseau ne s'en tinrent pas là : ils attaquèrent avec passion le christianisme. Un autre écrivain, *Diderot*, directeur du vaste recueil de l'*Encyclopédie*, allait jusqu'à nier l'âme, Dieu et la loi morale : Rousseau il faut le dire à sa louange, protestait énergiquement contre ces doctrines abjectes.

137. MESURES PRISES CONTRE LA TRAITE DES NOIRS. — Il faut citer avant tout, à la gloire de

---

(1) Loi de l'*Habeas corpus*, portée en 1679, et ainsi appelée des premiers mots de de la formule latine qu'emploie le juge pour élargir un prisonnier.

cette époque, les efforts incessants et fructueux qui furent tentés pour détruire l'affreux commerce appelé traite des noirs. En France, Montesquieu consacra à leur défense un chapitre ironique de l'*Esprit des lois*. En Angleterre, un homme de bien, qui était en même temps un orateur, Wilberforce, se fit toute sa vie l'apôtre infatigable de l'abolition de l'esclavage; il lutta pour les pauvres noirs pendant vingt ans et ne se reposa que le jour du triomphe. Le Danemark, la France, les États-Unis (1), avaient déjà, de 1792 à 1794, aboli la traite, et la motion de Wilberforce en faveur des nègres fut votée par 280 voix contre 16 en 1807. L'Angleterre prit dès lors l'initiative de toutes les mesures tendant à l'affranchissement de la race noire. Elle acheta l'adhésion du Portugal en 1810, celle de l'Espagne en 1817, au prix de dix millions de francs; et ce fut à la voix de ses diplomates que, dans les congrès de Vienne et de Vérone, en 1815 et en 1822, les grandes puissances prirent l'engagement réciproque de poursuivre les négriers.

138. L'ESPAGNE SOUS CHARLES III. — En Espagne, *Philippe V*, petit-fils de Louis XIV, semblait avoir hérité de l'apathie de son prédécesseur; le pays, sous son gouvernement,

---

(1) La traite des noirs supprimée, les Etats-Unis avaient encore, pour recruter la population servile, les nombreux enfants que leurs esclaves mettaient au monde. Dès que les enfants atteignaient un certain âge, les maîtres les employaient à la culture et les vendaient sur le marché.

tinuait à mourir lentement. Sous *Philippe VI* (1746-1759) il se réveilla, et *Charles III* lui imprima une activité inconnue depuis longtemps. Secondé par d'habiles ministres, comme Florida Blanca et Campomanès, il favorisa l'agriculture et fit creuser le canal de Castille et le canal d'Aragon ; il créa des compagnies de commerce, des banques de crédit ; il réorganisa l'impôt et fit construire 80 vaisseaux ; il institua des académies et des colléges. Malheureusement, ce prince réformateur, mort en 1788, eut pour successeur le triste roi Charles IV.

139. L'AUTRICHE SOUS JOSEPH II. — En Autriche, *Joseph II*, fils de Marie-Thérèse, fut proclamé empereur dès 1765, mais il ne régna effectivement qu'à partir de 1780, à la mort de sa mère. Pendant les dix ans de son gouvernement, il voulut tout bouleverser, et rêva de changer les lois civiles et les traditions sociales. La féodalité fut abolie d'un trait de plume ; les impôts furent généralisés, les priviléges abolis ; les biens du clergé furent supprimés, et un grand nombre de couvents fermés. Les populations réclamèrent avec force, et le pape Pie VI se rendit lui-même à Vienne pour engager à plus de prudence et à plus de modération le fougueux révolutionnaire.

Nous avons vu qu'en Russie et en Prusse, Catherine II et Frédéric II, avec plus de lenteur et plus de discernement, travaillaient aussi à l'amélioration matérielle et intellectuelle de leurs États. Mais toutes ces révolutions paciques ou violentes, préparées par le souverain lui-même, laissaient intactes l'autorité royale et les prérogatives des couronnes. En France, on alla plus loin, et le système des réformes fut conçu sur un plan beaucoup plus large et plus complet.

140. LA FRANCE SOUS LOUIS XVI. — TURGOT. — Guidé par l'opinion publique, *Louis XVI*, en succédant à vingt ans à son grand-père Louis XV, appela auprès de lui les hommes les plus capables d'opérer pacifiquement les transformations politiques et sociales indiquées depuis longtemps. Ce furent d'abord *Malesherbes et Turgot*. Pendant deux ans qu'il resta au ministère, de 1774 à 1776, Turgot prépara successivement :

1° Une réforme financière, en généralisant l'impôt, afin de combler le déficit annuel.

2° Une réforme industrielle, en abolissant les jurandes et les maîtrises (1), en déclarant le travail libre et les priviléges des corporations abolis.

3° Une réforme commerciale pour la suppression de toutes les douanes intérieures, én attendant qu'on pût ouvrir les frontières de la France aux transactions internationales.

---

(1) Le mot jurande désignait le corps des jurés d'une communauté de marchands ou d'artisans Une des fonctions de ces jurés était de recevoir les apprentis ou les maîtres. Il fallait six ans d'apprentissage pour devenir maître bouquetier, et neuf ans pour devenir maître boulanger; et pour obtenir le titre de maître ou *maîtrise*, l'ouvrier devait présenter ce qu'on appelait son *chef-d'œuvre*.

4° Une réforme territoriale, par la création des départements à la place des anciennes provinces.

5° Une réforme politique par l'institution d'assemblées provinciales qui auraient à s'occuper des travaux d'utilité publique et de la répartition de l'impôt. Plus tard, les délégués de ces conseils formeraient une assemblée nationale siégeant auprès du roi.

Mais ces projets furent attaqués de toutes parts, et Louis XVI sacrifia son ministre à la clameur publique. Le Génevois *Necker*, qui succéda à Turgot, concentra toute son attention sur les finances. Il voulut toucher aux pensions libéralement accordées depuis Louis XIV à toute une noblesse oisive, qu'on retenait ainsi autour de Versailles; il s'attira par là de terribles colères et dut se retirer à son tour. Cependant, de grands changements s'étaient accomplis; l'abolition du servage dans le domaine royal, le rachat des corvées dans plusieurs provinces, la suppression de la torture, les droits civils donnés aux protestants, sont des actes dus à l'initiative particulière du roi.

Les ministres qui vinrent après Turgot secondèrent mal Louis XVI et compromirent son gouvernement. *Calonne* était un dissipateur qui gaspilla par anticipation deux ans de revenu. *Loménie de Brienne* lutta contre le Parlement, qui ne voulait pas enregistrer les lois sur la généralisation de l'impôt. Dans l'impossibilité de subvenir, avec un revenu insuffisant, à des dépenses toujours croissantes, et, d'un autre côté, de faire sanctionner par le Parlement la réforme financière, le roi rappela Necker et convoqua les états généraux pour le 5 mai 1789. Il invitait ainsi la nation à faire elle-même la révolution dont Turgot avait voulu mettre en ses mains le plan et la direction.

QUESTIONNAIRE. — 136. Quelle différence y a-t-il entre l'influence politique de la France en Europe au dix-huitième siècle, et son influence intellectuelle? — Quels écrivains français exercèrent le plus d'influence, et où étaient-ils nés? — Quel écrivain italien réclama la réforme de la justice ? — Quel genre de réformes réclamait particulièrement Voltaire? — Quel gouvernement vanta surtout Montesquieu et dans quel ouvrage? — Qu'est-ce que la loi d'*Habeas corpus* ? — Quel principe politique posa Rousseau, et quelle erreur capitale mêla-t-il à sa doctrine? — Dans quel esprit furent souvent écrits les livres de Voltaire et de Rousseau au point de vue religieux? — 137. Parlez des efforts faits au dix-huitième siècle pour l'abolition de la traite des noirs et des résultats qu'ils produisirent. — 138. Quels sont, en Espagne, les successeurs de Philippe V? — Quel fut le fruit de l'alliance de Charles III avec la France? — Quels sont ses principaux ministres? — Indiquez ses réformes.—139. Qui succéda en Autriche à Marie-Thérèse? —De quelle manière Joseph II voulut-il réformer ses Etats? — Pourquoi le pape Pie VI alla-t-il à Vienne? — 140. Quels furent les premiers ministres de Louis XVI? — Indiquez les plans de Turgot : réforme financière, réforme industrielle, réforme commerciale, réforme territoriale et réforme politique. — Quelle fut la cause de la chute de Turgot? — Quels progrès furent accomplis sous le ministère de Necker? — Quels sont les successeurs de Necker? — Pourquoi la convocation des Etats généraux devint-elle nécessaire?

CHAPITRE XII

LES LETTRES, LES ARTS ET LES SCIENCES AU DIX-HUITIÈME SIÈCLE.

141. LES LETTRES. — Quatre prosateurs éminents, *Voltaire*, *J.-J. Rousseau*, *Montesquieu*, *Buffon*, se placent, dans cette période, à la tête des écrivains français. *Le siècle de Louis XIV* et le *Charles XII* de Voltaire, les descriptions d'animaux de Buffon, les *Considérations sur les causes de la grandeur et de la décadence des Romains* de Montesquieu, sont dans toutes les mains, et l'*Esprit des Lois*, chef-d'œuvre de ce dernier, est, à bien des titres, un modèle d'histoire philosophique. Il faut citer ensuite *Le Sage*, à qui nous devons le roman de *Gil-Blas*, *Bernardin de Saint-Pierre*, auteur de la délicieuse et touchante idylle de *Paul et Virginie*; enfin *Beaumarchais*, qui a créé le personnage populaire de Figaro. Dans la poésie, *Voltaire* tient encore la première place par ses *Epîtres*, qu'on peut rapprocher de celles d'Horace, et par quelques-unes de ses tragédies, *Zaïre*, *Mérope*, *Mahomet*. Les fables de *Florian* nous plaisent et nous charment encore après celles de l'inimitable Lafontaine. — Un grand poète, *André Chénier*, fut une des victimes de la Terreur, et les poésies et fragments qui nous restent de lui font vivement regretter qu'il n'ait pu donner à la France des œuvres plus étendues et plus achevées.

L'Angleterre eut en ce siècle un grand historien, *Robertson*; un poète illustre, *Pope*; de célèbres romanciers, *Richardson*, *Goldsmith*, *Daniel de Foë*.

L'Allemagne s'affranchissait alors de l'imitation des auteurs français et se créait une littérature ori-

ginale, pleine de hardiesse et de grandeur. *Klopstock*
composait son poème de la *Messiade*, *Lessing* écrivait ses travaux de haute critique, *Schiller* adoptait
dans ses drames la libre allure de Shakespeare, et
il empruntait le plus beau de tous, *Wallenstein*, aux
guerres récentes de l'Allemagne. *Gœthe* enfin publiait sa belle épopée champêtre d'*Hermann et Dorothée*, et il tirait d'une légende allemande du
seizième siècle le drame de *Faust*, devenu plus célèbre encore.

142. La peinture et la musique.—La peinture, au
dix-huitième siècle, ne donna guère d'œuvres distinguées qu'en France, où les bergères de *Watteau*,
les amours de *Boucher*, les petits drames de *Greuze*,
les marines de *Vernet*, les portraits au pastel de
Latour, s'approchèrent de la perfection dans des
genres secondaires.

L'Allemagne prit en ce temps une place hors ligne
dans l'art musical par les œuvres de piano de *Sébastien Bach*, les oratorios (1) de *Haendel* et de
Haydn, les opéras de *Gluck* et de *Mozart*, les symphonies de *Haydn*, de *Mozart* et de *Beethoven*. De son
côté, l'Italie, où le drame lyrique était né dès le quinzième siècle, produisit alors les opéras de *Picini* et
de *Cimarosa*, et, dans la musique religieuse, le *Stabat*
de Pergolèse. La France enfin, qui, au dix-septième siècle, avait applaudi les opéras du Florentin
Lulli, eut au dix-huitième siècle trois grands compositeurs : *Couperin* pour la musique de piano, *Rameau* et *Grétry* pour le drame lyrique.

143. Les sciences. — Pendant que tant de génies
illustraient les arts et les lettres, les sciences mathé-

---

(1) Oratorio. Cantate à plusieurs personnages, exécutée avec
orchestre sur un sujet pris dans l'Écriture sainte.

matiques et l'astronomie faisaient de rapides progrès. L'Anglais *Halley* déterminait l'orbite et la durée de la marche des comètes ; l'Allemand *Herschell* découvrait la planète Uranus, et un illustre Français, *Laplace,* dans son traité de la mécanique céleste, établissait sur des fondements inébranlables les lois qui président à la marche et à l'équilibre des mondes. Les sciences naturelles se formaient ou se développaient : la zoologie avec *Buffon*, la minéralogie avec *Haüy*, la botanique avec le Suédois *Linné* et *Bernard de Jussieu.* La chimie, se dégageant des souvenirs du moyen âge et de l'alchimie, devenait une science positive avec le grand et malheureux *Lavoisier.* La physique marchait du même pas, sans avoir à subir les mêmes réformes. L'Américain *Franklin* inventait le paratonnerre, l'Italien *Volta* la pile voltaïque, destinée à produire l'électricité, et l'Anglais *Watt* ces puissantes machines à vapeur dont l'usage, devenu général, a révolutionné l'industrie moderne.

QUESTIONNAIRE. — 141. Nommez les principaux écrivains de la France, de l'Angleterre et de l'Allemagne au dix-huitième siècle, et dites quelques mots de leurs œuvres. — 142. Parlez de la peinture française au dix-huitième siècle. — Nommez les grands compositeurs de l'Allemagne et ceux de l'Italie dans la même période. — Quel Italien avait composé pour la scène française au dix-septième siècle ? — Indiquez les grands compositeurs français du dix-huitième siècle. — 143. Parlez des progrès de l'astronomie, des sciences mathématiques, des sciences naturelles, de la chimie et de la physique au dix-huitième siècle.

QUATRIÈME PARTIE

La révolution française. — Napoléon. — Le dix-neuvième siècle (de 1789 à nos jours.)

CHAPITRE PREMIER

L'ASSEMBLÉE CONSTITUANTE (5 MAI 1789-30 SEPTEMBRE 1791.)

144. LES ÉTATS GÉNÉRAUX SE DÉCLARENT ASSEMBLÉE CONSTITUANTE.—Les États généraux se réunirent à Versailles, le 5 mai 1789. Sur toutes les grandes réformes à accomplir, un admirable accord existait, sans distinction d'Ordre, entre es cahiers où étaient exprimés les vœux des électeurs de chaque province. Le dissentiment naquit pourtant aussitôt. Le roi avait accordé au Tiers-Etat, qui représentait les quatre-vingt-seize centièmes de la nation, un nombre de députés double qui lui permît de contre-balancer l'influence des deux Ordres privilégiés (environ 600 sur 1200 à peu près). La conséquence naturelle était le vote par tête, qui assurait la prépondérance au Tiers, au lieu du vote par Ordre, qui l'aurait nécessairement annulé. Pendant cinq semaines, les deux premiers Ordres refusèrent de se réunir à l'autre dans la salle commune pour la vérification des pouvoirs ; et le roi trop faible,

cédant à son entourage, commit de son côté
deux fautes, qui eurent de graves conséquences : 1° celle de ne pas donner lui-même, en
faveurs du Tiers, une solution qui découlait
de son arrêt précédent : il en résulta que cet
Ordre, fatigué à la fin, se déclara *Assemblée
nationale*, sur la motion de *l'abbé Siéyès* (17 juin);
2° celle de paraître alors se mettre du côté des
privilégiés et de vouloir lutter contre le Tiers
par de petits moyens ou par l'intimidation. Il fit
fermer le lieu des séances : les députés se rendirent en cortége à la salle du jeu de Paume,
et tous, sur la proposition de leur président
Bailly, jurèrent de ne se séparer qu'après avoir
donné une constitution à la France (20 juin).
Le jour suivant, pour enlever au Tiers-Etat le
moyen de se réunir, les princes firent retenir
cette nouvelle salle : les députés se rendirent à
l'église Saint-Louis, et un grand nombre de
ceux du clergé vinrent se joindre à eux. Le surlendemain, Louis XVI cassa en séance royale
toutes les décisions du Tiers, menaça les Etats
généraux de les dissoudre, de faire seul le bien
de son royaume, et commanda aux députés de
se séparer. Le clergé et la noblesse obéirent;
mais les députés du Tiers restaient en silence
sur leurs siéges. Quelques moments après, le
grand maître des cérémonies, voyant que l'Assemblée ne se séparait point, vint lui rappeler
l'ordre du roi. « Allez dire à votre maître, ré-
« pondit d'une voix imposante le député *Mira-
« beau*, que nous sommes ici par la volonté du

« peuple, et qu'on ne nous en arrachera que par
« la force des baïonnettes. » « Messieurs, ajouta
« Siéyès, nous sommes aujourd'hui ce que
« nous étions hier : délibérons. » Et l'on déli-
béra. La lutte s'engageait ouvertement entre la
royauté et l'Assemblée nationale ; le roi et les
privilégiés cédèrent, et la fusion des trois Ordres eut lieu (27 juin).

145. PRISE DE LA BASTILLE (14 JUILLET 1789).
— L'ÉMIGRATION. — Les exaltés, les agitateurs,
ne tardèrent pas à s'emparer de la situation.
Ils profitèrent de la concentration de troupes
nombreuses autour de la capitale, et du renvoi
de Necker, le ministre populaire, pour exciter
la multitude ; *Camille Desmoulins*, appela Paris
aux armes, le peuple marcha contre la Bastille,
s'en empara et en massacra le gouverneur
Delaunay avec les Suisses chargés de la défendre (14 juillet). Il fallut que le roi cédât encore.
Necker fut rappelé, Bailly nommé maire de
Paris, la garde nationale organisée, et on en
donna le commandement à *La Fayette*, l'un
des volontaires de la guerre d'Amérique, qui
réunit dans la cocarde de ce corps nouveau les
couleurs rouge et bleue de la cocarde parisienne
à la couleur blanche de la royauté. Ces agitations
eurent encore d'autres conséquences : la cour
et les nobles s'effrayèrent ; le comte d'Artois,
frère du roi, et ses deux fils quittèrent la France,
et l'émigration commença. En même temps, le
pays suivait l'exemple de la capitale, et, dans
les campagnes les paysans incendiaient les

chàteaux et brûlaient les titres de leurs seigneurs. Dès lors, en présence du roi et de la cour, existèrent deux partis bien distincts, qu'il importe de ne point confondre : celui des réformes et celui de l'agitation démagogique ; le parti de la révolution honnête et le parti révolutionaire quand même ; d'un côté, l'Assemblée qui va poser les grands principes restés depuis lors en tête de nos constitutions et au fond de nos codes, et de l'autre, les boute-feux, les instincts pervers, le journalisme pillard et assassin.

146. Nuit du 4 août. — Pour arrêter toutes les violences coupables, il importait de détruire les abus sans retard. Dans la nuit du 4 août, les députés des trois Ordres, rivalisant de patriotisme et de désintéressement, firent à l'envi le sacrifice de tous les priviléges, et décrétèrent la suppression de toutes les inégalités sociales. Peu de jours après, ils ajoutèrent à cet abandon une déclaration solennelle des droits de l'homme.

147. Insurrection des 5 et 6 octobre. — Les agitateurs, à qui l'on enlevait ainsi tout prétexte d'insurrection, en trouvèrent un dans un acte imprudent de la Cour, le repas des gardes du corps de Versailles, où, en présence du roi et de la reine, la cocarde tricolore avait été, disait-on, foulée aux pieds. Dans les journées des 5 et 6 octobre, Maillard entraîna à Versailles la populace des faubourgs ; la reine *Marie-Antoi-*

nette (1) fut menacée, et le roi ramené à Paris avec sa famille. L'Assemblée constituante l'y suivit ; et dès lors ni lui ni elle n'eurent plus de véritable puissance, placés qu'ils étaient sous la pression des clubs et de l'émeute.

148. CONSTITUTION DE 1791. — On continua pourtant le grand travail de la Constitution commencée depuis la fusion des Ordres. Cette Constitution donna au pays, avec une assemblée permanente renouvelée tous les deux ans, sa part dans le gouvernement ; mais elle annulait en quelque sorte le chef de l'État, en lui interdisant la proposition des lois, et en ne lui laissant que le droit de les suspendre par son *veto* (2) pendant les quatre années qui suivaient le vote. Chaque administration, militaire, religieuse, judiciaire, financière, avait eu jusqu'alors ses divisions spéciales parfaitement distinctes : l'Assemblée remplaça les vieilles démarcations provinciales de la France par une division en 83 départements, dont les noms, empruntés aux accidents géographiques, ne rappelaient aucune tradition locale, et, d'après cette division, s'organisèrent uniformément tous les services. Elle fit élire par les citoyens les fonctionnaires de tout ordre, même les magistrats, qui perdaient ainsi devant leurs électeurs l'indépendance que doit toujours conserver le

---

(1) Marie-Antoinette était la fille de l'impératrice Marie-Thérèse.

(2) Ce mot latin veut dire : je m'oppose.

juge, même les évêques et les curés, dont la doctrine et les vertus étaient par là soumises à d'étranges appréciateurs. Le clergé fut dépouillé des biens qu'il tenait depuis des siècles de la générosité des fidèles, et ses biens servirent de garantie aux *assignats* avec lesquels l'Etat acquittait sa dette. De plus, *la Constitution civile du clergé* établit une nouvelle répartition des diocèses sans l'assentiment du pape, supprima l'institution canonique des évêques par le Saint-Siége, et fit naître ainsi un regrettable schisme.

149. FUITE DU ROI. — COALITION DE PILNITZ. — Louis XVI n'avait accepté que malgré lui plusieurs des décrets ; les uns le blessaient dans son autorité comme roi, les autres dans sa conscience comme chrétien. Tous les hommes qui auraient pu lui alléger la lourde tâche du gouvernement disparurent : Necker, reculant devant les difficultés, donna de nouveau sa démission ; Mirabeau mourut au moment où, se rapprochant de la cour, il voulait arrêter la Révolution dans ses entraînements et donner à ce terrible mouvement la direction modératrice qui lui avait toujours manqué (avril 1791). Le roi voulut fuir avec sa famille à l'étranger, où l'émigration, de plus en plus active, cherchait à soulever toutes les cours contre la France. Reconnu par le maître de poste Drouet et arrêté à Varennes en Champagne (21 juin 1791), il fut ramené dans la capitale. Le mois suivant, les meneurs du peuple demandèrent

sa déchéance, et le sang coula encore une fois au Champ de Mars, parce que l'Assemblée, Bailly et La Fayette s'y opposaient (17 juillet 1791).

En se séparant (30 septembre 1791), l'Assemblée constituante, par une abnégation imprudente, interdit la réélection de ses membres à l'assemblée nouvelle : c'était faire la place plus grande au parti révolutionnaire et démagogique. La guerre civile était imminente. Au dehors, l'empereur Léopold II et le roi de Prusse Frédéric-Guillaume II, excités par les émigrés, venaient de préparer par la convention de Pilnitz en Saxe (26 août 1791) l'invasion de la France.

QUESTIONNAIRE. — 144. Date précise de la réunion des Etats généraux. — D'où naquit le dissentiment entre les Ordres privilégiés et le Tiers-Etat ? — Quelles fautes de Louis XVI mirent le Tiers-Etat en lutte avec la royauté, et comment cette lutte se termina-t-elle ? — 145. Racontez la prise de la Bastille, et indiquez les conséquences de cette insurrection. — Ne faut-il pas ranger en deux catégories très-distinctes les partisans de la Révolution ? — 146. Qu'eut de remarquable la nuit du 4 août 1789 ? — 147. Quels furent l'occasion et les résultats des journées des 5 et 6 octobre ? — 148. Comment l'Assemblée organisa-t-elle le gouvernement ? — Quelle fut la division nouvelle du territoire ? — Quel fut le mode de nomination des fonctionnaires ? — Quelle conséquence amenèrent la spoliation des biens de l'Eglise et la constitution civile du clergé ? — 149. Quels motifs poussèrent Louis XVI à quitter la France, et quel fut le résultat de sa tentative ? — Quelle insurrection nouvelle eut lieu après son retour ? — Quelle mesure imprudente prit l'Assemblée en se séparant ? — Quelles étaient les dispositions de l'étranger pour la France ?

CHAPITRE II

L'ASSEMBLÉE LÉGISLATIVE (1er OCTOBRE 1791-21 SEPTEMBRE 1792.)

150. LA DROITE, LA GIRONDE ET LA MONTAGNE. — L'Assemblée législative, composée tout entière d'hommes nouveaux (745) et qui, au lieu de deux ans, eut à peine un an d'existence, fut divisée entre trois partis : la droite, qui voulait la constitution de 1791, ou la monarchie très-limitée qu'avait créée la Constituante ; la gauche ou la *Gironde* (Vergniaud, Guadet, Gensonné, Barbaroux, Isnard, etc.); l'extrême gauche ou la *Montagne*, peu nombreuse, mais soutenue au dehors par la populace et les clubs, et surtout par le club des Jacobins (1). Les Girondins et les Montagnards voulaient, à l'aide des émeutes et en s'appuyant sur un pouvoir nouveau, le pouvoir de la rue, renverser la monarchie et fonder la République ; mais les premiers, avec plus d'imagination et d'éloquence que d'esprit pratique et de raison, croyaient pouvoir un jour s'arrêter sur cette route sanglante, contenir la Révolution après l'avoir déchaînée, exercer le pouvoir avec la portion éclairée du peuple ou de la bourgeoisie, laisser aux départements leur influence légitime, et peut-être faire de la

_____

(1) Ainsi nommé, parce qu'il s'était installé dans le couvent des Jacobins de la rue Saint-Honoré.

France une fédération à l'imitation des Etats-Unis : les autres, fanatiques d'anarchie et de licence, ou intéressés par leur ambition et leurs convoitises à maintenir le pays dans ce triste état, ne voyaient dans la République, qu'ils déclaraient une et indivisible, que la domination de la populace de Paris et de ses meneurs sur le reste de la France.

151. La guerre déclarée a l'Autriche.—Après des décrets plus que sévères contre les prêtres qui refusaient le serment à la Constitution et contre les émigrés, l'Assemblée poussa Louis XVI à prévenir par une résolution énergique les puissances qui menaçaient la France. La guerre fut déclarée (20 avril 1792,) à l'empereur François II par le ministère girondin qui venait de s'imposer au roi (Dumouriez, Roland, Servan, etc.); l'invasion des Pays-Bas autrichiens fut décidée; mais dès le début, l'échec de Quiévrain (près Mons) devint encore un moyen d'exciter la populace, qui s'organisa contre la cour en sections armées. Une insurrection nouvelle était prête : elle fut déterminée : 1° par le refus du roi de sanctionner deux décrets, dont l'un condamnait à la déportation les prêtres insermentés, tandis que l'autre décidait la formation d'un camp de 20,000 patriotes des départements, qui seraient devenus, sous les murs de Paris, une nouvelle force contre la royauté; 2° par le renvoi de trois ministres girondins. Le 20 juin, la foule (20,000 à 30,000 personnes environ) vint réclamer de

l'Assemblée la déchéance de Louis XVI : elle voulut ensuite, aux Tuilleries, arracher la sanction des décrets, mais sans pouvoir l'obtenir du prince, resté ferme et digne en face de l'émeute.

152. Journée du 10 août. — Le roi prisonnier au Temple.—Moins de deux mois après (10 août 1792), la populace reprit cette tentative avortée ; et cette fois, les meneurs prirent pour prétexte l'insolent manifeste du duc de Brunswick, général de la coalition, qui menaçait du supplice des rebelles tout ce qui oserait résister, et Paris « d'une subversion totale » (25 juillet). L'Assemblée fut de nouveau sommée de prononcer la déchéance ; les Tuileries furent envahies, saccagées, les Suisses massacrés ; la Législative prononça la suspension des pouvoirs du roi, qui s'était réfugié dans son sein et qui fut enfermé au Temple, et elle décréta la convocation d'une Convention nationale pour faire une nouvelle Constitution.

153. La commune de Paris. — Massacres de septembre. — Le seul pouvoir réel fut alors la municipalité parisienne, la commune insurrectionnelle, qui, pendant l'émeute, s'était installée à l'Hôtel de Ville avec le sanguinaire *Marat*. Son premier acte fut le massacre des prisons. Sur le bruit d'une conspiration tramée par les royalistes au sein de Paris pour livrer la capitale aux Prussiens, maîtres de Longwy (Moselle), *Danton*, ministre de la justice, s'entendit avec Marat pour égorger tous les détenus en-

tassés dans les prisons. « Il faut, disait Danton, « il faut faire peur aux royalistes... De l'audace, « encore de l'audace, et toujours de l'audace ! » Des bandes de massacreurs furent soudoyés ; à la Force, à l'Abbaye, aux Carmes, ailleurs encore, le sang coula à flots pendant quatre jours, et l'on compte plus d'un millier de victimes (du 2 au 5 septembre). Peu de jours après (20 septembre), la victoire remportée par *Kellermann* et *Dumouriez* à Valmy (Marne) sauvait la France et repoussait les Prussiens, qui venaient d'occuper Verdun. Quant à la royauté de Louis XVI, elle était perdue. La Fayette, son dernier défenseur, avait songé un instant à faire de son armée un centre de résistance pour le soutenir contre l'émeute. Mais, abandonné par elle, il avait fui à travers les rangs ennemis, il était prisonnier des Prussiens.

QUESTIONNAIRE. — 150. Indiquez le nombre et le caractère politique des partis dans l'Assemblée législative. — 151. Quand et par quelle initiative commença la guerre ? — Le début en fut-il heureux ? — Quelles causes amenèrent la journée du 20 juin ? — 152. Racontez, avec ses causes et ses résultats, la journée du 10 août. — 153. Sous quelle direction se trouva alors placé Paris ? — Racontez les massacres de Septembre, et indiquez-en les auteurs. — Quelle victoire sauva la France de l'invasion ? — Quelle était la situation de la royauté quand se sépara l'Assemblée législative ?

CHAPITRE III

LA CONVENTION (21 SEPTEMBRE 1792-26 OCTOBRE 1795).

154. LA RÉPUBLIQUE. — PROCÈS ET MORT DE LOUIS XVI. — La Convention, réunie le 21 septembre 1792, proclama la République dès le premier jour, et elle fit de cette proclamation le début d'une ère nouvelle, en datant désormais ses actes de l'an Ier, de l'an II de l'an III de la République française. Mais, dès le premier jour aussi, commencèrent des luttes pasionnées entre la Gironde et la Montagne : cette dernière était dirigée par l'ambitieux *Robespierre*, le fougeux *Danton*, et le monstrueux *Marat* qui demandait 270,000 têtes pour le moins.

Le second acte de la Convention fut le procès de Louis XVI, au mois de décembre suivant. C'était tout ensemble une bravade à la coalition étrangère, à qui Danton voulait « jeter en défi « une tête de roi », et un piége tendu par les Montagnards aux Girondins, qu'on espérait voir se perdre aux yeux de la multitude en montrant quelque désir de sauver Louis XVI. Ils ne firent que de timides efforts, et le malheureux roi fut en vain défendu par le vénérable Malesherbes, le savant Tronchet et le jeune avocat de Sèze. La constitution de 1791 aurait dû le protéger, car il y était dit que, dans le

13

cas le plus grave, c'est-à-dire si 'le roi portait les armes contre sa patrie, la peine serait la déchéance ; or, bien qu'il ne se fût point armé contre la France, la déchéance était déjà prononcée. Déclaré coupable de conspiration, il fut condamné à mort par 433 voix sur 721. On l'exécuta le 21 janvier 1793, au milieu d'un appareil de guerre formidable et de la morne stupeur de Paris. Le *roi martyr* mourut avec une fermeté toute chrétienne, en protestant sur l'échafaud de son innocence, et en faisant un dernier vœu pour le bonheur des Français.

155. L'EUROPE COALISÉE CONTRE LA FRANCE JUSQUE-LA VICTORIEUSE. — LA VENDÉE SOULEVÉE. — L'exécution de Louis XVI amena sur la France de nombreux dangers.

Dans les quatre premiers mois de la Convention (septembre 1792 à fin janvier 1793), la France avait repris l'offensive. La défense héroïque de Lille, en vain bombardée, avait écarté les Autrichiens, comme la canonnade de Valmy avait naguère repoussé les Prussiens ; et la victoire de Jemmapes, remportée par Dumouriez sur les Autrichiens en novembre 1792, nous avait livré la Belgique entière. A l'est, plusieurs villes du bassin du Rhin, Spire, Worms, Mayence, avaient été prises par Custine, qui voulait par cet exemple détacher de l'Autriche les petits Etats de l'Empire. Le roi de Sardaigne avaient été puni de son accession à la ligue par la perte de la Savoie et du comté de Nice, dont on avait fait deux départements français. La mort du roi changea cette belle situation : dans les quatre mois qui la suivirent, tout fut compromis, et les périls devinrent effrayants au dedans et au dehors.

A l'extérieur, au lieu d'avoir seulement à lutter contre l'Autriche, la Prusse et le roi de Sardaigne, la France vit encore se prononcer contre elle les puissances qui jusqu'alors avaient hésité, et se former une immense coalition qui la cerna de tous côtés : dans toute l'Europe, soulevée par le ministre anglais William Pitt, quelques puissances secondaires à peine restaient encore neutres, et la Russie, sans prendre une part active aux hostilités, s'alliait aux ennemis de la France. — D'autre part, en traitant ses généraux comme des suspects, et en plaçant à côtés d'eux des représentants en mission chargés de les surveiller, la Convention amena les armées à discuter les ordres du chef au lieu de lui obéir. Dans les premiers temps, les conséquences de cette mesure furent désastreuses, et les revers remplacèrent les succès. La Convention, prévenant ses ennemis, déclara elle-même la guerre au roi d'Angleterre Georges III, qui préparait des armements et excitait contre nous le stathouder de Hollande. Mais cette fois, Dumouriez, battu par les Autrichiens à Neerwinden, perdit la Belgique, et il passa à l'ennemi pour sauver sa tête. Custine, sans cesse préoccupé de se défendre contre ses accusateurs, perdit de même toutes les villes allemandes qu'il avait récemment conquises ; il fut arrêté, et condamné peu de temps après à mourir sur l'échafaud. Les frontières de la France étaient maintenant menacées.

A l'intérieur, aux luttes incessantes de la Gironde et de la Montagne au sein de l'Assemblée, se joignit le soulèvement de la Vendée et de la Bretagne. A la tête de cette formidable insurrection, où toutes les classes se confondaient dans les mêmes sentiments de foi chrétienne et d'amour du roi, étaient les nobles Bonchamps, d'Elbée, Lescure, La Rochejacquelein, Talmont, l'officier de marine Charette, le garde-chasse Stofflet, le voiturier Cathelineau, nommé généralissime. Les 40,000 Vendéens, divisés en trois corps, battirent plus d'une fois les généraux de la République.

156. LE TRIBUNAL RÉVOLUTIONNAIRE ET LE COMITÉ DE SALUT PUBLIC. — En présence de la guerre étrangère et de la guerre civile également menaçantes, les Montagnards de la Convention s'entendirent avec la Commune et ses chefs, Marat et *Hébert*, dit le Père Duchesne, du nom de l'infâme journal qu'il rédigeait ; ils voulurent être complètement maîtres de la situation, et accabler la Gironde, qui s'élevait en vain énergiquement contre les hideuses déclamations des anarchistes. Ils firent avant tout décréter la création d'un tribunal sans appel, qu'on appela le *tribunal révolutionnaire*, et celle d'une dictature de neuf membres, Robespierre en tête, sous le nom de *Comité de salut public*. Puis, ils appelèrent comme toujours la po-

pulace à leur aide, et les journées du 31 mai et du 2 juin (1793) amenèrent l'arrestation de 31 députés girondins. Danton lui-même, l'un des instigateurs de l'émeute, s'indignait de voir Marat et Henriot, à la tête de 80,000 hommes, braquer des canons contre la Convention nationale.

157. La Terreur. — La Montagne alors fut seule maîtresse, mais les dangers devinrent plus terribles. Un soulèvement girondin éclata en Normandie ; Bordeaux, Lyon, Marseille, Toulon, tout le Midi, plus de soixante départements se prononcèrent contre la Convention. Le Comité de salut public répondit à ces protestations des trois quarts de la France par l'abominable régime de la Terreur (31 mai 1793 au 27 juillet ou 9 thermidor 1794).

La guillotine en permanence, et la loi qui décrétait l'emprisonnement de tous les suspects, furent les deux moyens de gouvernement du Comité de salut public. La reine Marie-Antoinette fut envoyée la première à la mort par le tribunal révolutionnaire, et ne se montra ni moins resignée ni moins courageuse que Louis XVI ; Madame Élisabeth, sœur du roi, dont la vie avait été celle d'une sainte, ne tarda pas à la suivre ; le vieux Malesherbes, les Girondins Brissot et Vergniaud ; madame Roland, femme de l'ancien ministre, qui était comme l'inspiratrice du parti, le président de la Constituante Bailly ,furent sacrifiés à leur tour. Le duc d'Orléans ne fut protégé ni par son nom nouveau de *Philippe-Égalité*, ni par son vote à la Convention pour la mort de Louis XVI. Custine et d'autres généraux avec lui ne le furent point davantage par leurs victoires ; le fondateur de la chimie moderne, Lavoisier, par sa science et ses découvertes ; le poëte André Chénier, par le génie naissant qui promettait une gloire à la France. Dans les provinces, les instincts féroces des Carrier à Nantes, des Lebon à Arras, des Maignet dans le Midi, mirent à l'ordre du jour les échafauds, les noyades et les mitraillades ; ni l'obscurité, ni le sexe, ni l'âge ne furent une sauvegarde ; et, en même temps que périssait la reine, en même temps que mourait à dix ans son jeune fils Louis XVII, épuisé par les mauvais traitements de ses gardiens, des milliers de femmes et d'enfants étaient envoyés à la mort.

La Vendée et la Bretagne, un instant heureuses dans leur insurrection, avaient été écrasées, et l'ordre d'incendier et de dépeupler ces provinces avait été mis sans pitié à exécution. En vain, pour affranchir la France de ce despotisme sanguinaire, une jeune fille, *Charlotte Corday*, poignarda l'odieux Marat, qu'elle regardait comme l'inspirateur de tous ces forfaits : elle ne fit qu'exalter davantage encore la populace dont ce monstre était l'idole ; en vain Lyon appela le roi de Sardaigne, et Toulon se livra à l'Angleterre, les deux villes furent atrocement punies, et la Terreur resta toute-puissante.

158. VICTOIRES DE 1793 ET DE 1794.—Pendant que l'échafaud comprimait en France les senti-

ments et les courages, nos généraux et nos soldats déployaient une énergie et une ardeur sans égales contre les forces de l'Europe coalisée. Un membre du Comité du salut public, le savant *Carnot* (1), envoyait à nos armées leurs plans de campagne, et l'habileté de nos généraux, la valeur de nos soldats, faisaient le reste. Les victoires de Houchard sur les Anglais à Hondschoote et de Jourdan sur les Autrichiens à Wattignies délivrèrent la frontière du Nord (1793). De nouveau vainqueur à Fleurus l'année suivante, Jourdan prit aux Autrichiens les provinces belges, jusqu'au cours du Rhin où il s'empara de Cologne, et Pichegru, au cœur de l'hiver, se rendit maître de la Hollande. Au nord-est, Hoche, vainqueur des Prussiens à Wissembourg, prit Spire et Worms, sur le Rhin, en 1793, et, poursuivant l'ennemi au delà du fleuve, alla lui-même hiverner dans le Palatinat. L'armée des Alpes et celle des Pyrénées, sans envahir de même les pays ennemis, maintinrent du moins l'intégrité de nos frontières contre les Piémontais et les Espagnols.

Sur les mers seulement, où nous manquions d'officiers capables, les Anglais s'emparèrent du peu de colonies que nous avions encore, et ils vainquirent à Brest l'amiral Villaret-Joyeuse, après trois jours de lutte acharnée.

---

(1) C'est à Carnot qu'est due la fondation de l'École polytechnique (1794).

159. DIVISIONS DE LA MONTAGNE. — CHUTE DE ROBESPIERRE (9 THERMIDOR). — A l'intérieur, les luttes n'étaient point finies encore, et le parti montagnard, après avoir accablé ses adversaires, se déchirait maintenant de ses propres mains. Robespierre envoya successivement à l'échafaud le parti ultra-démagogique d'Hébert et de la Commune ; puis celui de Danton et de Camille Desmoulins, qui revenaient un peu tard aux idées de modération. Lui-même à son tour fut renversé 9 thermidor (27 juillet 1794) par la jalousie des hommes qui l'avaient jusque-là secondé. Il fut exécuté le lendemain avec quelques-uns de ses partisans. Ceux qui avaient le plus contribué à sa chute, les Collot d'Herbois, les Billaud-Varennes, bien qu'ils eussent leur grande part de toutes les mesures sanguinaires de la Convention, furent contraints de céder à l'opinion publique, et la Terreur fut arrêtée.

160. FIN DE LA CONVENTION. — CONSTITUTION DE L'AN III. — La Convention dura encore un an, jusqu'au 26 octobre 1795. Trois faits doivent être remarqués dans cette dernière période:

1° Les traités conclus avec la Prusse, la Hollande et l'Espagne (avril à juillet 1795): la Prusse abandonnait à la France ses possessions de la rive gauche du Rhin ; la Hollande lui cédait la Flandre hollandaise au sud de l'Escaut, et une partie du Limbourg, et elle faisait avec nous une alliance offensive contre l'Angleterre; l'Espagne enfin nous livrait la portion espagnole de l'île Saint-Domingue.

2° Le triomphe de la Convention sur les derniers efforts des partis hostiles. La tentative des Jacobins n'eut d'autre résultat que de faire condamner à la déportation quelques-uns des terroristes (Collot d'Herbois, Billaud-Varennes, Barrière, etc). Les émigrés, débarqués en Bretagne pour soulever la province, furent vaincus par Hoche dans la presqu'île de Quiberon (1795). L'insurrection royaliste de Paris au 13 vendémiaire (5 octobre 1795) fut réprimée par le jeune général *Bonaparte*, qu'on avait distingué déjà à la tête de l'artillerie au siége de Toulon.

Ce général, à qui étaient réservées de si hautes destinées, était né à Ajaccio (Corse) en 1769, un an après la cession de cette île à la France par les Génois.

3° La Constitution dite Constitution de l'an III; elle donnait le pouvoir législatif à deux conseils électifs, celui des Cinq-Cents et celui des Anciens, et le pouvoir exécutif à un Directoire de cinq membres, désignés par les Anciens, sur la présentation des Cinq-Cents, et renouvelés tous les ans par cinquième.

QUESTIONNAIRE. — 154. Quand se réunit et quand se sépara la Convention nationale? — Quel fut son premier acte? — Parlez de l'ère nouvelle instituée par la Convention. — Racontez, avec les dates, le procès et la mort de Louis XVI. — 155. Résumez l'histoire des guerres dans les quatre premiers mois de la Convention. — Quel effet la mort du roi produisit-elle sur l'Europe? — Par quelle mesure la Convention chercha-t-elle à fortifier son action sur les armées, et quel en fut le résultat? —

13.

Indiquez les revers de la France dans les quatre premiers mois de 1793. — Quels soulèvements intérieurs amena l'exécution de Louis XVI? — Donnez les noms des principaux chefs vendéens. — 156. Quelle dictature fit alors créer la Montagne? — But et résultat des journées du 31 mai et du 2 juin. — 157. La chute des Girondins délivra-t-elle la Montagne de toute opposition? — Quel régime institua alors le Comité de salut public? — Enumérez les principales victimes de la Terreur. — Dites quelques mots de l'action des terroristes dans les provinces. — Quel fut le sort des résistances de la Vendée, de Lyon et de Toulon? — Comment périt Marat? — 158. Racontez les victoires et les conquêtes des armées françaises pendant le gouvernement de la Terreur. — La marine française avait-elle le même succès? — Rappelez les termes du rapport de Carnot sur les résultats de cette campagne. — 159. Montrez comment périrent les uns après les autres tous les chefs de la Montagne. — Donnez la date de la chute de Robespierre et de la fin de la Terreur. — 160. Quels traités conclut dans sa dernière année la Convention nationale? — De quels ennemis triompha-t-elle encore à l'intérieur? — Quels pouvoirs établit la Constitution de l'an III?

CHAPITRE IV

LE DIRECTOIRE (27 OCTOBRE 1795-9 NOVEMBRE 1799.)

161. CONSPIRATION CONTRE LE DIRECTOIRE. — Le Directoire dura du 27 octobre 1795 au 9 novembre 1799, et, à part Carnot, tous les directeurs dans ces quatre années furent des hommes de second ordre; leur gouvernement, sans force et sans prestige, fut plus d'une fois menacé par les conspirations démagogiques ou royalistes. Le communiste *Babeuf*, qui réclamait un partage égal de tous les biens et qui, avec son club du Panthéon, avait cherché à séduire les troupes à ses idées, prévint, par une mort volontaire, la condamnation portée contre lui. Pour triompher d'une réaction royaliste, à laquelle Carnot lui-même s'était rattaché, il fallut que le Directoire recourût à un coup d'Etat, et fît arrêter et déporter en Guyane, avec deux de ses membres et le général Pichegru, cinquante-trois députés des deux conseils et vingt-sept journalistes de Paris (18 fructidor).

162. Campagne d'Italie (1796). — Traité de Campo-Formio. — Les républiques nouvelles sous l'influence de la France. — Sous le gouvernement faible et méprisé du Directoire, comme au temps de la Convention, la victoire resta fidèle au drapeau de nos armées.

Trois des nations coalisées, la Prusse, la Hollande et l'Espagne, avaient fait la paix avec la France; mais trois autres, l'Angleterre, l'Autriche et la Sardaigne, continuaient la guerre. L'immortelle campagne d'Italie de 1796 contraignit les deux dernières à y renoncer.

Carnot avait conçu l'audacieuse idée d'attaquer l'Autriche au cœur même de ses Etats et de jeter en même temps sur Vienne trois armées, l'une qui s'y rendrait avec Jourdan en suivant la vallée du Mein (1), l'autre qui longerait le

---

(1) Affluent de la rive gauche du Rhin dans lequel il se jette à Mayence.

Danube avec Moreau, la troisième que Bonaparte conduirait au nord de l'Italie à travers les montagnes du Tyrol. Le plan échoua de deux côtés : Jourdan fut battu à Wurtzbourg en Bavière, Moreau fut aussi contraint de reculer, mais les éclatantes victoires de l'armée d'Italie suffirent à elles seules pour réduire l'Autriche à une paix humiliante.

Bonaparte, avec 30,000 hommes « mal nourris et presque nus », pénétra hardiment dans l'Italie du Nord, où il devait trouver tout ensemble les armées du roi de Sardaigne et celles de l'Autriche, maîtresse du Milanais. Dès le début, il eut en présence 90,000 coalisés : les victoires de Montenotte et de Millesimo séparèrent l'armée sarde et l'armée autrichienne, qui coururent défendre leurs capitales, Turin et Milan. Tournant alors à gauche, Bonaparte, par la victoire de Mondovi et le traité de Cherasco, mit le Piémont hors de cause : entre autres conditions, le roi de Sardaigne y reconnaissait comme possessions françaises le comté de Nice et la Savoie. De nouveaux succès, à Lodi où le triomphe nous donna Milan et la Lombardie entière, à Arcole où le combat dura trois jours, à Rivoli où l'armée de Bonaparte était de moitié moindre que celle qu'il battit, bien d'autres victoires encore écrasèrent l'une après l'autre toutes les armées que l'Autriche lui opposa. Bonaparte, franchissant les Alpes, entra dans le Tyrol et marcha sur Vienne ; l'empereur

François II effrayé signa la paix de Campo-Formio (Vénétie, 17 octobre 1797), et la coalition se trouva enfin dissoute. L'Autriche reconnaissait la république cisalpine, qui n'était autre chose que la province de Lombardie qu'on venait de lui enlever, et elle renonçait en faveur de la France à tout droit sur les provinces belges. En échange de ces nombreux sacrifices, la France lui abandonnait le territoire de Venise, qui disparut ainsi du rang des nations, en châtiment du massacre des Français connu sous le nom de Pâques véronnaises ; les îles greco-vénitiennes (Corfou, etc. passaient de la dépendance de Venise sous celle de la France qui en fit trois départements. Presque sur tous les points, la France reprenait alors les vieilles limites gauloises du Rhin et des Alpes ; en outre, son action ou son influence transforma en république un grand nombre de petits Etats voisins : au nord, la Hollande devint la république batave; les cantons suisses, républicains de longue date, se transformèrent sous le nom nouveau de république helvétique, et ils cessèrent d'être le centre des émigrés pour suivre l'impulsion que leur imprimait la France ; Gênes fut la république ligurienne ; Rome enfin, après le meurtre de l'ambassadeur français, devint la république romaine ; Avignon et le Comtat-Venaissin furent réunis à la France, et le pape Pie VI, âgé de quatre-vingts ans, fut emmené à Valence en Dauphiné où il ne tarda pas à mourir.

163. Expédition d'Egypte. — Un seul ennemi restait, l'Angleterre, et le vainqueur de l'Italie fut chargé de cette guerre nouvelle. Renonçant à l'idée d'un débarquement en Angleterre, qui pour le moment lui paraissait difficile, il conçut le hardi projet de combattre la puissance anglaise à l'extrême Orient en ruinant sa domination dans les Indes. Ses yeux se portèrent sur l'Egypte, qui ne dépendait que nominalement de la Turquie et où il serait aisé, pensait-il, de renverser l'autorité des Mamelucks qui en étaient les vrais maîtres. L'Egypte une fois française, il pourrait facilement s'entendre avec le vieil adversaire des Anglais dans l'Hindoustan, Tippoo-Saëb, sultan de Mysore, et détruire le vaste empire que l'Angleterre y avait fondé.

Parti de Toulon en mai 1798, Bonaparte prit en passant Malte à ses chevaliers, qui allèrent demander un asile à l'empereur de Russie, débarqua près d'Alexandrie et s'en rendit maître. Déjà il avait culbuté en plus d'une rencontre la cavalerie des Mamelucks, quand se livra près du Caire la sanglante bataille des Pyramides. « Soldats, dit Bonaparte à son armée, « du haut de ces pyramides quarante siècles « vous contemplent », et les Mamelucks perdirent 10,000 des leurs et furent écrasés à pouvoir à peine s'en relever. En même temps, il se posait en protecteur de la population indigène contre ses maîtres détestés; il faisait respecter les propriétés et la religion des musulmans, et ce bon accord avec les Egyptiens était d'autant plus nécessaire que la flotte française venait d'être détruite dans la rade d'Aboukir par l'amiral anglais Nelson. La Turquie cependant envoyait des troupes pour résister à l'invasion française, et Bonaparte marcha vers la Syrie où il espérait soulever en sa faveur les populations chrétiennes de la Palestine et du Liban. Il prit Gaza et Jaffa, battit les Turcs au mont Thabor, mais ne put s'emparer de Saint-Jean d'Acre. Apprenant alors que la Turquie envoyait des troupes en Egypte, il reprit la route du Caire et alla les battre à Aboukir. Mais les nouvelles d'Occident ne tardèrent pas à le rappeler, et il laissa à Kléber le gouvernement de la conquête (22 août 1799).

164. SECONDE COALITION CONTRE LA FRANCE. — LE 18 BRUMAIRE. — La création de la république batave, des républiques d'Italie, et surtout l'enlèvement du pape et la proclamation de la république à Rome, avaient ému toute l'Europe, et, à peine la première coalition était-elle dissoute, qu'une seconde se reforma. Cette fois encore c'était à la voix de l'Angleterre, et toutes les puissances, sauf la Prusse et l'Espagne, en faisaient partie. Un odieux attentat, l'assassinat de trois plénipotentiaires français à Rastadt (Bavière), avait été le signal de la guerre, et les deux conseils l'avaient aussitôt déclarée. Heureuse d'abord en Italie, elle avait fait du royaume de Naples une république nouvelle, la république parthénopéenne; mais bientôt les troupes de l'Autriche et de la Russie

étaient arrivées dans la Péninsule, avaient repris la Lombardie, et forcé les Français à repasser les Alpes. Jourdan n'avait pas mieux réussi en Allemagne, mais du moins la victoire de Brune à Berghen (Hollande) et celle de Masséna à Zurich (Suisse) avaient garanti nos frontières nouvelles et amené la Russie à se détacher de la coalition. — Aux dangers de la guerre s'ajoutaient l'impuissance du Directoire, qui n'obtenait pas la majorité au sein des conseils, les divisions entre les Anciens et les Cinq-Cents, l'anarchie du pays, où les agitations recommençaient dans le Midi et dans l'Ouest.

Bonaparte arriva à Paris; tous les partis le recherchèrent, et tous les amis de l'ordre accueillirent avec enthousiasme le héros qu'ils regardaient comme l'homme nécessaire de la situation. Dans cet état des esprits, la direction du pays ne pouvait tarder à être confiée à sa main puissante, mais au lieu de l'attendre, il la prit. D'accord avec deux directeurs, Sieyès et Ducos, et un certain nombre des Anciens, il attaqua ouvertement devant ce conseil la constitution de l'an III et le gouvernement du Dictoire; et les Anciens applaudirent. Au conseil des Cinq-Cents, il fut accueilli par les cris de Hors la loi! à bas le dictateur! Un peloton de troupes commandé par le général Leclerc envahit alors le salle, et ce fut la baïonnette dans les reins que les députés la quittèrent (18 brumaire, 9 novembre 1799). Volontairement ou forcément les cinq directeurs s'étaient retirés, et on nomma à leur place trois consuls provisoires, Bonaparte, Sieyès et Ducos.

Le 18 brumaire était un coup de main de l'armée, comme le 31 mai avait été un coup de main de la multitude, comme le 18 fructidor avait été un coup de main du pouvoir exécutif; et devant l'armée, devant le pouvoir exécutif et devant la multitude, la représentation nationale devait rester toujours indépendante et respectée. Mais ces attaques à l'inviolabilité de l'Assemblée nationale avaient été si fréquentes depuis 1789 qu'on s'était habitué à ne plus les juger que par leurs résultats, et le 18 brumaire, qui semblait présager l'ordre au dedans et la victoire au dehors, fut accueilli avec enthousiasme par toute la France.

QUESTIONNAIRE. — 161. Quelle fut la durée du Directoire? — Que savez-vous de Babeuf et de ses doctrines? — Comment le Directoire triompha-t-il de la réaction royaliste? — 162. Quelles puissances restaient encore en armes contre la France? — Exposez le plan de Carnot contre l'Autriche? — Comment ce plan échoua-t-il en Allemagne? — Racontez, avec le traité qui la termina, la campagne d'Italie de 1796. — Quelles républiques se formèrent dans le voisinage de la France après la campagne d'Italie? — 163. — Que restait-il de la coalition formée contre la France? — Quel projet conçut Bonaparte contre l'Angleterre? — Racontez la campagne d'Egypte. — 164. Comment et pourquoi, pendant cette campagne, une seconde coalition s'était-elle formée contre la France? — Résumez l'histoire de la guerre pendant la campagne d'Egypte. — Quelles victoires protégèrent les frontières de la France? — Situation intérieure de la France à la fin du Directoire. — Racontez et appréciez la journée du 18 brumaire.

CHAPITRE V

LE CONSULAT (10 NOVEMBRE 1799. 18 MAI 1804.)

165. CONSTITUTION DE L'AN VIII. — RÉORGANISATION ADMINISTRATIVE. — Proclamant l'oubli du passé et la réconciliation des partis, le Consulat décréta le retour des prêtres et une amnistie en faveur des émigrés. Le 24 décembre 1799, une nouvelle constitution, dite de l'an VIII, fut votée par trois millions de citoyens. Le pouvoir exécutif était confié au premier consul ; deux autres consuls, nommés pour la forme n'avaient que des attributions secondaires. Le pouvoir législatif était partagé entre trois Assemblées : le Conseil d'État qui préparait les lois, le Tribunat qui les discutait, et le Corps législatif qui les votait ; le Sénat, primitivement nommé par les consuls, était chargé de veiller au maintien de la Constitution et choisissait lui-même, parmi les candidats nationaux, les membres du Tribunat et du Corps législatif. Maître du pouvoir législatif, le Consulat l'était aussi de la nation par une centralisation vigoureuse dans tous les ordres d'administration, politique, judiciaire et financière.

166. CAMPAGNE DE MARENGO (1800). — PAIX DE LUNÉVILLE ET D'AMIENS (1801, 1802). — Soit à l'extérieur, soit à l'intérieur, il faut le reconnaître, le Consulat fut un gouvernement réparateur et fit de grandes choses.

Quand Bonaparte, nommé premier consul, prit en main la direction des affaires, la seconde coalition était toujours menaçante, et deux grandes puissances, l'Autriche et l'Angleterre refusaient de poser les armes. Tandis que Moreau attaquait l'Autriche sur le Rhin, Bonaparte, à la tête de 40,000 hommes, marcha sur l'Italie, et il inaugura cette brillante campagne de quarante jours par le passage du grand Saint-Bernard ; surprenant par cette audacieuse manœuvre l'armée du maréchal Mélas, il coupa ses communications avec l'Autriche et se prépara ainsi de rapides succès. Le 9 juin 1800 eut lieu à Montebello un glorieux combat d'avant-garde, dont le général Lannes eut le principal honneur, et le 14 le sort de l'Italie se décida dans les plaines de Marengo : après une bataille long-temps indécise, la victoire resta aux Français, et les Autrichiens furent contraints d'évacuer la Lombardie. — La campagne n'était pas moins heureuse en Allemagne, et la victoire de Moreau à Hohenlinden (Bavière) força les Autrichiens à signer la paix de Lunéville (8 janvier 1801). La France n'y gagnait pas de nouvelles provinces, mais les conditions du traité de Campo-Formio étaient ratifiées, et l'Empire reconnaissait les républiques batave, helvétique, ligurienne et cisalpine ; quant aux républiques romaine et parthénopéenne, elles avaient disparu dès que les armes françaises avaient cessé de les protéger. Quatorze mois après (25 mars 1802), l'Angleterre se décida à conclure à son tour la paix d'Amiens : elle acceptait les républiques nouvelles, consentait à toutes nos acquisitions continentales et nous restituait nos colonies.

167. LE CONCORDAT ET LE CODE CIVIL. — En même temps qu'il négociait avec les puissances coalisées les traités de Lunéville et d'Amiens, Bonaparte, comprenant « qu'une société sans « religion est comme un vaisseau sans bous- « sole », signa, le 15 juillet 1801, le *Concordat* avec le pape Pie VII. C'était un fait immense, après les saturnales de la déesse Raison et la longue fermeture des églises, que ce retour de la France au culte catholique.

Après avoir rétabli la religion en France, il fallait régler l'existence intérieure de la nation. Le *Code civil*, préparé par une commission d'illustres légistes, à la science desquels Bonaparte ajouta sans cesse les lumières de son bon sens et de son génie, donna à la France une législation privée supérieure à celle de toutes les sociétés européennes. — Une ébauche de l'Université de France, et la création de l'ordre de la Légion d'honneur pour récompenser tous les mérites, ajoutèrent encore aux services et à la popularité du premier Consul. L'abandon de l'Egypte, où Kléber périt assassiné en 1800, et une expédition malheureuse contre les nègres révoltés de Saint-Domingue, passèrent presque inaperçus au milieu de toutes ces gloires accumulées.

168. CONSPIRATION. — LE CONSULAT A VIE ET

L'EMPIRE (1802, 1804). — L'explosion de la machine infernale et plusieurs autres complots des royalistes contre la vie de Bonaparte le rendirent plus cher encore à la nation ; mais il souilla sa gloire par une mesure aussi injuste qu'arbitraire : le jeune duc d'Enghien, dernier descendant des Condés, accusé d'avoir dirigé une de ces conspirations, fut arrêté sur le territoire badois et fusillé à Vincennes.

La fortune de Bonaparte n'en continua pas moins son cours, et sa puissance, fondée sur la force des armes et sur celle de l'opinion publique, ne tarda pas à grandir encore. Le 6 mai 1802, il fut nommé consul pour dix ans par un sénatus-consulte organique, et bientôt après le Sénat le nomma consul à vie, sur la décision du Tribunat et du Corps législatif, et avec l'assentiment du peuple, consulté par des registres publics. Enfin, la rupture de la paix d'Amiens (mai 1803) et la reprise des hostilités avec l'Angleterre, lui servirent d'échelon pour monter du Consulat à l'Empire, qui, sur la proposition du Sénat, fut proclamé le 18 mai 1804.

QUESTIONNAIRE. — 165. Quelle fut la durée du Consulat ? — Par quelles mesures le nouveau gouvernement inaugura-t-il sa politique ? — Faites connaître la Constitution de l'an VIII. — 166. Racontez, avec les dates, la campagne de Marengo et les traités qui la terminèrent. — 167. Par quel acte Bonaparte rétablit-il la religion en France ? — Quel grand monument de législation la France dut-elle au premier consul ? — Prit-il part lui-même à la rédaction du Code civil ? — Quelles institutions nouvelles sont encore dues au Consulat? — Comment se termina l'expédition d'Égypte et quel fut le résultat de celle de Saint-Domingue? — 1680 Indiquez les complots dirigés contre la vie de Bonaparte et dites un mot de la mort du duc d'Enghien. — Par quels accroissements de puissance successifs Bonaparte s'éleva-t-il du Consulat à l'Empire?

CHAPITRE VI

L'EMPIRE. — LA PREMIÈRE RESTAURATION. — LES CENT-JOURS (1804-1815).

169. TROISIÈME COALITION. — CAMPAGNE D'AUSTERLITZ. — PAIX DE PRESBOURG (1805). — Avec l'Empire commence une période nouvelle, durant laquelle Napoléon, avide de gloire et de conquêtes, oublie pour les rêves de son ambition les vrais intérêts du pays, et condamne la France à une lutte terrible qui devait avoir pour terme la dépendance du continent ou sa propre ruine.

Sacré empereur par le pape Pie VII le 2 décembre 1804, il étendit encore sa domination ou sa suprématie sur tous les États voisins : le 26 mai 1805, il reçut à Milan la couronne de fer des anciens rois lombards, la Suisse lui décerna le titre de médiateur, et la république ligurienne forma bientôt avec le Piémont trois départements français. l'Europe, inquiète de ces agrandissements, se souleva de nouveau, et, à l'instigation du cabinet britannique, une troisième coalition se forma contre la France entre l'Angleterre, l'Autriche et la Russie. Napoléon, reprenant le projet d'une descente en Angleterre, rassemblait des forces considérables au camp de Boulogne, lorsqu'il apprit qu'une armée de 90,000 hommes avait chassé de ses Etats l'électeur de Bavière, allié de la France, tandis que l'archiduc Charles s'avançait vers l'Adige. L'empereur lui opposa Masséna, et lui-même, franchissant le Rhin, pénétra en Bavière. Vainqueur à Wertingen, vainqueur à Ulm, où il força le général Mack à capituler, il entra à Vienne le 13 novembre, et, poursuivant le cours de ses succès, il illustra à jamais l'anniversaire de son couronnement par la victoire remportée sur les Austro-Russes dans la plaine d'Austerlitz (Moravie, 2 décembre 1805). Malgré le triomphe de l'amiral anglais Nelson sur la flotte française à Trafalgar (près Cadix en Espagne, 20 octobre 1805), la coalition était écrasée, et l'Autriche se vit imposer la paix de Presbourg (Hongrie, 26 décembre 1805). Par les traités de Campo-Formio et de Lunéville, elle avait perdu déjà ses possessions extérieures, la Belgique et le Milanais; la paix de Presbourg l'atteignait au sein même des dépendances de l'Allemagne : la France, cette fois, lui enlevait l'Istrie et la Dalmatie, au nord-est de l'Adriatique, et élevait contre elle deux royautés nouvelles, vassales de son empire, la Bavière et le Wurtemberg.

170. Extention nouvelle de la puissance impériale. — Fin de l'empire germanique (1806). — Toutes les républiques fondées par la Conven-

tion ou par le Directoire étaient détruites, et de de tous côtés s'élevaient des trônes pour les frères de Napoléon et des pricipautés pour ses généraux. Joseph Bonaparte fut nommé roi des Deux-Siciles, la Hollande fut donnée à un de ses autres frères, Louis. Enfin, reconnu pour protecteur par les princes réunis sous le nom de Confédération du Rhin, Napoléon exerçait une influence toute-puissante sur les petits États allemands. Désormais le titre d'empereur d'Allemagne était un titre dérisoire, et l'abdication de François II mit fin à l'Empire germanique, fondé au dixième siècle par Othon le Grand; il n'y eut plus à la place qu'un empire d'Autriche (1806).

171. QUATRIÈME COALITION. — CAMPAGNE D'IÉNA. — PAIX DE TILSITT (1806, 1807). — Cette marche envahissante amena la quatrième coalition. L'Angleterre, la Prusse et la Russie se liguèrent contre l'Empire, et une nouvelle campagne s'ouvrit, où la Prusse fut battue et humiliée, comme l'Autriche venait de l'être. Défaite à la sanglante journée d'Iéna (Saxe-Weimar), le 14 octobre 1806, elle vit, dix jours après, le vainqueur entrer dans sa capitale, et les Russes, qui venaient soutenir leur allié Frédéric-Guillaume, furent écrasés à leur tour dans les journées plus meurtrières encore d'Eylau et de Friedland (Prusse). L'empereur Alexandre demanda la paix, et elle fut signée à Tilsitt (Prusse) le 7 juillet 1807. La Prusse perdait, avec ses provinces polonaises, les pays situés entre le Rhin

et l'Elbe, et Napoléon créait contre elle les deux royaumes de Saxe et de Westphalie, comme il avait créé contre l'Autriche les royaumes de Bavière et de Wurtemberg. La Westphalie fut donnée à un troisième frère de l'Empereur, Jérôme Bonaparte. La Pologne prussienne passa au roi de Saxe ; Napoléon s'engagea secrètement à ne pas relever le royaume de Pologne, et Alexandre, en échange, devint notre allié contre l'Angleterre et adhéra au blocus continental.

172. LE BLOCUS CONTINENTAL (1806).—Ce blocus continental était une terrible réponse de Napoléon à la mesure récente que l'Angleterre avait imaginée contre nous. En déclarant la France en état de blocus (16 mai 1806), elle s'était exposée à des représailles, et quelques mois après (31 novembre), par un décret daté de Berlin, l'Empereur interdisait tout commerce et toute correspondance avec la Grande-Bretagne, et fermait à ses vaisseaux tous les ports de l'Europe. Ne pouvant la frapper dans son île, il l'atteignit dans son commerce extérieur. Mais c'était aussi une entrave pour le commerce des autres nations, en même temps qu'une atteinte portée à leur indépendance ; toutes cependant s'unirent d'abord à ce projet, et l'Angleterre fut mise au ban de l'Europe.

173. PUISSANCE DE NAPOLÉON EN 1807. — Ce ut l'apogée du pouvoir impérial : la France dominait sur le continent ; à l'intérieur, elle voyait croître, par l'extension de son commerce,

ses richesses et sa prospérité; l'organisation de l'Université, ébauchée sous le Consulat, avait rendu à l'enseignement le nombreux personnel que les échafauds et l'émigration lui avaient enlevé, et remplacé par l'instruction publique, donnée au nom de l'Etat, les colléges et institutions que la Révolution avait détruits; enfin, deux grands écrivains, Chateaubriand et madame de Staël, fille de Necker, soutenaient avec éclat la grandeur littéraire de la France (1)

174. GUERRE D'ESPAGNE. — La guerre d'Espagne commença la période de décadence. Le Portugal, qui tirait toutes ses richesses de son commerce avec l'Angleterre, refusait d'adhérer au blocus continental. Napoléon décida que la maison de Bragance avait cessé de régner, fit envahir ce royaume, et quelques jours suffirent à Junot pour s'en emparer (1807). Ce ne fut pas tout: pour maintenir la conquête d'un pays que les Anglais soutenaient et ravitaillaient sans cesse, il fallait s'assurer la liberté des communications entre le Portugal et la France, et l'occupation de l'Espagne fut résolue. Profitant des divisions de la famille régnante, Napoléon y envoya une armée, força Charles IV et son fils Ferdinand à abdiquer en sa faveur, et donna cette nouvelle couronne à

---

(1) Chateaubriand, née à Saint-Malo (Ille-et-Vilaine), vécut de 1768 à 1848; ses principaux ouvrages sont le *Génie du christianisme* et les *Martyrs*. Madame de Staël était née à Paris (1766 1817); ses chefs-d'œuvre sont ses études sur l'*Allemagne* et son roman de *Corinne ou l'Italie*.

son frère Joseph : celle des Deux-Siciles passa à son beau-frère Murat, que sa valeur fougueuse avait élevé des rangs du peuple aux premiers grades de l'armée. Mais la guerre n'était pas finie : comme l'écrivait Joseph à son frère, « il fallait 200,000 Français pour « comprimer lesEspagnols, et 100,000 écha- « fauds pour maintenir le prince condamné « à régner sur eux. » Les Espagnols en effet luttèrent héroïquement pour défendre leur indépendance et leur nationalité ; chaque défilé, chaque bourgade devint le centre d'une résistance énergique, et la défense de Saragosse, qui, après un siége de six mois, ne livra aux Français qu'un monceau de cendres, restera à jamais célèbre dans les annales de cette guerre désastreuse. Ferdinand VII avait été proclamé roi par les insurgés, et Joseph Bonaparte forcé de quitter sa capitale ; le général anglais Wellington avait pris possession du Portugal ; une période de revers s'ouvrait pour la France. La présence de Napoléon fit changer, il est vrai, la fortune de la guerre : après une suite de victoires, il ramena Joseph à Madrid, et l'Espagne semblait sur le point d'être domptée, quand une diversion menaçante l'appela à l'autre extrémité de son empire. L'Angleterre et l'Autriche venaient de former une cinquième coalition ; c'était contre elles surtout que devaient se porter les armes françaises, et la guerre de montagnes allait se continuer longtemps encore dans la Péninsule.

175. **Cinquième coalition. — Campagne de Wagram. — Paix de Vienne (1809).** — Quittant précipitamment Madrid, Napoléon traversa la France, passa le Rhin, et, en trois jours, les trois victoires d'Abensberg, d'Eckmuhl et de Ratisbonne (Bavière), lui ouvrirent une seconde fois les portes de Vienne. Poursuivant les ennemis au delà du Danube, il remporta sur eux, après la bataille indécise d'Essling, la glorieuse victoire de Wagram (6 juillet 1809), et força l'Autriche à la paix de Vienne, qui la dépouillait du reste des provinces illyriennes (Carinthie, Carniole, Tyrol, Croatie, 14 octobre 1809).

176. **L'empire encore agrandi. — Marie-Louise et le roi de Rome (1810, 1811).** — Napoléon ne souffrait plus la moindre résistance à ses desseins. Il abolit le Tribunat, qui avait montré parfois quelques velléités d'indépendance ; sur son refus d'adhérer au blocus, le pape Pie VII fut dépouillé de ses Etats et amené captif à Savone ; la Hollande, que la royauté d'un Bonaparte n'empêchait pas de rester un entrepôt de marchandises anglaises, fut incorporée à l'Empire ; les villes hanséatiques (1) furent occupées ; la Suède, dont le roi avait adopté comme héritier un général français, Berna-

____

(1) Ce nom de villes hanséatiques, c'est-à-dire confédérées, s'était appliqué au moyen âge à une vaste association commerciale de l'Allemagne. Au temps de Napoléon, comme aujourd'hui, il ne désignait que les trois grandes villes de Brême, d'Hambourg et de Lubeck.

A.RIQUIER, lhst de
L'EMPIRE
en
Batailles e
de la Ré
et de l'
St PETERSBOURG
INGRIE
MOSCOU
RUSSIE
NIE
UKRAINE
PODOLIE
Poltava
Bug R.
Taganrog
Oczakow
Kerson
Azov
Bender
DA
PORTUGAL
LISBONNE
Silistrie
Varna
MER NOIRE
Trebizonde
INOPLE
Bosphore
ASIE MINEURE
Cadix
LITH BARDOUSSE Cie DU Gce, 12 PARIS

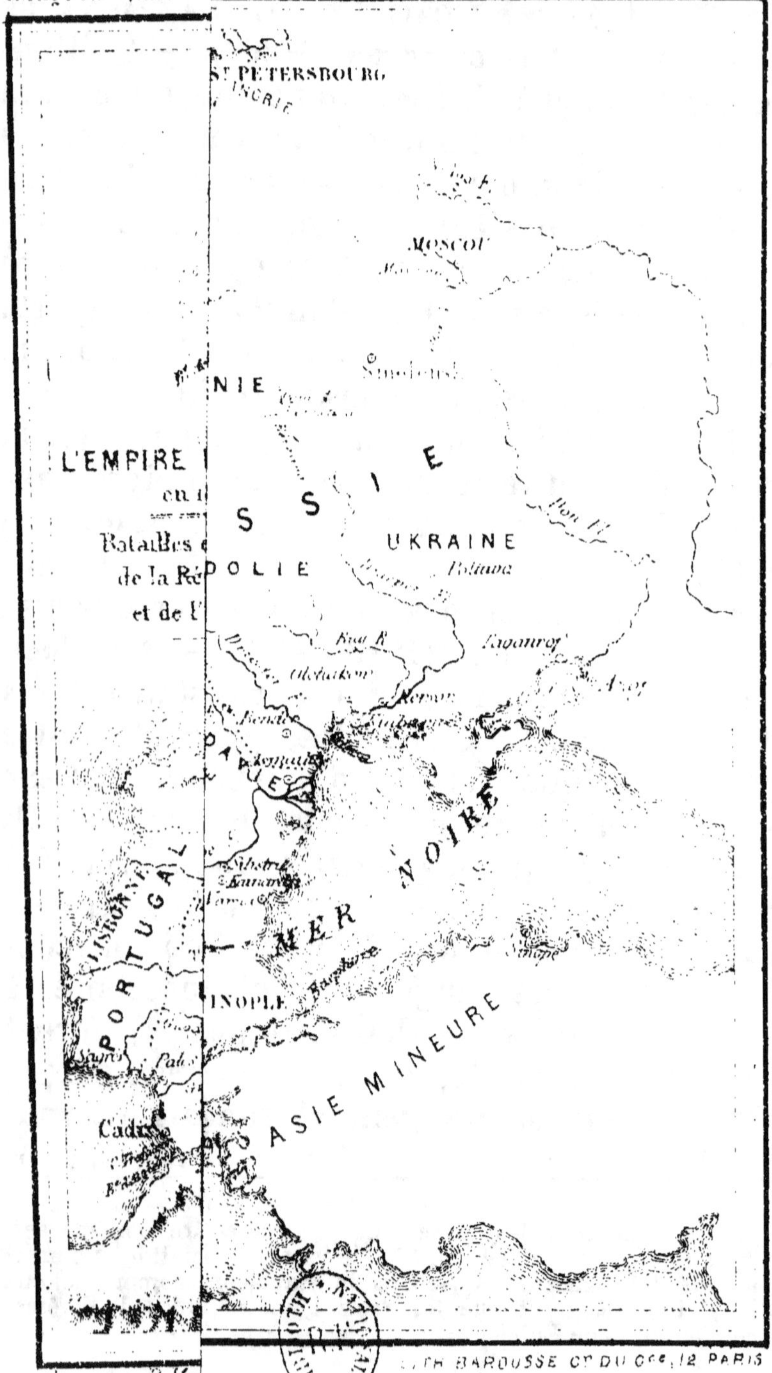

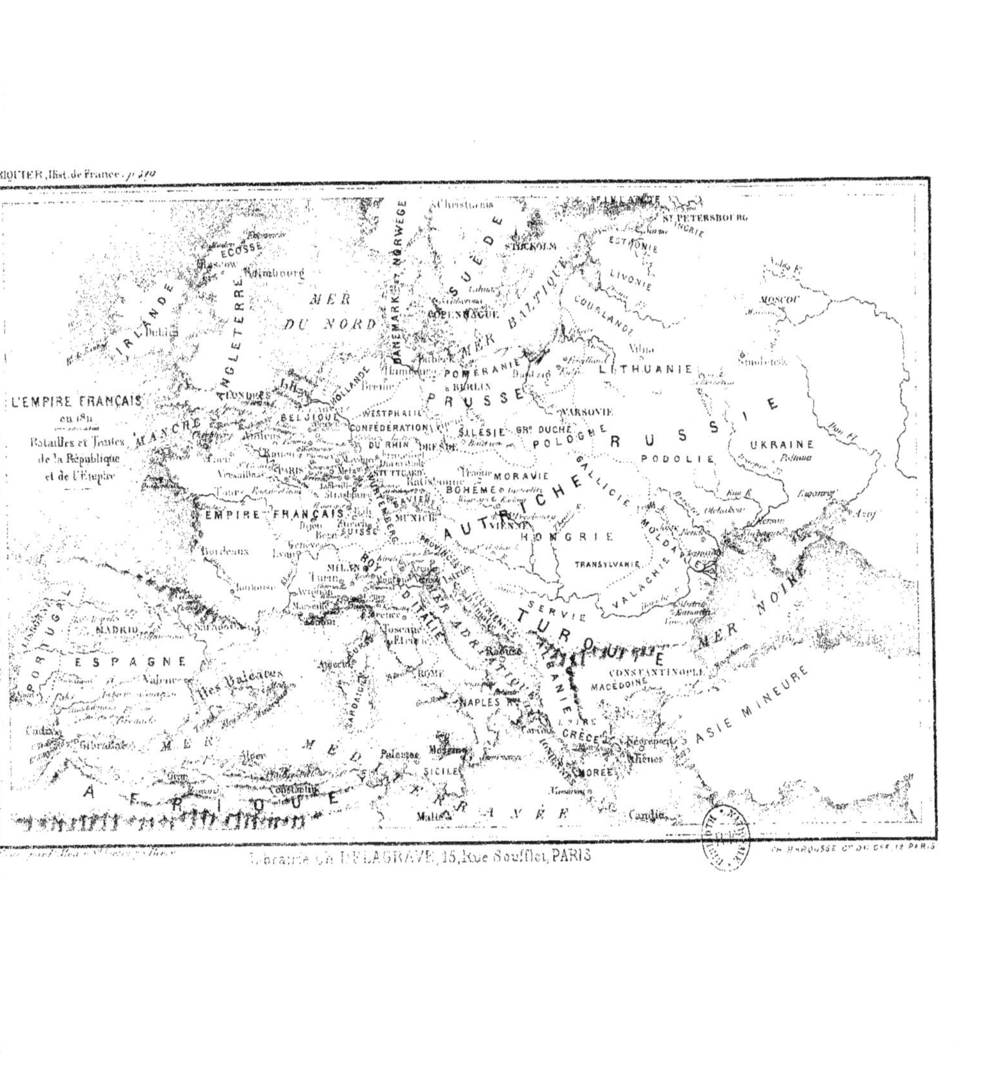

A. RIQUIER, Hist. de France, p. 270
L'EMPIRE FRANÇAIS
en 1811
Batailles et Traités
de la République
et de l'Empire
IRLANDE
Dublin
ÉCOSSE
Glascow
Édimbourg
ANGLETERRE
LONDRES
MER DU NORD
MANCHE
BELGIQUE
Amiens
Rouen
PARIS
Versailles
Tours
Rochesdes
EMPIRE FRANÇAIS
Dijon
SUISSE
Berne
Genève
Lyon
Bordeaux
Toulouse
PORTUGAL
ESPAGNE
MADRID
Valence
Iles Baléares
Cadix
Gibraltar
MER MÉDITERRANÉE
AFRIQUE
Alger
Oran
Constantine
Christiania
NORWÈGE
DANEMARK
SUÈDE
STOCKOLM
COPENHAGUE
MER BALTIQUE
FINLANDE
St PETERSBOURG
INGRIE
ESTONIE
LIVONIE
COURLANDE
MOSCOU
HOLLANDE
Berlin
POMÉRANIE
Dantzig
LITHUANIE
Vilna
PRUSSE
WESTPHALIE
CONFÉDÉRATION DU RHIN
DRESDE
SILÉSIE
Gr. DUCHÉ
VARSOVIE
POLOGNE
RUSSIE
UKRAINE
PODOLIE
Strasbourg
STUTTGARD
Ratisbonne
BAVIÈRE
MUNICH
MORAVIE
BOHÊME
GALLICIE
AUTRICHE
VIENNE
HONGRIE
TRANSYLVANIE
MOLDAVIE
MILAN
Turin
ROY. D'ITALIE
PROVINCES ILLYRIENNES
VALACHIE
SERVIE
Marseille
Toscane
Florence
ROME
ADRIATIQUE
ALBANIE
ÉPIRE
TUROUIE
MER NOIRE
CONSTANTINOPLE
MACÉDOINE
ASIE MINEURE
NAPLES
GRÈCE
Négrepont
Athènes
MORÉE
Palerme
Messine
SICILE
Malte
Candie
MER MÉDITERRANÉE
Librairie Ch. DELAGRAVE, 15, Rue Soufflot, PARIS

dotte, se vit imposer le système continental, et l'Empire français, qui comprenait alors 130 départements, s'étendit depuis Hambourg sur l'Elbe et Dantzick sur la Vistule, jusqu'à Trieste, au fond de l'Adriatique, et Corfou, près des rivages de la Grèce. Afin de donner un héritier à tant de gloires, l'Empereur fit prononcer l'annulation de son mariage avec Joséphine Beauharnais dont il n'avait pas d'enfants, et épousa en 1810 l'archiduchesse d'Autriche, Marie-Louise. La naissance d'un fils (mars 1811), qui reçut le titre de roi de Rome, sembla consolider sa puissance en lui assurant un successeur.

177. CAMPAGNE DE RUSSIE (1812). — Pendant que la guerre d'Espagne se continuait avec des alternatives de succès et de revers, une nouvelle campagne se préparait dans le nord. Le blocus continental et la guerre d'Espagne avaient été deux fautes capitales ; une troisième, l'expédition de Russie, allait être mortelle pour l'empire de Napoléon. L'alliance contractée avec la Russie à la paix de Tilsitt était depuis longtemps ébranlée, et Alexandre, qui aspirait lui-même à la suprématie européenne, la rompit définitivement en ouvrant ses ports aux vaisseaux anglais. Après s'être assuré l'alliance de l'Autriche et de la Prusse, Napoléon partit le 9 mars 1812 pour cette expédition gigantesque, où il allait perdre tout son prestige. La campagne débuta pourtant par des succès : Napoléon traversa le Niémen, soumit la Lithuanie, s'empara de Smolensk et entra à Mos-

cou le 14 septembre, après la sanglante
bataille de la Moscowa. Mais les généraux russes avaient adopté contre les Français un nouveau système de défense : ils leur opposaient un
désert en incendiant devant eux les villes
et les villages, et quand les troupes françaises
arrivèrent à Moscou, les Russses l'avaient
abandonnée, et les flammes dévoraient cette
ville, où Napoléon comptait établir ses quartiers
d'hiver avant de reprendre sa marche sur
Pétersbourg. Après six semaines d'hésitation, il
fallut songer à la retraite; elle fut désastreuse
pour notre armée, qui eut à souffrir à la fois le
froid, la faim, les attaques continuelles des
Cosaques; le passage de la Bérésina (affluent
du Dniéper), où la rupture des ponts et le
canon de l'ennemi amenèrent la mort de
30,000 hommes, fit de la marche des Français une déroute complète. Arrivé à Wilna,
l'empereur, qui jusqu'alors avait suivi l'armée,
revint en toute hâte à Paris, où une conspiration avait éclaté en son absence. Le complot
échoua, et le général Mallet, qui l'avait conçu,
fut mis à mort avec les principaux chefs. Toutes
les puissances de l'Europe, sans exception, formèrent alors une sixième coalition (mars 1813).

178. SIXIÈME COALITION. — CAMPAGNE D'ALLE-
MAGNE ET DE FRANCE. (1813-1814). — Napoléon,
qui avait devant lui une armée de 520,000 hommes, comptait, pour la détruire, sur la promp-
titude et la vigueur de ses coups, et les victoires de Lutzen, de Bautzen et de Dresde (Saxe

1813) étonnèrent les confédérés. Mais la terrible bataille de Leipsick, où la défection des Saxons entraîna la déroute des troupes françaises, l'obligea à se replier vers le Rhin, et les coalisés, franchissant ce fleuve, vinrent affronter chez elle cette nation qui avait inondé l'Europe de ses armées victorieuses. A la vue de cette crise imminente, Napoléon transforma le pouvoir impérial en dictature, et ajourna indéfiniment le Corps législatif, qui choisissait le moment où l'ennemi allait envahir la France pour faire de l'opposition au seul homme capable de la défendre.

Alors commença cette immortelle campagne de 1814, où Napoléon, qui avait porté le théâtre de ses guerres jusqu'au cœur de la Russie, se vit réduit à défendre pied à pied le territoire même de la France. l'Empire était envahi de toutes parts : les Anglais, qui s'étaient emparés de l'Espagne, avait passé la Bidassoa et marchaient sur Bordeaux avec Wellington ; l'armée de Bohême, commandée par l'Autrichien Schwartzemberg, avait débouché par la Suisse ; celle de Silésie, sous les ordres du Prussien Blücher, était entrée par Francfort ; et Bernadotte, devenu roi de Suède (Charles XIV), avait envahi la Hollande à la tête de l'armée du Nord, et menaçait la Belgique. Tandis que Soult arrêtait les Anglais, et que le général Maison était opposé à Bernadotte, Napoléon s'avança en Champagne pour empêcher la jonction de Blücher et de Schwartzemberg. En quelques semaines, il battit les Prussiens à Brienne, à Saint-Dizier, à Champaubert, à Montmirail, à Château-Thierry et à Vauchamps; puis, revenant vers la Seine, il triompha des Autrichiens à Montereau, et l'on put croire un moment que la coalition était arrêtée. Malheureusement les revers de ses généraux rendirent inutiles tant de victoires accumulées. Bordeaux était occupé par les Anglais, Lyon par les Autrichiens, et l'Empereur, espérant que Paris tiendrait quelque temps, conçut le hardi projet de se replier vers la frontière de l'Est, d'y grossir son armée de tout ce qu'il pourrait amasser de Français insurgés contre l'invasion, de tomber sur l'ennemi par derrière, et de l'écraser entre son armée victorieuse et les murs de la capitale. Mais, excités par les encouragements secrets de Talleyrand, président du Sénat, les alliés poursuivirent leur marche; on se battit le 30 mars sous les murs de Paris; le 31 une capitulation leur en ouvrit l'entrée, et le Sénat déclara Napoléon déchu du trône. L'empereur apprit sa déchéance au moment où il se portait au secours de la capitale, et il abdiqua à Fontainebleau en faveur de son fils, le 11 avril 1814. Les confédérés, poussant leur victoire jusqu'au bout, exigèrent une abdication absolue; il la donna, et, après avoir fait de touchants adieux à sa vieille garde, il partit pour la principauté de l'île d'Elbe, que les alliés lui donnaient en échange de son vaste empire. Après plus de vingt ans de luttes sanglantes, la convention de Paris

(28 avril 1814) ramena la France à ses limites de 1792.

179. CARACTÈRE DIFFÉRENT DES GUERRES DE LA RÉVOLUTION ET DE CELLES DE L'EMPIRE. — QU'EST-IL RESTÉ DE L'ÉPOQUE IMPÉRIALE? — La politique extérieure de l'empire avait été généralement une déviation des principes de la Révolution. Les guerres de la République avaient été des guerres de défense ou de propagande, celles de l'empire furent des guerres d'annexion.

D'une puissance aussi prodigieuse et d'une gloire aussi enivrante, il est resté une organisation administrative remarquable, l'extension des principes de la Révolution française jusqu'aux extrémités de l'Europe, des souvenirs fastueux, et aussi des haines implacables soigneusement entretenues jusqu'à nos jours.

180. PREMIÈRE RESTAURATION. — LES CENT JOURS. — WATERLOO. — LES TRAITÉS DE 1815. — La France se tourna vers les princes de la maison de Bourbon, et Louis, comte de Provence, frère de Louis XVI, fut proclamé roi sous le nom de Louis-XVIII. La Charte constitutionnelle, qu'i donna sans renoncer en principe à ses droits héréditaires, garantit au pays la liberté des opinions et des cultes et l'égalité des Français devant la loi ; le roi partageait le pouvoir avec la Chambre héréditaire des pairs et la Chambre éle c tive des députés. L'occupation du sol français par les armées étrangères, l'abandon de toutes les conquêtes, de celles de la Révolution aussi bien que de celles de l'Empire, la défiance témoignée

à nos soldats au lendemain de la lutte héroïque qu'ils avaient soutenue, ne tardèrent pas à susciter bien des mécontents au régime nouveau.

Napoléon, instruit de cet état de l'opinion, quitta l'île d'Elbe, débarqua à Cannes le 1er mars 1815, et, après avoir vu Grenoble et Lyon lui ouvrir leurs portes, il entra sans résistance à Paris, et tâcha de se concilier la nation en publiant l'acte additionnel aux constitutions de l'Empire, qui acordait à peu près les mêmes garanties que la Charte de Louis XVIII. La coalition ne pouvait s'avouer vaincue, et Napoléon, après avoir triomphé des Prussiens au combat de Ligny (Belgique), dut renoncer à la lutte après la bataille décisive de Waterloo (près Bruxelles, 18 juin 1815) : malgré l'infériorité du nombre, les Français avaient conservé l'avantage jusqu'au soir ; mais alors, au lieu du renfort qu'on attendait, on vit déboucher Blücher avec un corps de 40,000 hommes, dont l'arrivée rendit inutiles les efforts héroïques de Cambronne et de la garde impériale.

Après ce désastre, Napoléon abdiqua une seconde fois en faveur de son fils, mais le jeune prince fut en vain proclamé sous le nom de Napoléon II par la Chambre des pairs et par celle des représentants. L'Europe refusa son adhésion à ce dernir acte de l'empereur qu'elle venait d'abattre, et, après les trois mois de restauration impériale qu'on a nommés les Cent-Jours, les traités de 1815 stipulèrent formellement le rétablissement des Bourbons. Confiant dans la générosité de l'Angleterre, Napoléon vaincu lui demanda un asile : le roi Georges IV répondit à sa lettre en envoyant l'illustre captif sur le rocher brûlant de Sainte-Hélène (Afrique), où quelques amis seulement le suivirent, et où il mourut chrétiennement six ans plus tard, le 5 mai 1821.

Pendant que l'empereur prenait le chemin de l'exil, les souverains de l'Europe signaient à Vienne les traités qui renfermèrent la France dans ses limites de 1790. Une contribution de guerre de 700 millions lui était en outre imposée, et elle devait entretenir, pendant trois ans au moins, une armée de 150 mille hommes dans les places principales de sa frontière du Nord (1815).

QUESTIONNAIRE. — 169. Date du sacre de Napoléon. — Sur quels États nouveaux l'Empereur étendit-il sa domination, et quel fut le résultat de ces agrandissements? — Racontez, avec les dates, la campagne d'Austerlitz et le traité qui la termina. — 170. Comment s'agrandit encore après la paix de Presbourg la puissance de Napoléon et de sa famille? — Quand et comment se termina l'ancien Empire germanique? — 171. Quel fut le résultat de la politique envahissante de l'Empire? — Nommez les peuples qui formèrent la quatrième coalition. — Campagne de Prusse et conditions du traité qui y mit fin. — 172. Qu'était-ce que le blocus continental, et comment l'Angleterre avait-elle provoqué cette mesure? — 173. Donnez une idée de la situation de la France à cette époque. — 174. Racontez, avec sa date, la conquête du Portugal. — Comment conduisit-elle à celle de l'Espagne? — Quel roi fut placé à la tête de ce pays? — Pourquoi Napoléon n'en poursuivit-il pas lui-même la conquête? — 175. Racontez, avec les dates, la campagne de Wagram. — 176. Par quelle mesure Napoléon se délivra-t-il de toute opposition? — Quels États nouveaux

furent réunis à la France en 1809 ? — Que désignait-
on sous le nom de villes hanséatiques ? — Combien
de départements comprit alors l'Empire français, et
quelles étaient ses limites ? — Pourquoi Napoléon
répudia-t-il Joséphine de Beauharnais ? — 177. Indiquez les grandes fautes qui préparèrent la chute de
l'Empire. — Quelle fut l'occasion de la guerre de
Russie ? — Par quelles victoires débuta-t-elle ? —
Quel système de défense les officiers russes opposaient-
ils à nos armées ? — Donnez une idée de la retraite
des Français et du désastre de la Bérésina. — Pourquoi Napoléon fut-il rappelé à Paris ? — 178. Parlez
de la sixième coalition et des victoires qui semblèrent
d'abord l'arrêter. — Cause et résultat de la défaite de
Leipsick. — Comment Napoléon fut-il amené à supprimer le Corps législatif ? — Quelles armées envahirent la France en 1814, et quels généraux leur
furent opposés ? — Enumérez les victoires de Napoléon
contre Blücher et Swchartzemberg. — Racontez la fin
de cette campagne avec la déchéance de l'Empereur.
— 179. Faites comprendre quel caractère différent distingue les guerres de la république de celles de l'empire. — 180. Qui fut appelé à gouverner la France
après la chute de l'Empire ?—Dites un mot de la Charte
constitutionnelle. — Quelles causes suscitèrent des
mécontents au nouveau régime et favorisèrent le retour de Napoléon ? — Combien de temps dura la restauration impériale ? — Après quel désastre Napoléon
dut-il abdiquer une seconde fois ? — Son fils fut-il
reconnu par les souverains de l'Europe ? — Où l'Empereur fut-il exilé ? — Donnez les principales conditions des traités de 1815.

CHAPITRE VII

SECONDE RESTAURATION JUSQU'A LA MORT DE LOUIS XVIII. — L'EUROPE DE 1815 A 1824.

181. REMANIEMENT DE L'EUROPE EN 1815. — Les
délégués des puissances européennes, réunis à
Vienne, avaient commencé dès 1814 le partage

des conquêtes de Napoléon. Les territoires furent remaniés, la Russie acquit les provinces orientales de la Pologne et la Finlande; la Prusse, le nord de la Saxe et deux provinces sur le Rhin ; l'Autriche, la vallée du Pô et des duchés au sud de ce fleuve ; la Suède, le royaume de Norwège; le Danemark, des territoires gigantesques jusqu'à l'Elbe. La Belgique fut réunie à la Hollande sous le sceptre d'un prince de la maison d'Orange. Tous les États allemands formèrent une confédération composée de 39 royaumes, archiduchés, duchés, principautés, dont la capitale fédérale fut Francfort. Au deuxième traité de Paris (20 novembre 1815) on nous enleva Philippeville, Marienbourg, Bouillon, Landau, Sarrebruck, Sarrelouis et les deux départements de la Savoie.

182. Louis XVIII de 1816 a 1831. — Loi électorale et loi sur l'armée—Le commencement de la seconde restauration est marqué par le séjour de 150,000 soldats étrangers sur le sol français, par le désarmement de l'armée nationale, et par les excès de la contre-révolution. Aux assassinats des généraux Ramel, Brune et Lagarde, à Toulouse, à Avignon et à Nîmes, succédèrent les exécutions juridiques du général Chartran à Lille, des généraux Faucher à Bordeaux, de la Bédoyère et du maréchal Ney à Paris. La Chambre dite *introuvable* ordonna la création de cours prévôtales (1), prononça

______

(1) Tribunaux exceptionnels présidés par un prévot connaissau: des crimes et des délits politiques et pouvant suspendre le droit de grâce.

la peine du bannissement contre les anciens membres de la Convention qui avaient voté la mort de Louis XVI. Cette chambre fut cassée par une ordonnance de 1816; de nouvelles élections amenèrent dans l'Assemblée législative une majorité d'hommes plus intelligents dans leur dévouement à la famille des Bourbons. Alors commence, dans des séances dignes d'un grand pays, et avec des orateurs de premier ordre, l'éducation parlementaire de la France. Une loi électorale, présentée en 1817, donna le droit d'électeur à tous les Français âgés de 30 ans qui payaient 300 francs de contributions directes, et le caractère d'éligibilité à tous ceux qui en payaient 1,000; la Chambre devait être renouvelée tous les ans par cinquième.

En 1818, les cours prévôtales furent supprimées. La même année, le général Gouvion Saint-Cyr présenta et fit adopter sur le recrutement et sur l'avancement dans l'armée, une loi qui rétablissait la conscription et supprimait l'achat des grades. Cependant des négociations actives étaient engagées auprès du Congrès d'Aix-la-Chapelle pour obtenir l'évacuation du territoire français; le duc de Richelieu eut la gloire de vaincre les dernières difficultés, et le territoire devint libre moyennant la création d'une rente de 12,000,000 de francs (1). Mais peu de temps après le ministre se retira

____

(1) C'est-à-dire que l'Etat greva sa dette de 12.000,000 de rentes, intérêt annuel de la somme qu'il dut emprunter pour satisfaire aux exigences des étrangers.

devant une double opposition des ultra-royalistes et des libéraux.

Le ministère Decazes-Dessoles, constitué le 30 décembre 1818, fit voter une récompense nationale au duc de Richelieu, et présenta, pour réglementer la presse, une loi très libérale, dont M. de Serres fut l'éloquent rapporteur : les journaux furent soumis à un cautionnement et justiciables d'un jury. Quelques mois plus tard (13 février 1820), l'assassinat du duc de Berry, qui succomba sous le couteau d'un misérable nommé Louvel, entraîna la chute du duc Decazes. Il fut remplacé par M. de Richelieu.

Sous le second ministère de M. de Richelieu, le gouvernement des Bourbons sembla raffermi par la naissance d'un fils posthume du duc de Berry, le duc de Bordeaux, et par la mort de Napoléon Ier, qui succomba le 5 mai 1821 sur le rocher de Sainte-Hélène. Mais le ministère du duc de Richelieu ne devait être qu'une transition entre la politique libérale de M. Decazes et le parti dominé par le comte d'Artois, frère du roi. M. de Villèle, l'un des hommes les plus remarquables de ce parti, prit possession du ministère à la fin de 1821, et il le garda pendant huit ans.

Pendant que la France concentrait ainsi son activité dans des luttes parlementaires, l'Europe présentait un spectale plus troublé.

183. AGITATION DE L'EUROPE. — L'Angleterre fut agitée par de sérieuses émeutes sous le ministère de lord Castelreagh. L'avénement de

Georges IV en 1820, le procès scandaleux qu'il voulut intenter à la reine Caroline de Brunswick, séparée de lui depuis plusieurs années, et la mort de celle-ci, suscitèrent de nouveaux troubles qui ne cessèrent qu'en 1822 sous le ministère plus libéral de Georges Canning.

Les Etats allemands n'avaient reçu, malgré les proclamations patriotiques de 1813, que des constitutions insuffisantes, qui irritaient les populations et les Universités. Les souverains unis par la *Sainte-Alliance* (1) se concertèrent alors dans les congrès de Carlsbad et de Vienne (1818, 1819) pour frapper les coupables, arrêter le développement du libéralisme, et conférer à la diète de Francfort des pouvoirs plus étendus.

A Naples, la puissante association des *carbonari* minait le pouvoir de Ferdinand Ier, et elle était soutenue par le général Pepe, commandant de la garde royale. A la suite d'une insurrection qui éclata à Nola le 1er juillet 1820, le roi fut obligé d'accepter la constitution espagnole de 1812. Les souverains de la Sainte-Alliance, après les congrès de Troppau (octobre 1820) et de Laybach (janvier 1821), résolurent d'intervenir. Le général autrichien Frémont, à la tête d'une armée de 50,000 hommes, pénétra dans le sud de l'Italie, et, après la défaite des troupes du général Pepe, réta-

(1) Alliance formée en 1815 sous les auspices d'Alexandre Ier entre la Russie, la Prusse, l'Autriche et la France, pour défendre les principes des traités de Vienne partout où ils seraient en péril.

blit dans Naples et dans la Sicile l'autorité absolue de Ferdinant Ier.

En Espagne, le gouvernement insensé de Ferdinand VII provoqua les insurrections militaires de Quiroga, de Riégo et d'O'Donnel. Forcé par sa garde royale elle-même, le roi reconnut solennellement la Constitution de 1812, le 9 mars 1820. Une autre insurrection constitutionnelle éclatait presque en même temps en Portugal et ramenait à Lisbonne le roi Jean VI, qui convoqua les Cortès. Le Brésil, laissé sous la régence de don Pedro, fils de Jean VI, se sépara alors de sa métropole et fut érigé en empire.

Le Piémont tenta aussi de s'émanciper ; mais une armée autrichienne, commandée par Bubna et Salier de la Tour, vainquit à Novare (8 avril 1821) les troupes constitutionnelles et fortifia le pouvoir absolu entre les mains du roi Charles-Félix.

184. INTERVENTION DE LA FRANCE EN ESPAGNE. — EMANCIPATION DES COLONIES ESPAGNOLES. — C'est alors que la France intervint à son tour. Les souverains s'étaient réunis en congrès à Vérone pour aviser aux moyens d'étouffer l'insurrection espagnole. Montmorency et Chateaubriand, représentants de la France, firent décider notre intervention en Espagne. Le duc d'Angoulême, nommé généralissime de l'armée française, entra en Espagne, s'empara de Madrid et poursuivit au sud le roi Ferdinand VII que les Cortès avaient entraîné avec elles jusqu'à Cadix. Après la prise de la forteresse du

Trocadéro, il obtint la capitulation de Cadix, le 18 septembre 1823. Rendu à ses propres inspirations, Ferdinand VII révoqua tous les actes de son règne depuis le 9 mars 1820; condamna les Cortès au bannissement et rentra à Madrid après avoir fait supplicier les principaux chefs de l'insurrection.

Depuis quelques années Louis XVIII n'était plus que le spectateur des actes de son gouvernement : le pouvoir et la direction des affaires étaient entre les mains de son frère. Le 16 septembre 1824, le roi mourait en recommandant au comte d'Artois, qui allait lui succéder, de bien garder la couronne pour le jeune duc de Bordeaux.

Comprimée en Europe, l'agitation révolutionnaire avait eu plus de succès dans l'Amérique, où toutes les colonies de l'Espagne, s'affranchissant de la métropole, avaient formé les nombreux Etats que nous y voyons encore aujourd'hui. Le général Bolivar fut l'agent le plus actif et le plus célèbre de ces révolutions.

QUESTIONNAIRE. — 181. Où se réunirent en 1815 les délégués des puissances européennes ? — Quelles furent les acquisitions de la Russie ? — Quelle part fut attribuée à la Prusse, à l'Autriche, à la Suède, au Danemark ? — Que fit-on de la Hollande ? — Qu'est-ce que la Confédération germanique ? — Quelles villes nous enleva le deuxième traité de Paris ? — 182. Quels sont les premiers faits de la seconde restauration ? — Quels assassinats furent commis ? — Quelles peines furent prononcées par les tribunaux ? — Comment fut dissoute la Chambre introuvable ? — Qu'est-ce que la loi électorale de 1817 ? — Quels événements marquent l'année 1818 ? — Quel ministre succéda à M. de Richelieu? — Qu'est-ce que la loi sur la presse? — Quel assassinat fut commis le 13 février 1820? — Quelle fut la cause de la chute de M. Decazes? — Quels événements ont marqué l'année 1821? — Quel fut le successeur de M. de Richelieu? — 183. Quels sont les principaux ministres de l'Angleterre, de 1815 à 1822? — Quelles résolutions prirent les souverains de la Sainte-Alliance? — Que se passa-t-il à Naples en 1820? — Quelles résolutions furent adoptées aux congrès de Troppau et de Laybach, et comment furent-elles mises à exécution? — Quelles révolutions agitèrent l'Espagne et le Portugal en 1820? — Que se passa-t-il en Piémont? — Où les troupes constitutionnelles furent-elles vaincues en 1821? — 184. Dites quelle fut la part de la France au congrès de Vérone. — Qui eut le commandement en chef? — Quel fait d'armes détermina la soumission des Cortès? — Quand mourut Louis XVIII? — Quel fut son successeur? — Quelles pertes fit l'Espagne vers le même temps? — Quel général a eu le plus de part à l'indépendance de l'Amérique méridionale?

CHAPITRE VIII

LA FRANCE ET L'EUROPE DEPUIS LA MORT DE LOUIS XVIII (1824) JUSQU'A LA RÉVOLUTION DE JUILLET 1830. — PROGRÈS DES LETTRES, DES SCIENCES ET DES ARTS.

185. CHARLES X. — MINISTÈRE VILLÈLE. — La transmission de la couronne au comte d'Artois, roi sous le nom de *Charles X*, se fit sans difficulté et selon les règles de l'ancienne monarchie. Les premiers mois de l'année 1825 furent employés à la discussion et à l'adoption de la loi sur les sacriléges et de la loi sur le milliard d'indemnité aux émigrés. Le sacre

du roi fut solennellement conféré à Reims le 29 mai 1825.

En 1826, *de Villèle* reconnut la république de Saint-Domingue et obtint pour la France des avantages commerciaux particuliers avec cette ancienne colonie. La même année, une loi sur le droit d'aînesse, présentée par le ministère, fut rejetée par la Chambre des pairs. On prépara aussi une loi sur la presse : elle fut adoptée par les députés malgré les éloquentes paroles de Royer-Collard ; mais le ministère retira ensuite ce projet de loi.

Le ministère poursuivit ses mesures de rigueur en rétablissant de nouveau la censure et en décrétant la dissolution de la garde nationale, à la suite d'une revue passée par le roi le 30 avril 1827. Il voulut vaincre l'opposition d'une des Chambres et s'assurer dans l'autre une majorité plus compacte, en créant 86 pairs nouveaux, et en provoquant de nouvelles élections par les ordonnances du 5 novembre 1827. Mais les élections ne répondirent pas à l'attente du ministère : elles amenèrent à la Chambre une majorité libérale devant laquelle de Villèle se retira au commencement de l'année 1828.

186. L'ANGLETERRE ET L'ALLEMAGNE. — En Angleterre, le ministère présidé par Georges Canning obtint l'abolition de l'acte de navigation, qui était en vigueur depuis Cromvell : les vaisseaux appartenant aux marines étrangères ne furent plus astreints à n'apporter dans la Grande-

Bretagne que les produits du sol ou de l'industrie de leurs nations respectives ; le commerce
fut déclaré libre pour tous, sous le respect
des conditions réglées par les traités internatio-
naux. Puis, après dix ans de luttes soutenues
par *O'Connell, le grand agitateur*, les catholiques
d'Irlande obtinrent enfin, en 1829, la reconnaissance de leurs droits politiques.

Dans la Confédération germanique, le roi de
Prusse, *Frédéric-Guillaume IV*, forma, à partir
de 1818, une vaste association douanière appelée *Zollverein*, à laquelle adhérèrent successivement presque tous les États allemands.

187. La Grèce affranchie des Turcs. — Bat-
taille de Navarin. — Depuis 1820, une association puissante nommée *Hétérie* avait réuni
contre le gouvernement ottoman les *philhel-
lènes*, c'est-à-dire les amis des Grecs ; l'insurrection fut proclamée en Moldavie, en Albanie, et le
21 mars 1821, l'archevêque *Germanos* planta sur
les murs de Calavrita, en Achaïe, le drapeau de
l'indépendance. Les Turcs se vengèrent en dé-
vastant le pays, en massacrant, en livrant les
villes aux flammes ou au pillage, et ils préparèrent une grande expédition contre l'île de Chio,
la plus riche de l'archipel. Ces horreurs durèrent
un mois ; mais elles furent vengées. Le 19 juin
1822, les commandants de la flottille grecque,
Canaris et *Miaoulis*, entrèrent dans le canal de
Scio et détruisirent une partie de la flotte
turque. Cependant le sultan avait appelé à son
aide son vassal, le pacha d'Égypte, et une ar-

15.

mée de 26,000 hommes, sous les ordre d'*Ibrahim*, débarqua en Morée. Les Grecs allaient
succomber après la chute héroïque de Misso-
longhi, leur dernier rempart, quand les trois
puissances, française, anglaise et russe s'unirent dans un commun effort par le traité de
Londres (1827). La flotte turque fut anéantie à
Navarin, le départ de l'armée égyptienne hâté
par le général *Maison*, et les projets ambitieux
de la Russie arrêtés par la conclusion rapide
du traité d'Andrinople, qui reconnaissait l'indépendance de la Grèce, constituée en république sous la présidence de *Capo d'Istria*.
Elle devint une monarchie peu de temps après,
le 3 février 1830, sous le sceptre du roi Othon Ier,
fils du roi de Bavière.

**188. FIN DU RÈGNE DE CHARLES X. — CONQUÊTE
D'ALGER.** — En France, les esprits, qui s'étaient
un instant passionnés pour la cause de l'indépendance hellénique, furent bientôt ramenés
aux luttes irritantes de la politique intérieure.
Le ministère de *Martignac*, constitué le 4 janvier 1828, n'eut qu'une assez courte durée :
des lois plus douces régirent la presse, la censure fut abolie, et l'on supprima le *cabinet noir*,
où le secret des lettres était violé. Mais le
ministère n'obtenait qu'une majorité vacillante
dans le Parlement et qu'un appui pénible de
la part du roi. Il tomba à la suite d'un vote
sur les conseils d'arrondissement, et Charles X
résolut de gouverner avec des hommes de son
choix, sans s'inquiéter de l'esprit du pays. Le

8 août 1829, il choisit *de Polignac* comme chef du nouveau cabinet.

L'opposition se montra aussitôt très-ardente ; elle se manifesta à la Chambre dans l'*adresse* des deux cent vingt et un députés, qui, dans leur réponse au discours du roi, accusaient la politique du gouvernement. Cette adresse fut suivie de la dissolution de la Chambre. Mais les élections nouvelles renvoyèrent deux cent soixante-dix opposants. C'est au milieu de l'inquiétude des esprits sur les projets du gouvernement que fut accomplie la brillante expédition d'Alger.

Depuis trois ans déjà l'attention du gouvernement était attirée de ce côté. Le dey *Hussein* réclamait le payement de fournitures de blé faites à la France sous le Consulat ; il avait frappé notre ambassadeur d'un coup d'éventail, avait reçu un de nos vaisseaux par une volée de mitraille, et laissait ses corsaires exercer la piraterie dans la mer Méditerranée. Le 25 mai 1830, le général *Bourmont* et le vice-amiral *Duperré* partirent de Toulon avec 103 bâtiments de guerre, montés par 27,000 marins, 377 bâtiments de transport et 225 radeaux ; l'armée de terre comprenait 37,000 hommes. Après avoir repoussé les troupes de Hussein au plateau de Staouéli, de Bourmont commença le siége d'Alger, s'empara du fort l'Empereur, et entra dans la ville le 5 juillet. Nous avions mis le pied sur la terre d'Afrique.

189. RÉVOLUTION DE 1830. — Malgré toute la

Joie que devait exciter un succès si habilement préparé et si rapidement obtenu, la population resta anxieuse et défiante. Quelques jours après en effet, le 26 juillet, paraissaient les *ordonnances* qui cassaient la Chambre dernièrement réélue, et modifiaient le système d'élection et le régime de la presse, déterminés par des lois antérieures. Paris se couvrit presque immédiatement de barricades ; les journées du 27, du 28 et du 29 juillet furent remplies par des combats et se terminèrent par le triomphe de l'insurrection, devant laquelle dut céder le maréchal *Marmont*, chargé par le roi de la défense de la capitale. Charles X essaya vainement de conserver la couronne à la branche aînée par une abdication en faveur du duc de Bordeaux. *Il est trop tard*, répondit La Fayette à l'Hôtel de Ville, comme il l'avait déjà dit à propos de Napoléon en 1815.

Le *duc d'Orléans* fut proclamé lieutenant général du royaume, et Charles X partit pour l'exil le 16 août 1830.

QUESTIONNAIRE. — 185. Quelles lois furent votées en 1825 ? — Par qui furent-elles combattues ? — Quelle cérémonie eut lieu le 29 mai ? — Quel traité M. de Villèle fit-il avec la république de Saint-Domingue ? — Quelles mesures de rigueur furent prises en 1827 ? Comment tomba le ministère de M. de Villèle ? — 186. Quelles sont les deux importantes réformes inaugurées en Angleterre par le ministère de Georges Canning ? — Qu'est-ce que le Zollverein ? — Par qui fut-il établi ? — 187. Racontez les commencements de l'insurrection grecque. — Quel fut l'allié du sultan ? — Quelle ville grecque succomba héroïquement en 1826 ? — Quelles nations européennes s'unirent pour secou-

rir les Grecs ? — Quelle victoire navale fut remportée ?
— Comment la Grèce fut-elle constituée ? — 188. Quel
ministre succéda à M. de Villèle ? — Quels furent les
principaux actes de M. de Martignac ? — Comment
tomba-t-il ? — Quelle résolution prit Charles X ? —
Comment le ministère de M. de Polignac fut-il appré-
cié ? — Qu'est-ce que l'adresse des 221 ? — Quel fut
le résultat des élections nouvelles ? — Quelles sont
les causes de l'expédition d'Alger ? — Comment fut-
elle préparée ? — Quels en furent les chefs ? —
Principaux faits d'armes ? — 189. Comment fut
reçue la nouvelle de la prise d'Alger ? — Quelles
ordonnances furent publiées le 26 juillet ? — Qui fut
chargé de défendre Paris ? — Combien de jours dura
l'insurrection ? — Comment se termina-t-elle ? — Qui
fut choisi pour lieutenant général du royaume ?

CHAPITRE IX

LA MONARCHIE DE JUILLET JUSQU'EN 1848. —
ÉTAT DE L'EUROPE DE 1830 A 1840.

190. LOUIS-PHILIPPE Ier. — MINISTÈRE DE CASI-
MIR PÉRIER. — Après que la charte de 1814 eut
été révisée par l'ingénieur *Bérard*, député de
Seine-et-Oise, le duc d'Orléans en jura l'observation et fut proclamé roi des Français, sous le
nom de *Louis-Philippe* Ier par le vote de 219 députés dans la séance du 9 août 1830. L'envoi de
Talleyrand en Angleterre, l'attitude hostile de
la Russie et la mort mystérieuse du *duc de Bourbon*, le dernier survivant des Condés (1), occupèrent d'abord l'opinion publique, bientôt plus
vivement excitée par le procès des ministres de
Charles X devant la Cour des pairs. Les ministres furent condamnés à la détention, malgré

(1) C'était le père du duc d'Enghien, fusillé à Vincennes en 1804.

les cris de mort proférés par une multitude menaçante, et malgré l'émeute du 22 décembre, qui fut refoulée par *La Fayette*. Après ces épreuves heureusement traversées, la Chambre vota la suppression du commandement général des gardes nationales, dont La Fayette était investi. Mais le gouvernement montra sa faiblesse en laissant s'opérer le pillage de Saint-Germain-l'Auxerrois et de l'archevêché, et en ordonnant de gratter les fleurs de lis sur les monuments publics. D'un autre côté, le roi ne voulait pas suivre *Laffitte*, devenu chef du cabinet, dans ses projets d'intervention en Europe, et, après la retraite de cet homme d'État, il choisit un nouveau ministre dans le parti de la résistance, *Casimir Périer*. C'était un homme de valeur, doué d'énergie et d'une grande probité politique ; il s'efforça d'abord de réprimer les insurrections, tout en respectant les opinions individuelles, tant qu'elles ne se traduiraient pas en actes coupables. La plus redoutable de ces insurrections fut celle qui resta maîtresse de Lyon pendant 10 jours (novembre 1831) et qui fut comprimée par le maréchal Soult et par le duc d'Orléans, fils du roi. La guerre civile était sur le point d'éclater en Vendée, quand le choléra, qui ravageait Paris, emporta Casimir Périer (mars 1832) ; mais l'attitude ferme du ministère produisit ses fruits, même quand il eut cessé d'exister, et cette tentative de la duchesse de Berry fut encore déjouée. Presque au même moment à Paris, les funérailles du général

Lamarque, qui avait été sous la Restauration l'un des champions de l'opinion libérale, donnèrent lieu à une émeute terrible et à une véritable bataille dans le cloître Saint-Méry (5 et 6 juin 1832). Le gouvernement demeura encore le maître et il parut raffermi par ces victoires consécutives.

191. Fondation du royaume de Belgique. — Partout, autour de la France, la révolution de Juillet avait excité une commotion profonde. Dès le 25 août, les Belges chassèrent de Bruxelles le gouverneur hollandais *Van Mahanem* et décidèrent la création d'une armée nationale ; ils résistèrent aux troupes du prince *Frédéric d'Orange*, l'obligèrent à la retraite et furent même, pendant quelque temps, maîtres de la ville d'Anvers. Des conférences s'ouvrirent à Londres et à Bruxelles. D'un côté, l'indépendance de la Belgique fut reconnue et réglée par une première convention en 18 articles ; de l'autre, les Belges se prononcèrent pour la forme monarchique et offrirent la couronne au duc de Nemours, fils du roi des Français. Louis-Philippe refusa pour son fils, et une nouvelle élection porta au trône de Belgique le prince Léopold de Saxe-Cobourg (4 juin 1831). Mais la Hollande refusa d'accepter cette décision et envahit la Belgique. Alors une armée française, dans une campagne de dix jours, reconduisit l'armée hollandaise jusqu'à la frontière belge. Une nouvelle convention en 24 articles fixait au 12 novembre

l'évacuation d'Anvers par les troupes de *Guillaume d'Orange*. Ces délais passés, une seconde armée française de 70,000 hommes, commandée par le général *Gérard*, alla assiéger Anvers, qui capitula le 24 décembre. Un traité définitif en 34 articles régla la question belge et les conditions de la neutralité du territoire enlevé à la maison d'Orange.

192. INSURRECTION DE LA POLOGNE. — Bien différent fut le résultat de l'insurrection polonaise. La Pologne se souleva le 29 novembre 1830, chassa le *grand duc Constantin*, gouverneur du pays, et institua un gouvernement de cinq membres sous la présidence d'Adam *Czartoriski*.

Mais elle fut tout d'abord déchirée par les factions et n'obtint aucun secours de la diplomatie ou des armées européennes. Les généraux *Chlopicki* et *Radzivill* organisèrent rapidement une belle armée et livrèrent aux Russes, commandés par *Diébitsh*, les sanglantes batailles de Wawer et de Grochow, dans lesquelles ils demeurèrent vainqueurs. *Skrzynéki*, élevé ensuite au commandement suprême, resta trop longtemps inactif après sa désastreuse victoire d'Ostrolenka (12 mai 1831). Il attendait tout des efforts combinés de la France et de l'Angleterre. Mais la Russie refusa toute intervention étrangère; elle s'allia à la Prusse et massa sur les frontière de la Pologne ses régiments commandés par *Paskiewich*. Varsovie fut investie par la rive gauche de la Vistule et prise le 8 septembre 1831, après une défense héroïque dirigée par le vieux général *Kruc-kowiecki*. À partir de ce moment, la Pologne perdit successivement les libertés garanties par le pacte de 1815 ; sa langue, son costume national furent proscrits, ses habitants dispersés, et sa jeunesse enrôlée dans l'armée russe fut envoyée dans les garnisons du Caucase ou de l'Oural.

193. Soulèvement en Italie. — Le même désir d'affranchissement s'était montré dans quelques provinces de l'Italie. Bologne s'insurgea le 24 février 1831 contre le gouvernement du pape *Grégoire XVI*, et elle entraîna dans sa révolte Parme et Modène. Mais une armée autrichienne accourut presque aussitôt pour rétablir l'autorité du pape à Bologne et celle des archiducs dans les duchés. Les édits du pape n'accordèrent qu'une demi-satisfaction aux exigences des provinces insurgées, qui recommencèrent la lutte. C'est à ce moment que le ministère français, dirigé par Casimir Périer, se décida à prévenir l'Autriche en occupant militairement Ancône (7 février 1832) ; cette ville resta sous la protection de la France jusqu'en 1839.

194. Guerre civile de Portugal. — Le ministère ne montra pas moins d'énergie et de dignité dans ses rapports avec le Portugal. Ce pays était tombé sous le joug de *don Miguel*, fils cadet de Jean VI, qui avait usurpé la couronne sur sa nièce *doña Maria* (1828). Cette dernière était allée implorer le secours de son père, don *Pedro I*[er], empereur du Brésil. Or, don Miguel après avoir été un mauvais fils, était un tyran qui traitait les étrangers comme ses propres sujets. Casimir Périer fit forcer les passes du Tage par une escadre française et conduire prisonnière à Brest la flotte portugaise (14 juillet 1831), par suite du refus de don Miguel d'accorder réparation à deux négociants français injustement molestés. La flotte ne fut rendue qu'après la satisfaction accordée.

A cette époque, don Pedro débarquait auprès d'Oporto, obtenait le concours de l'Angleterre, battait près du cap Saint-Vincent **la flotte miguéliste**, s'emparait de Lisbonne et faisait reconnaître sa fille doña Maria (juillet 1833).

195. GUERRE CIVILE D'ESPAGNE. — La guerre civile désolait en ce moment l'Espagne aussi bien que le Portugal. Avant de mourir (1833), Ferdinand VII révoqua la loi salique apportée de France au dix-huitième siècle par Philippe V, et il désigna *Marie-Christine* comme régente de sa jeune fille *Isabelle*, déclarée héritière du trône en vertu de l'antique constitution du pays et d'un acte des Cortès de 1789, promulgué par lui en 1830. Don Carlos, oncle de la jeune reine, commença immédiatement la guerre, au nom des droits au trône que lui donnait la loi salique. Chassé du Portugal en 1834, il reparut la même année en Navarre à la tête des armées de ses partisans *Zumala Carragui*,

Cabrera, etc. Dans cette guerre de sept ans, Marie-Christine fut soutenue par les cabinets de Londres et de Paris ; mais elle dut faire au parti libéral d'importantes concessions, et la révolution de la Granja (12 août 1836), la força d'accepter la constitution de 1812, modifiée sous le nom de *Pacte fondamental de* 1837. Réunissant alors toutes les forces libérales de l'Espagne, elle poursuivit avec plus de succès les carlistes, maîtres d'une grande partie des provinces du Nord. Au pont de Luchana (25 décembre 1839), le général *Espartero* remporta une victoire décisive dont la prise de Bilbao fut la conséquence, et les derniers restes des armées carlistes se réfugièrent en France en 1840.

Décoré du titre de duc de la Victoire, le général Espartero ne put s'entendre avec la régente au sujet de la loi votée par les Cortès sur les *ayuntamientos* ou conseils municipaux. Après les insurrections de Barcelone et de Madrid, Marie-Christine abdiqua (12 octobre 1840). Espartero fut déclaré régent ; mais trois ans après (juillet 1843) il était renversé par Narvaez, la majorité d'Isabelle était proclamée, et Marie-Christine reparaissait en Espagne.

196. L'Angleterre sous Guillaume IV. — Les événements relatifs à l'Angleterre pendant cette période n'ont pas le même caractère belliqueux. Le 2 novembre 1830, *Guillaume IV* monta sur le trône du Royaume-Uni. Un ministère wigh fut immédiatement constitué par *lord Grey*, et plusieurs bills importants furent présentés aux discussions du Parlement. Le bill de Réforme, qui supprimait 60 bourgs pourris (1), et créaient 500.000 électeurs nouveaux, la loi sur la taxe des pauvres, enfin la loi sur l'affranchissement des noirs dans les colonies anglaises et sur l'allocation de 500 millions pour indemniser les maîtres. Cette loi, adoptée en 1833, fut accueillie avec des transports d'admiration.

Le 20 juin 1837, à la mort de Guillaume IV, sa nièce *Victoria*, fille du duc de *Kent*, fut appelée au trône, et le Hanovre, détaché de l'Angleterre, eut pour roi le *duc de Cumberland*, second frère de Guillaume.

QUESTIONNAIRE. — 190. Quel titre prit le duc d'Orléans devenu roi ? — Quelle promesse fit-il ? — Quel procès fut soutenu devant la Chambre des pairs ? — Comment le gouvernement montra-t-il sa faiblesse ? — Pourquoi Louis-Philippe se sépara-t-il de M. Laffitte ? — Quelle fut la politique intérieure de M. Casimir Périer ? — Comment ce ministre mourut-il ? — Quelles émeutes ensanglantèrent la Vendée et Paris en 1832. — 191. Quels furent les résultats de la révolution de Juillet en Belgique ? — Quels congrès furent réunis à Londres et à Bruxelles ? — Quelles résolutions y furent prises ? — Quelle réponse fit le roi Louis-Philippe à l'offre du congrès belge ? — Qui fut roi de la Belgique ? — Quelle première expédition fut faite par une armée française ? — Quelle ville fut assiégée par le général Gérard ? — Comment fut constitué le nouveau royaume de Belgique ? — 192. Que firent les Polonais en 1830 ? — Quels furent leurs premiers

---

(1) On appelait Bourgs pourris les circonscriptions électorales fixées par les édits de 1265, et qui, ayant perdu leur population d'autrefois, envoyaient cependant le même nombre de députés à la Chambre. La corruption électorale y pouvait être très facilement exercée.

chefs? — Quelles batailles furent livrées? — Quel général russe s'empara de Varsovie? — Quel sort fut réservé à la Pologne? — Quelle insurection éclata en 1831? — Par qui fut-elle réprimée? — 193. Quelles furent les causes de l'occupation d'Ancône par un corps français? — Combien de temps dura cette occupation? — 194. Quelle usurpation fut accomplie par don Miguel? — Quelle offense don Miguel fit-il à nos nationaux? — Quelle réparation en exigea M. Casimir Périer? — Comment don Pedro fit-il triompher la cause de sa fille? — 195. Quelles sont les causes de la guerre civile en Espagne? — Quels furent les généraux de don Carlos? — Quelles concessions Marie-Christine fut-elle obligée de faire au parti libéral? — Quelle fut la conséquence de la révolution de la Granja? — Quel est le général espagnol qui termina la guerre à l'avantage de la reine Christine? — Quelle fut la cause de l'abdication de la régente? — Qui lui succéda? — Comment Espartero fut-il renversé? — 196. Qui fut roi d'Angleterre en 1830? — Quels sont les principaux bills présentés par le ministère wigh de lord Grey? — En quelle année commence le règne de la reine Victoria? — Le Hanovre resta-t-il sous la dépendance de la reine?

CHAPITRE X

LES DEUX PREMIÈRES PHASES DE LA QUESTION D'ORIENT

197. RÉFORMES DE MAHMOUD II EN TURQUIE ET DE MÉHÉMET-ALI EN ÉGYPTE. — Le sultan *Mahmoud II* gouvernait l'Empire ottoman depuis 1808. Au plus fort de la lutte contre les Grecs, il avait détruit l'antique milice des janissaires, à cause de leur esprit d'insubordination. Il avait introduit de grands changements dans l'administration de l'Empire, créé des corps de troupes armés et habillés à l'européenne, autorisé des journaux, des théâtres, ordonné la construction de plusieurs navires à vapeur, et soulevé contre lui une redoutable impopularité par ses réformes coup sur coup. Un autre réformateur, *Méhémet-Ali*, pacha d'Egypte depuis 1808, admirateur de la France, s'entourait d'étrangers, principalement de Français, créait une armée, des écoles, une marine, importait des cultures nouvelles, celles du coton, de l'indigo, etc., s'emparait de l'Hedjaz en Arabie, de la Nubie, du Kordofan en Afrique, et semblait vouloir régénérer la puissance turque. En 1831, il alla même attaquer un autre vassal du sultan, le pacha de Syrie, *Abdallah*, coupable d'avoir donné asile à des fellah ou paysans égyptiens. Cette entreprise fut le point de départ d'une grave querelle, qui s'étendit bientôt de l'Asie à l'Europe et mit aux prises la France, l'Angleterre et la Russie.

198. GUERRE DE L'EGYPTE CONTRE LA TURQUIE. — CONVENTION DE KUTAYEH. — *Ibrahim*, fils de Méhémet, s'empara de Saint-Jean d'Acre après dix mois de siége, et résista aux ordres du gouvernement turc, qui lui enjoignait de s'arrêter. Les généraux envoyés pour le combattre furent successivement vaincus. Ibrahim avait déjà franchi les défilés de la Cilicie et pénétré au cœur de l'Asie Mineure. Constantinople, menacée et n'ayant plus de troupes pour se défendre, appela les secours de la Russie, et une flotte russe entra aussitôt dans le Bosphore. La France s'interposa

et força le sultan à accepter la convention de Kutayeh, par laquelle il abandonnait au pacha d'Egypte la Syrie, l'île de Chypre et le district d'Adana dans l'Asie Mineure (5 mai 1833).

199. Nouvelles hostilités. — Traité de Londres et convention des détroits. — La trêve conclue à Kutayeh entre la Porte et l'Egypte ne pouvait avoir qu'une durée éphémère. Dès qu'il se crut suffisament préparé, le sultan Mahmoud la rompit (1839). Mais ses troupes furent vaincues à Nézib, près de l'Euphrate, le 24 juin. Quelques jours après Mahmoud expirait, et le Capitan pacha livrait à Méhémet-Ali toutes les forces navales de la Turquie.

Le cabinet français s'empressa de proposer une suspension d'hostilités ; mais la France seule était sympathique au pacha et applaudissait à ses progrès. Elle fut laissée à l'écart : l'Angleterre, la Russie, l'Autriche et la Prusse s'unirent contre nous pour imposer au pacha d'Egypte le traité de Londres (15 juillet 1840), qui lui enlevait le district d'Adana, l'île de Chypre et les villes saintes, lui laissait la Syrie à titre viager et l'Egypte à titre héréditaire. La France, représentée à Londres par M. *Guizot*, n'eut connaissance du traité qu'après qu'il eut été conclu.

Cependant Méhémet-Ali refusait d'obéir. Le nouveau sultan, *Abdul-Medjid*, prononça sa déchéance, et, conformément au traité, une flotte anglaise alla bombarder les villes de Beyrouth

et de Saint-Jean d'Acre (septembre 1840). L'é-
motion fut vive en France ; M. *Thiers*, appelé au
ministère depuis le 1er mars, fit faire des armements et se prépara à la guerre ; puis il lança un
ultimatum aux puissances étrangères : il regar-
derait comme un *casus belli* toute atteinte portée
à la souveraineté du pacha sur l'Egypte. Alors
les puissances européennes se rapprochèrent
de la France et signèrent avec elle la convention des Détroits (13 juillet 1841), par laquelle
la possession héréditaire de l'Egypte était assurée à Méhémet-Ali, et l'entrée des détroits de
la mer de Marmara interdite aux navires de
guerre de toutes les nations.

200. GUERRE DE L'ANGLETERRE CONTRE LA CHINE.
Une autre question orientale surgit à la même
époque dans les parties les plus reculées du
continent asiatique. L'Angleterre engagea la
guerre avec l'empire chinois pour protéger le
commerce de l'opium prohibé par l'empereur
Tao Twamg. Trois expéditions conduites par le
vice-amiral *Georges Elliot*, de 1840 à 1842, forcèrent le gouvernement chinois à accéder au
traité de Nankin, en vertu duquel 116 millions
furent payés à l'Angleterre, l'île de Hong-Kong
lui fut cédée, et les cinq ports de Canton, Amoy,
Fou-Tchéou, Ning-Po et Chang-Haï ouverts au
commerce de toutes les nations.

La France se hâta de profiter de ces dispositions dans un intérêt plus élevé. Le diplomate
Lagrené, envoyé par le ministère de M. Guizot,
stipula pour les chrétiens les garanties qu'ils

avaient obtenues en 1722, et perdues depuis 1815.

QUESTIONNAIRE. — 197. Quelles furent les réformes opé-
rées par le sultan Mahmoud II? — Qui était pacha
d'Egypte depuis 1808? — Quelles conquêtes furent
entreprises par Mehémet-Ali? — 198. La Turquie ne
s'opposa-t-elle pas à l'envahissement de la Syrie par
Ibrahim? — Où les troupes égyptiennes furent-elles
victorieuses? — Quelle démarche la France fit-elle
auprès du sultan? — Qu'est-ce que le traité de Kutayeh? — 199. Comment fut rompue la trêve de
Kutayeh? — Quels malheurs accablèrent le gouvernement turc? — Quelle proposition fit le ministère
français? — Quel traité fut signé à Londres en 1840?
— Comment Mehémet-Ali accueillit-il la décision
prise à son égard? — Quelles villes furent bombar-
dées sur la côte de Syrie? — Quelle déclaration fit
M. Thiers? — Qu'est-ce que le traité des Détroits?
— 200. Qu'est-ce que la guerre de l'Opium? — Quelles
furent les conditions du traité de Nankin? — De
quelle mission fut chargé M. de Lagrené?

CHAPITRE XI

LA FRANCE DE 1840 A 1848. — RÉVOLUTION DE 1848

201. FIN DU RÈGNE DE LOUIS-PHILIPPE. — MI-
NISTÈRE DE M. GUIZOT. — Depuis 1830, de
nombreux attentats avaient été commis contre
la vie ou l'autorité du roi Louis-Philippe. Les
plus tristement célèbres sont celui du Corse
Fieschi (1835), dont la machine infernale
arracha la vie au maréchal *Mortier* et à onze
autres victimes, et les deux tentatives du

prince Napoléon Bonaparte, à Strasbourg en 1836, et à Boulogne en 1840. A son arrivée au ministère, le 19 octobre 1840, et pendant les sept années de son gouvernement, M. *Guizot* ne parvint pas à rendre le trône plus solide. Les destinées de la dynastie semblaient compromises par la mort tragique du *duc d'Orléans* (13 juillet 1842). Le ministre pensa qu'il pourrait maîtriser l'opinion et diriger le pays en s'attachant fidèlement à l'alliance anglaise, en s'entourant d'une majorité compacte dans les deux Chambres, et en renfermant la représentation du pays, dans les limites légales que lui avaient données la Charte de 1830. L'opposition, vaincue par le nombre dans le Parlement, mais bruyante et presque partout en majorité dans le pays, se fit une arme contre le ministère du droit de visite accordé aux croisières anglaises dans des parages auparavant soumis à la surveillance de nos navires de guerre, et de l'indemnité accordée à un missionnaire anglais, *Pritchard*, expulsé par nous de l'île de Taïti. Elle ne cessa de demander la réforme électorale que le ministère repoussait avec obstination, même dans sa partie la plus modérée et la plus légitime, l'*adjonction des capacités*, c'est-à-dire des personnes exerçant des professions libérales.

Au mois de janvier 1848, le roi perdait sa sœur, *Madame Adélaïde*, et avec elle une prudente conseillère ; enfin, les députés de l'opposition parlementaire commençaient à s'adresser directement au pays dans des banquets où la réforme était proclamée.

202. RÉVOLUTION DE FÉVRIER 1848. — Le 24 février 1848, une insurrection éclata dans Paris à propos du banquet du douzième arrondissement et du déplorable accident du boulevard des Capucines (1); les concessions du roi furent repoussées, et la duchesse d'Orléans, entraînée avec son fils hors de la Chambre des députés, qui avait été envahie par la foule. Sans vouloir seulement essayer de se défendre, le roi Louis-Philippe quittait le pouvoir et se retirait en Angleterre. A travers les cris et les motions les plus confuses, M. de Lamartine proclamait à la tribune les noms des membres d'un gouvernement provisoire. Ce furent : *Dupont* de l'Eure, *Lamartine*, *Arago*, *Marie*, *Garnier-Pagès*, *Ledru-Rollin* et *Crémieux*.

203. PROGRÈS ACCOMPLIS SOUS LOUIS-PHILIPPE.— Le gouvernement de Juillet, sous lequel on vit s'étaler librement tant de théories funestes, avait réalisé d'incontestables progrès. En 1831, une loi réprima la traite des nègres ; d'autres lois, votées en 1832, ont réformé le code pénal, considérablement adouci les peines et introduit le système des circonstances atténuantes. La loterie, les maisons de jeu furent supprimées. On commença le grand réseau de nos chemins de fer, dont 2,823 kilomètres furent

---

(1) Un coup de feu, parti, dit-on, des rangs de la troupe, amena une première collision entre le peuple et l'armée.

construits. La loi de 1833, présentée et soutenue par M. Guizot, donna une nouvelle impulsion à l'instruction primaire. En 1847, le nombre des établissements d'instruction de toute sorte dépassait 60,000, et la population scolaire 3 millions et demi.

QUESTIONNAIRE. — 201. Quels sont les principaux attentats dirigés contre Louis-Philippe? — Quel est le ministre qui a gouverné pendant sept ans? — En quelle année est mort le duc d'Orléans? — Qu'est-ce que le droit de visite et l'affaire Pritchard? — Que demandait-on dans les rangs de l'opposition? — 202. Quel fut le prétexte de l'insurrection de Paris en 1848? — Quelle démarche la duchesse d'Orléans fit-elle auprès de la Chambre? — Louis-Philippe essaya-t-il de défendre son gouvernement? — 203. Quels progrès ont été accomplis sous la monarchie de Juillet?

CHAPITRE XII

CONQUÊTE DE L'ALGÉRIE

204. PROGRÈS DES FRANÇAIS EN ALGÉRIE DE 1830 A 1836. — En 1830 la France s'était emparée de la ville d'Alger; mais tous le pays, depuis la Tunisie à l'est jusqu'au Maroc à l'ouest, était encore soumis à des beys qui dépendaient du gouvernement turc. De 1830 à 1834, l'Algérie française, placée sous le commandement des généraux *Clausel, Berthezène, duc de Rovigo* et *Voirol*, s'augmenta des villes d'Oran, de Bone et de Bougie. Nous marquions ainsi les deux limites extrêmes du littoral que la France

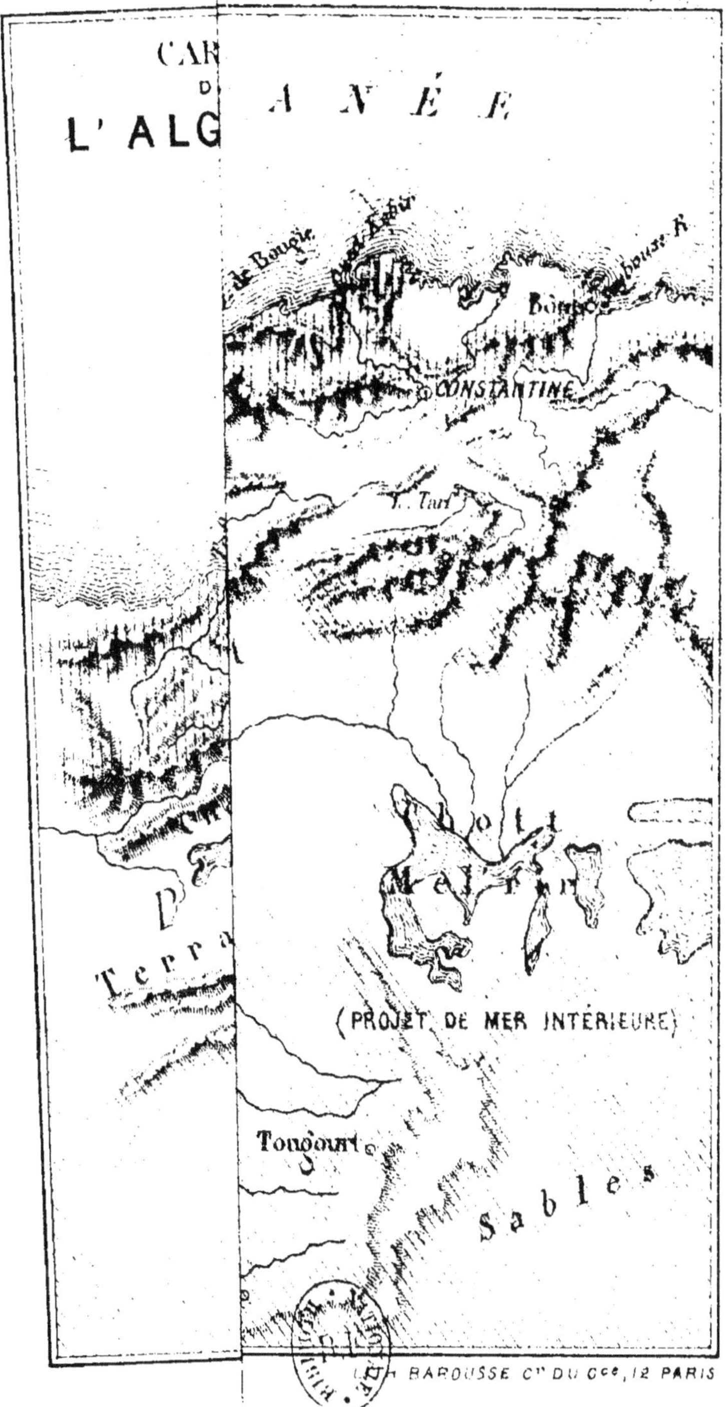
CAR
D
L'ALG
A N É E
le Bougie
Bône
CONSTANTINE
F. Tarf
Chott
Melrir
(PROJET DE MER INTÉRIEURE)
Terra
Tougourt
Sables

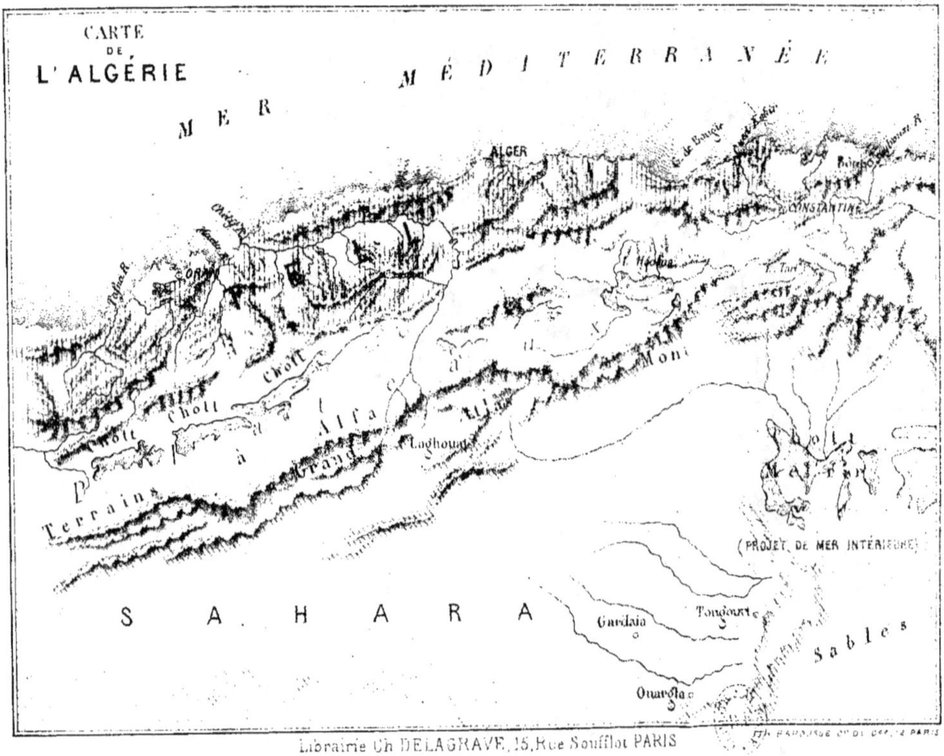

R. Histoire Moderne
CARTE
DE
L'ALGÉRIE
MER MÉDITERRANÉE
ALGER
de Bougie
CONSTANTINE
ORAN
Tafna R.
Chott
Chott
Chott
Chott
Désert
Terrains
Alfa
Grand
Laghouat
Mont
Chott
Melrir
(PROJET DE MER INTÉRIEURE)
SAHARA
Gardaia
Tougourt
Sables
Ouargla
Librairie Ch DELAGRAVE, 15, Rue Soufflot PARIS

allait coloniser. Deux corps indigènes de zouaves et de spahis furent créés en 1831. Le premier gouverneur général fut le comte *Drouet d'Erlon*, sous lequel commencent les expéditions *d'Ab-el-Kader*, émir de Mascara.

C'était un Arabe de la tribu des Haschems, que sa naissance, sa piété et son courage avaient fait distinguer de bonne heure par ses compatriotes; ils lui avaient donné le nom de *marabout* ou de vénéré, et d'*émir* ou de prince.

Après la désastreuse retraite de la Macta, dans laquelle un corps de troupes français fut décimé par les Arabes, le général *Clausel*, appelé en 1835 au commandement général, résolut d'attaquer l'émir dans sa capitale : il marcha sur Mascara et y entra le 20 novembre. Abd-el-Kader avait mis le feu à sa capitale avant de la quitter. Le maréchal Clausel s'empara ensuite de Tlemcen, et il prépara, pour l'année suivante, une expédition contre Constantine.

L'entreprise fut malheureusement retardée jusqu'à l'automne, et l'on ne put rassembler que 8,000 hommes. Après neuf jours d'une marche pénible, pendant lesquels on vit des hommes mourir de froid, on arriva aux portes de la ville. Toutes les attaques du faible corps français furent vaines, et l'on dut se préparer à la retraite.

205. Conquête de Constantine et de la vallée du Chélif. — Il fallait réparer cet échec, et trou-

ver des troupes disponibles en signant d'abord
dans l'ouest une trêve avec Abd-el-Kader.
Le général *Bugeaud* eut une entrevue avec
l'émir, le 1ᵉʳ juin 1837, sur les bords de la
Tafna.

Le traité de la Tafna, du reste peu avanta-
geux pour la France, n'arrêta que quelques
mois les hostilités, mais il rendit plus facile
une seconde expédition contre Constantine.
Le général *Damrémont*, à la tête de 13,000 hommes, arriva en vue de la place le 6 octobre
1837 ; il fut tué au moment de commander
l'assaut. Le général *Valée*, son successeur, eut
la gloire de s'emparer de la ville après un furieux combat.

Le gouvernement du général Valée, devenu
maréchal de France, fut signalé par le passage
des Portes de Fer, qui furent franchies en 1839 ;
par la fondation de Philippeville ; par l'héroïque défense de Mazagran et par la conquête
de toute la vallée du Chélif.

206. DÉFAITE D'ABD-EL-KADER. — En arrivant
au poste de gouverneur général, en 1840, le
général Bugeaud poussa plus vivement les hostilités contre Abd-el-Kader. Le *duc d'Aumale*
et le général *Yousouf* pénétrèrent jusqu'au
Sahara, et s'emparèrent de la *Smala* de l'émir
en 1843. L'émir chercha alors à soulever
le Maroc contre nous. Le *prince de Joinville*
bombarda Tanger et Mogador, et le général
Bugeaud remporta sur la cavalerie marocaine
la mémorable victoire d'Isly. A partir de cette

époque, l'émir, repoussé du Maroc, privé du secours de son partisan Bou-Maza, qui fut pris, vit diminuer graduellement son autorité. Le 23 décembre 1847, à Sidi-Brahim, il fut obligé de se rendre au duc d'Aumale et au général Lamoricière, et il fut interné en France, en attendant qu'on pût lui rendre la liberté. Les expéditions du maréchal Bugeaud dans la grande Kabylie, en mai 1848, et celle du général Randon en 1857, ont complété la conquête de l'Algérie. A peu près pacifiée aujourd'hui, l'Algérie prospère de plus en plus : le nombre de ses habitants en 1875 était déjà de 2,868,977, dont 197,341 Français ; et son commerce était représenté par 340 millions de francs, dont 195 millions à l'importation, et 145 à l'exportation.

QUESTIONNAIRE. — 204. Quels furent les généraux envoyés d'abord en Algérie ? — Quelles furent leurs conquêtes ? — Quels corps de troupes indigènes furent créés ? — Quel fut le premier gouverneur général ? — Quel ennemi eut-il à combattre ? — Quels étaient les titres d'Abd-el-Kader ? — Quel désastre Abd-el-Kader infligea-t-il à nos soldats ? — Quelle expédition fut dirigée par le général Clausel ? — Connaissait-on la force réelle de la ville de Constantine ? — Quel fut le résultat de l'attaque ? — 205. Quel traité le général Bugeaud conclut-il avec l'émir ? — En quelle année Constantine fut-elle de nouveau attaquée ? — Quel général fut tué sous ses murs ? — Quel général s'empara de la ville ? — Quels sont les principaux faits d'armes accomplis sous le gouvernement du maréchal Valée ? — 206. A quelle époque le général Bugeaud fut-il nommé gouverneur général ? — Qui s'empara de la smala d'Abd-el-Kader ? — Quel fut l'allié de l'émir ? — Quelle victoire fut gagnée sur les troupes marocaines ? — Où et à qui Abd-el-Kader fit-il sa soumission ? — Quelles sont les expéditions qui ont amené la soumission de la Kabylie ? — Quelle est la population de l'Algérie ? — Donnez les chiffres de ses importations et de ses exportations ?

CHAPITRE XIII

LA RÉPUBLIQUE DE 1848 JUSQU'AU RÉTABLISSEMENT DE L'EMPIRE

207. PROCLAMATION DE LA RÉPUBLIQUE. — LOUIS-NAPOLÉON ÉLU PRÉSIDENT. — Les membres du gouvernement provisoire proclamèrent la République, prononcèrent l'abolition de la peine de mort en matière politique, de l'esclavage dans les colonies, établirent des ateliers nationaux, ordonnèrent l'inscription de 45 centimes additionnels aux rôles des contributions directes, et convoquèrent pour le 5 mai 1848 une Assemblée nationale constituante, qui devait être élue par le suffrage universel. La République fut de nouveau proclamée dès la première séance de cette assemblée, et le pouvoir exécutif fut provisoirement délégué à une commission de cinq membres. Bientôt pourtant ce pouvoir fut concentré en une seule main, celle du général *Cavaignac*, investi de fonctions dictatoriales en face de la redoutable émeute qui ensanglanta Paris au mois de juin.

Ce ne fut pourtant pas son nom qui sortit victorieux des urnes pour l'élection présidentielle du 10 décembre ; il n'obtint que 1,400,000

mix contre 5,500,000 données au prince
Louis-Napoléon, qui fut proclamé président de
la République après avoir juré solennellement
d'en respecter la Constitution. Il devait gouverner pendant quatre ans, avec une Assemblée législative élue pour une période égale, et
n'était rééligible que quatre ans après l'expiration de ses pouvoirs.

208 Coup d'État du 2 décembre 1851. —
L'empire rétabli en 1852. — Le président de la
République ne put pas s'entendre avec le Corps
législatif. L'envoi d'un corps expédition-
naire pour rétablir à Rome le pouvoir du
pape renversé par la démagogie, différents voyages faits dans les provinces, des revues fréquentes et une attention particulière accordée
au bien-être de l'armée, étaient des actes habiles, qu'on pouvait aussi bien attribuer aux
sentiments religieux et patriotiques du prince
qu'à la préoccupation d'un coup d'État. Le
2 décembre 1851, l'Assemblée législative fut déclarée dissoute par le prince Louis-Napoléon et
seize de ses membres furent emprisonnés. La
résistance d'une partie de la population parisienne fut écrasée par la force. Des proscrip-
tions s'étendirent sur tous les départements et
désorganisèrent l'opposition.

C'était un second 18 Brumaire : mais cette
fois le sang avait coulé, et ni les hommes, ni
la situation n'étaient les mêmes (1).

---

(1) Voir plus haut le 18 Brumaire, IV⁵ partie, chap. ıv p. 233.

Le président adressa alors une proclamation au peuple français pour lui proposer l'adoption d'une constitution renouvelée de celle de l'an VIII, et le pays, sous l'impression de terreurs différentes, répondit par 7,000,000 de votes affirmatifs. La dictature présidentielle et la présidence décennale, qui en fut la suite, étaient un acheminement au rétablissement de l'empire : il fut voté par un sénatus-consulte le 2 décembre de l'année 1852. L'empire ainsi relevé devait durer 18 ans.

QUESTIONNAIRE. — 207. Quels furent les premiers décrets du gouvernement provisoire? — Quel gouvernement institua l'Assemblée nationale? — Quelle insurrection éclata dans Paris? — Qui la réprima? — Qui fut élu président de la République? — Quelles étaient les conditions de son pouvoir? — Les rapports furent-ils faciles entre le pouvoir exécutif et le pouvoir législatif? — Quels sont les actes par lesquels le président prépara son pouvoir suprème? — 208. Que se passa-t-il le 2 décembre 1851? — Quelle résistance le coup d'État rencontra-t-il? — Quelle constitution fut proposée au pays? — A quelle époque le second Empire fut-il proclamé? — Quelle devait être sa durée?

CHAPITRE XIV

LE SECOND EMPIRE. — GUERRE DE CRIMÉE; GUERRE D'ITALIE. — FORMATION DU ROYAUME D'ITALIE.

209. GUERRE DE CRIMÉE. — Dans le discours de Bordeaux, le futur empereur avait dit: « L'empire c'est la paix » ; ce programme ne fut point suivi, et peu d'années se passèrent sans guerres

extérieures. En 1854 commença l'expédition de Crimée. Le tzar Nicolas, dont les prétentions sur Constantinople étaient dans les traditions de la politique russe, avait fait parvenir au gouvernement de la Porte une note hautaine pour réclamer le protectorat de 11 millions de sujets turcs appartenant à la religion grecque.

La Turquie repoussa les propositions menaçantes du tzar, et la Russie fit détruire une flotte turque dans le port de Sinope et franchit le Pruth avec des troupes qui vinrent mettre le siége devant Silistri (4 juillet 1853). La France, l'Angleterre, et plus tard le Piémont, s'unirent pour protéger la Turquie, incapable de se défendre par elle-même. La Prusse et l'Autriche demeuraient neutres. Les troupes alliées firent lever le siége de Silistri, passèrent en Crimée, gagnèrent sur les Russes la bataille de l'Alma et allèrent mettre le siége devant Sébastopol, que les travaux du général russe Totleben avaient rendue presque imprenable. Le siége fut interrompu par deux batailles, celle d'Inkerman, dont les Anglais reçurent le premier choc, et celle de Traktir, qui fut soutenue par les Piémontais. Pendant ce temps, les flottes alliées s'emparaient de Bomarsund dans la mer Baltique, de Balaklava sur la mer Noire, de Pétropawlosk sur le Grand Océan. Puis le général *Pélissier*, successeur du général *Canrobert* dans le commandement de l'armée, lança les colonnes d'assaut contre la tour de

Malakof, clef de la position. Le général *Mac-Mahon* fut le héros de cette journée, et la prise de Sébastopol, ou plutôt l'abandon de cette ville par les Russes, fut le prix de notre victoire (8 septembre 1855). L'empereur *Nicolas* était mort, et son successeur *Alexandre II* inclinait à la paix : des conférences s'ouvrirent et elles aboutirent bientôt au traité signé à Paris, le 30 mars 1856. La Russie renonçait à ses prétentions ; la navigation de la mer Noire et du Danube étaient neutralisée, et l'entrée du Bosphore interdite aux navires de guerre de toutes les nations. De son côté, la Porte garantissait la liberté religieuse de tous ses sujets.

210. LA TURQUIE ET LA RUSSIE APRÈS LA GUERRE DE CRIMÉE. — Malgré ces engagements, le gouvernement ottoman, qu'on croyait avoir rendu plus fort, continua à être impuissant ou partial dans les querelles religieuses entre ses sujets de différents cultes, et, en 1860, il fallut qu'une expédition française fût dirigée en Syrie pour protéger les Maronites catholiques contre les Druses mahométans. La Russie, au contraire, est entrée dans une véritable voie de réformes, depuis l'avénement d'Alexandre II. Par une ordonnance impériale du 18 mai 1861, les serfs ont été affranchis et déclarés propriétaires des terres qui étaient entre leurs mains. Les lignes de chemin de fer ont été prolongées à travers l'empire jusqu'à la mer Noire, jusqu'au Danube et jusqu'à la mer Caspienne ; les rapports commerciaux ont été considérablement

multipliés, et les possessions russes en Asie touchent maintenant les contreforts de l'Himalaya,

211. GUERRE D'ITALIE. — FORMATION DU ROYAUME D'ITALIE. — La seconde grande guerre qui fut entreprise sous l'empire est la guerre d'Italie.

Depuis l'année 1848, où les Autrichiens avaient été momentanément chassés du Milanais et de Venise, la situation était restée tendue entre le Piémont et l'Autriche. La maison de Savoie se prépara à une nouvelle lutte et chercha une alliance intime avec la France. Aussi, quand en 1859 les Autrichiens franchirent le Tessin et envahirent le Piémont, une armée française, commandée par l'empereur Napoléon III, alla au secours du roi *Victor-Emmanuel*, fils et successeur de Charles-Albert. Nos succès furent rapides et décisifs : les victoires de Magenta et de Solférino nous conduisirent jusqu'au bord du Mincio. Là, l'empereur s'arrêta et signa avec son adversaire la convention de Villafranca, bientôt suivie du traité de Zurich par lequel l'Autriche nous cédait le Milanais, aussitôt rétrocédé par nous au Piémont. C'est autour de ce noyau que vinrent se grouper successivement par le vote des habitants, les duchés de Parme, de Modène, de Toscane, et la Romagne ; puis le royaume de Naples, par la conquête qu'en firent en 1860 les généraux *Garibaldi* et *La Marmora ;* enfin les États pontificaux, par la victoire de Castelfidardo, le 18 septembre 1860 (1).

______

(1) Voir pour plus de détails notre *Histoire de l'Eglise*, cours élémentaire, 1V° partie, chap. III.

Rome seule et la Sabine étaient garanties au pape par la présence d'un corps de troupes français. En 1866, quand la guerre éclata entre la Prusse et l'Autriche, Victor Emmanuel, qui avait pris le titre de roi d'Italie depuis 1861, se déclara pour la Prusse et bénéficia de ses victoires, quoique son armée et sa flotte eussent été battues à Custoza et à Lissa. Il obtint la Vénétie. Enfin en 1870, lorsque la France fut obligée de rappeler de Rome son armée d'occupation, les Italiens entrèrent dans cette ville, le 20 septembre 1870. Ils l'ont proclamée capitale du royaume. Le Vatican et ses dépendances furent laissés au pape, avec l'offre d'une rente annuelle.

QUESTIONNAIRE. — 209. Quel avait été le programme du nouvel empire? — Ce programme fut-il suivi? — Quelle est la première guerre entreprise? — Qu'est-ce que le tzar Nicolas exigeait de la Turquie? — Quelle attaque fut dirigée contre Sinope? — Quelle ville du Danube fut assiégée? — Quels furent les alliés de la Turquie? — Quelles sont les batailles livrées en Crimée pendant l'année 1855? — Quelles expéditions maritimes ont été faites. — Racontez la prise de la Tour Malakof. — Quel fut le successeur de Nicolas Ier? — Donnez les conditions du traité de Paris. — 210. Pourquoi la France a-t-elle fait une expédition en Syrie en 1860? — Quelles sont les réformes introduites par Alexandre II dans l'empire russe? — 211. Cause de la guerre d'Italie de 1859. — Quels étaient les alliés du Piémont? — Quelles victoires nous donnèrent le Milanais en 1859? — Qu'est-ce que le traité de Zurich? — Quels Etats s'annexèrent d'abord au Piémont? — Quel royaume fut envahi par Garibaldi? — Sur qui fut remportée la victoire de Castelfidardo? — Quelle contrée fut garantie au pape? — Quelle province l'Italie acquit-elle en 1866?

— Dans quelles circonstances Rome est-elle devenue la capitale du royaume d'Italie?

CHAPITRE XV

L'EMPIRE FRANÇAIS DE 1860 A 1870. — GUERRE CONTRE L'ALLEMAGNE ; TRAITÉ DE FRANCFORT

212. GUERRES DE CHINE ET DU MEXIQUE. — Le gouvernement de Napoléon III voulut avoir la gloire des expéditions lointaines. La guerre de Chine, entreprise de concert avec l'Angleterre, en 1860, a servi surtout aux intérêts commerciaux de notre alliée ; et la guerre du Mexique, de 1862 à 1867, s'est terminée par le drame lugubre de Queretaro (1). Pendant que la France gaspillait ainsi ses forces au dehors, une puissance formidable grandissait à côté d'elle.

213. GUERRE DE LA PRUSSE CONTRE L'AUTRICHE. — BATAILLE DE SADOWA. — Guillaume Ier, roi de Prusse depuis 1861, appela au pouvoir un homme d'une intelligence remarquable, M. de *Bismarck Schoenhausen*, aujourd'hui chancelier de l'Empire. Ce politique profond fut merveilleusement servi par les circonstances. Frédéric VII,

____

(1) Après la prise de Puebla par les Français et leur entrée dans Mexico, Maximilien, petit-fils de l'empereur d'Autriche François Ier, accepta la couronne impériale du Mexique en 1864. Après trois années de luttes, abandonné par l'armée française, que les réclamations des États-Unis avaient forcé Napoléon III de rappeler, il fut trahi à Queretaro par le colonel Lopez, condamné à mort et fusillé sur l'ordre du président Juarez.

nouveau roi de Danemark, voulait appliquer à ses États allemands du Sleswig, du Holstein et du Lauenbourg, la Constitution qui régissait ses sujets danois; la diète de Francfort, gardienne du pacte de 1815, s'opposait à ces innovations: la Prusse et l'Autriche se firent les champions de la diète, et les parties allemandes de la monarchie danoise furent rapidement occupées en 1863 par les troupes de **M. de Bismarck.** Restait maintenant à partager la proie. La Prusse voulut tout garder pour elle, et, après deux ans de discussions, elle marcha contre l'Autriche et ses alliés. L'armée autrichienne fut écrasée à Sadowa, et l'empereur François-Joseph dut signer, le 29 juillet 1866, les préliminaires de Nikolsbourg, bientôt ratifiés par le traité de Prague. Non seulement le gouvernement prussien gardait les trois duchés en litige, mais il s'annexait encore le Hanovre, la Hesse-Cassel, la Hesse-Hombourg, la ville libre de Francfort et le duché de Nassau, qui avaient pris parti pour l'Autriche. La Confédération germanique se trouvait ainsi détruite, et tout ce qui restait d'États au nord du Mein était groupé sous la protection du roi de Prusse, devenu suzerain de l'Allemagne du Nord.

Telle que l'avait constituée la politique de M. de Bismarck, l'Allemagne, au point de vue militaire, était alors supérieure à tous les États de l'Europe; elle l'emportait de beaucoup sur la France.

214. Guerre de la France contre la Prusse.

— RÉTABLISSEMENT DE L'EMPIRE D'ALLEMAGNE. — Cependant c'est à cette puissance redoutable que l'empereur Napoléon III résolut de s'attaquer en 1870, pour un motif d'une valeur contestable (1) et avec des ressources insuffisantes. Quatre grandes armées allemandes furent formées, et nous leur opposâmes huit corps de troupes. Cette guerre a eu déjà ses historiens spéciaux ; mais qui ne se rappelle avec douleur l'envahissement de nos frontières, le bombardement de Strasbourg, la fatale capitulation de Sedan, la reddition de Metz plus honteuse encore, l'héroïque siége de Paris et les dernières luttes sur les bords de la Loire. Au milieu de toutes ces catastrophes, l'empire était tombé et la République avait été proclamée en France.

Le résultat de ces désastres fut d'abord la formation de l'empire d'Allemagne comprenant, outre les pays déjà indiqués, le grand-duché de Bade, le royaume de Wurtemberg et le royaume de Bavière au sud du Mein. Une autre conséquence fut le traité de Francfort signé le 10 mars 1871, qui nous enleva l'Alsace et la moitié de la Lorraine. La France

---

(1) A la suite d'une révolution qui, en 1868, avait chassé d'Espagne la reine Isabelle II, le gouvernement provisoire de Madrid offrit la couronne au prince Léopold de Hohenzollern, parent du roi de Prusse à un degré éloigné Le prince accepta, puis se désista devant l'attitude de la France. La guerre n'en fut pas moins déclarée à la Prusse, parce que, dit M. de Gramont, ministre des affaires étrangères, le roi Guillaume Ier n'avait pas voulu prendre d'engagement pour l'avenir.

perdait un territoire contenant 1,487,374 hectares et peuplé de 1,628,132 habitants.

QUESTIONNAIRE. — 212. Quelles expéditions lointaines ont été entreprises sous le second empire? — 213. Qui succéda à Frédéric-Guillaume IV, et quel ministre fut appelé au pouvoir? — Pourquoi la diète de Francfort intervint-elle dans les affaires du roi de Danemark? — Quels furent les champions de la diète? — Qu'est-ce que la Prusse prétendait faire des provinces conquises? — Où fut vaincue l'Autriche? — Quel traité termina la guerre? — Quelles furent les nouvelles annexions de la Prusse? — 214. Date de la guerre franco-allemande. — Était-il juste et prudent d'attaquer la Prusse en 1870? — Comment était divisée l'armée allemande? — Comment, l'armée française? — Quels sont les faits militaires les plus saillants de la guerre de 1870-71? — Que devint le gouvernement impérial?—Quelles ont été les conséquences des victoires de l'Allemagne? — Date du traité de Francfort. — Quelles provinces ont été enlevées à la France? — De quelle population a-t-elle été diminuée?

CHAPITRE XVI

LES ÉTATS-UNIS AU DIX-NEUVIÈME SIÈCLE

215. ETENDUE DES ÉTATS-UNIS. — CARACTÈRES DIFFÉRENTS DU NORD ET DU SUD. — Depuis la guerre de l'Indépendance, les État-Unis de l'Amérique du Nord se sont prodigieusement développés. Ils ont acquis la Louisiane, cédée par Bonaparte en 1803, la Floride, abandonnée par l'Espagne en 1821, le Texas, conquis sur le Mexique en 1845, l'Orégon, colonisé en 1846, l'Utah, le Nouveau-Mexique et la Californie, enlevés au Mexique en 1850, l'Arizona, occupé en 1854.

Désormais étendue sur une superficie de 935 millions et demi d'hectares, la grande République américaine touche aux deux océans, séparés l'un de l'autre par un espace continental égal à la largeur de l'océan Atlantique entre l'Europe et le Nouveau monde. Sur la côte orientale de l'Amérique, les différences d'origine aussi bien que les différences de latitude ont nettement séparé le pays en deux parties. Le Nord, où la propriété est fort divisée, où le commerce est la principale source de la fortune, où l'esclavage est depuis longtemps aboli et où dominent les sectes puritaines; et le Midi, pays de grands propriétaires, de plantations de coton, où les mœurs sont plus aristocratiques et où l'esclavage était resté en vigueur. Jusqu'en 1860, les États du Sud avaient eu la majorité dans le congrès et l'avantage dans les élections présidentielles, mais alors les États du Nord l'emportèrent et firent arriver à la présidence *Abraham Lincoln*, bien connu pour ses opinions anti-esclavagistes.

Sept États du Sud se sentant menacés dans leur constitution sociale voulurent se séparer de l'Union : c'étaient la Caroline du Sud, la Géorgie, la Floride, l'Alabama, le Mississipi, la Louisiane et le Texas. Ils choisirent pour président Jefferson-Davis et pour capitale la ville de Richmond. La lutte armée commença presque aussitôt.

216. Guerre de sécession — Abolition de l'esclavage. — En 1861, les confédérés du Sud, sous la conduite de *Beauregard* et *Johnstone*, s'avancèrent jusqu'au Potomac et menacèrent la capitale fédérale. Les fédéraux, ou hommes des États du Nord, reprirent l'avantage l'année suivante: le général *Grant* dégagea toute la ligne du Mississipi jusqu'à la Nouvelle-Orléans, pendant que *Mac-Clellan* reprenait l'offensive dans les deux Carolines; puis, menacé par la marche rapide des confédérés sur la ligne du Rappahannock, il se porta en arrière et couvrit la ville de Washington, principal objectif de ses adversaires, par la grande victoire de South-Mountain, remportée sur le général *Lee*. Le président Lincoln profita du succès des États qui lui étaient demeurés fidèles pour faire décréter par le congrès l'abolition de l'esclavage. Alors la lutte devint plus vive, les États du Sud ne combattant plus seulement pour leur indépendance, mais pour leur vie et leur fortune.

La guerre semblait concentrée sur les bords de l'océan Atlantique dans l'espace qui sépare les villes de Richmond et de Washington. La réélection du président Lincoln lui imprima une nouvelle ardeur. En 1865 les Fédéraux sous les ordres de Mead, de Shéridan et de Sherman, envahirent les États rebelles par deux côtés parallèles, et forcèrent le général Lee à capituler dans Pétersburg et dans Richmond.

La lutte fut ainsi terminée à l'avantage du

Nord, l'Union de tous les États fut de nouveau proclamée, et l'esclavage demeura aboli partout. Mais bien des haines couvaient dans l'âme des vaincus : le 14 avril 1866, Abraham Lincoln fut assassiné par un ancien acteur, Wilkès Booth. Le vice-président prit aussitôt sa place, et, à l'expiration de son pouvoir, en 1868, les Américains élevèrent à cette dignité suprême le général Grant, l'un des héros de la guerre. Le commerce, qui avait été presque anéanti, reprit une nouvelle vigueur, et les pertes furent promptement réparées. Les travaux les plus gigantesques furent préparés et exécutés ; en 1869, une voie ferrée unissait New-York et San-Francisco. L'intrépide railway, traversant les savanes encore parcourues par les bandes féroces des Indiens, escaladant les montagnes, contournant le grand Lac-Salé, met désormais la vallée du Sacramento à sept journées de New-York, à deux semaines du Havre.

QUESTIONNAIRE. — 215. Quelles contrées ont été conquises par les États-Unis depuis la guerre de l'Indépendance ? — Citez les différentes régions des États-Unis. — Quelles différences séparent les populations du nord et du midi des États-Unis ? — Qui fut élu président en 1860. — Quels furent les États qui prirent le nom de confédérés ? Quel président choisirent-ils ? — 216. Quelles furent les opérations militaires en 1861 ? — De quel côté opéra le général Grant ? — Quel décret fut promulgué par le président Lincoln ? — Le président fut-il réélu en 1864 ? — Quelles furent les dernières opérations de la guerre ? — Quelle vengeance fut exercée contre Lincoln ? — Qui lui succéda ? — Quel grand travail a été exécuté en Amérique depuis la guerre de Sécession ?

CHAPITRE XXVII

LA FRANCE ET L'EUROPE DEPUIS 1871.

217. LA FRANCE DEPUIS 1871. — LA COMMUNE. — PRÉSIDENCE DE M. THIERS. — Après la désastreuse campagne de 1870-1871, quand nos troupes régulières eurent été livrées à Sedan et à Metz par Napoléon III et par le maréchal Bazaine, et que les armées improvisées au milieu même de la lutte eurent été forcées de reculer devant des forces supérieures, au centre, au nord et à l'est, un armistice fut conclu, et une Assemblée nationale se réunit à Bordeaux le 13 février 1871. M. Thiers fut nommé chef du pouvoir exécutif, et, après une douloureuse délibération, l'Assemblée ratifia le 1er mai les préliminaires de paix. La France perdait l'Alsace, moins la place de Belfort, et toute la Lorraine septentrionale avec la ville de Metz; elle devait de plus payer une indemnité de guerre de cinq milliards. Comme si tant de calamités n'eussent pas encore suffi à notre malheureux pays, une effroyable insurrection, qui prit le nom de *Commune*, fut maîtresse de Paris pendant plus d'un mois. Il fallut que les débris de nos armées, à peine délivrés de leur captivité en Allemagne, reprissent de vive force cette ville et ces citadelles devant lesquelles avaient échoué pendant si longtemps les efforts des Prussiens.

Une souscription publique, ouverte pour payer l'indemnité de guerre, produisit *quarante milliards* de francs, dans lesquels on prit la somme strictement nécessaire. On s'occupa ensuite de réorganiser l'armée : le service militaire devint exigible jusqu'à quarante ans ; tout le monde dut être soldat ; mais la durée du service effectif et du temps d'instruction fut de beaucoup diminuée. Puis l'Assemblée et le chef du pouvoir éxécutif voulurent donner au gouvernement, qui depuis le 4 septembre 1870 était nommé République, une existence légale et une forme durable. La République fut reconnue le gouvernement du pays et M. Thiers fut appelé à la présidence. Après la démission de cet homme d'État (24 mai 1873), le maréchal de Mac-Mahon, duc de Magenta, lui succéda. Enfin, le 25 février 1875, une constitution définitive fut votée ; le pouvoir législatif fut confié à deux Assemblées, une Chambre des députés et un Sénat, et le pouvoir exécutif au maréchal pour une période de sept années. Depuis, M. Thiers a cessé d'exister : il est mort presque subitement le 3 septembre 1877, conservant jusqu'à la dernière heure les grandes qualités de son esprit, et entouré du respect et de l'admiration qu'inspirait à tous le *libérateur du territoire*. — Le maréchal de Mac-Mahon a donné aussi sa démission en janvier 1879, et il a été remplacé par M. Grévy, président de l'Assemblée nationale.

218. Guerre de la Russie contre la Tur-

quie. — Dès l'année 1874, le projet d'une Exposition universelle avait été caressé par le gouvernement. L'opinion publique en France se montra très favorable à ce projet, que les nations étrangères accueillirent avec le même empressement, et bientôt des travaux gigantesques d'installation furent commencés au Champ de Mars et sur la place du Trocadéro.

Mais à ce moment des menaces de guerre compromirent momentanément le succès de l'Exposition. La Russie et la Turquie étaient en effet sur le point d'en venir aux mains. La Russie éleva des réclamations au sujet des troubles survenus en Bulgarie, en Bosnie, en Roumélie, et de l'impossibilité où semblait être le gouvernement ottoman de protéger efficacement les différentes nationalités qui peuplent ses provinces. La Turquie, qui comprenait le sens et le véritable objet de ces réclamations, se préparait à la lutte. La guerre fut déclarée en 1877, et elle commença avec une égale vigueur du côté de l'Asie autour de la forteresse de Kars, et du côté de l'Europe sur la ligne du Danube, puis sur celle des Balkans. Les principautés danubiennes unirent leurs forces à celles de la Russie, et, après une résistance héroïque, le général turc Osman-Pacha fut vaincu dans Plewna, et, d'un autre côté, Moukhtar-Pacha fut forcé d'évacuer la forteresse de Kars. Les Russes s'avancèrent alors presque jusqu'aux portes de Constantinople, et la présence seule d'une flotte anglaise dans les eaux de la mer de Marmara, les fit renoncer à l'idée d'une entrée triomphale dans la capitale de l'empire ottoman. La Turquie était désormais à la merci du vainqueur, qui lui imposa le traité de San Stefano (1).

219. TRAITÉ DE SAN STEFANO ET CONGRÈS DE BERLIN. — Réduite en Europe à un étroit territoire autour de Constantinople, et aux provinces de Thessalie et d'Albanie, elle abandonnait tout le reste à la Valachie, à la Bosnie, à la Servie, à l'Herzégovine, au Montenegro, reconnus indépendants, et à un nouvel État de Bulgarie, qui se serait étendu du Danube à la mer de l'Archipel. L'Angleterre protesta vivement contre le traité de San Stefano, qui lui sembla menacer d'une ruine complète la puissance turque en Europe ; l'Autriche ne fut pas moins catégorique dans ses réclamations. Le congrès de Berlin, réuni au mois de juin 1878, sous la présidence de M. de Bismarck, a notablement adouci les conditions du traité de San Stefano, surtout en ce qui touche la Bulgarie, dont les Balkans devront former la limite méridionale : la Roumélie est donc rendue à la Turquie, qui conserve aussi sur la mer Noire le port de Varna ; mais elle perd en Asie Kars et Batoum. Quant au gouvernement anglais, qui avait apporté dans la conduite de cette affaire une activité anxieuse,

____

(1) Village auprès d'Andrinople.

il faisait payer son protectorat à la Turquie par
la cession de l'île de Chypre.

220. EXPOSITION UNIVERSELLE DE PARIS. —
Avant même le commencement du congrès et
lorsque déjà, par l'accord de toutes les puissances, la paix était assurée en Europe, l'Exposition universelle s'était ouverte avec éclat le
1er mai 1878; toutes les nations civilisées y
ont pris part.

QUESTIONNAIRE. — 217. Qui fut chef du pouvoir exécutif en 1871? — Quelles ont été les conditions de la
paix ratifiée le 1er mars 1871? — Quelle indemnité a
été payée à la Prusse? — Quelle loi militaire a été
votée? — Quel a été le successeur de M. Thiers? —
Donnez la date de la mort de M. Thiers. — 218. Quand
a-t-on conçu le projet d'une Exposition universelle?
— Quelles ont été les causes de la guerre entre la
Russie et la Turquie? — Quels généraux comman-
daient les troupes turques? — 219. Donnez les conditions du traité de San Stefano. — Quelles modifica-
tions y ont été apportées par le congrès de Berlin?
— 220. Quand a été ouverte l'Exposition universelle?

CONCLUSION.

LES LETTRES, LES ARTS ET LES SCIENCES AU DIX-
NEUVIÈME SIÈCLE. — GRANDS PROGRÈS SOCIAUX.

221. GRANDEUR LITTÉRAIRE DU DIX-NEUVIÈME SIÈCLE.
— Le dix-neuvième siècle approche de son terme, et
l'on peut, dès aujourd'hui, apprécier quelle a été
sa part dans la grande œuvre de la civilisation.

Inauguré en 1802 par le principal écrit de *Chateaubriant*, le *Génie du christianisme*, il a été un grand siècle littéraire. Deux genres surtout, la poésie intime et lyrique, et l'histoire, se sont élevés à une hauteur inconnue jusque-là : l'une avec *Lamartine*, *Victor Hugo*, *Alfred de Musset*, l'Anglais *Byron* ; l'autre avec *Thiers*, *Guizot*, *Augustin Thierry*, *Mignet*, *Michelet*, les Anglais *Macaulay* et *Grote*, l'Allemand *Mommsen*. Le récit d'imagination ou roman nous a inondés de livres dangereux ou sans valeur littéraire, mais il a produit aussi d'admirables chefs-d'œuvre, et deux romanciers anglais, *Walter Scott* et *Charles Dickens*, ont pris place sur la table des familles les plus scrupuleuses. Il ne peut malheureusement en être ainsi d'un grand écrivain français, madame *George Sand*, à qui la puissance de son imagination et le charme de son style ont donné de nos jours une gloire qui sera durable, mais qui ne s'attachera pleinement qu'à un choix limité de ses nombreux écrits et à quelques pages détachées des autres. *Victor Cousin* et *Théodore Jouffroy* ont professé avec un rare talent d'écrivains la philosophie spiritualiste, et, dans la critique littéraire, *Villemain*, *Saint-Marc Girardin*, *Désiré Nisard*, *Sainte-Beuve*, ont publié des travaux qui resteront. L'éloquence politique cite les noms de *Berryer*, de *Thiers*, de *Montalembert*, et un ami de ce dernier, le *père Lacordaire*, a renouvelé parmi nous l'éloquence sacrée, en lui donnant un caractère plus hardi et plus pratique à la fois.

222. SA GRANDEUR ARTISTIQUE. — Le dix-neuvième siècle est aussi un grand siècle artistique : en Allemagne, il nous a donné les symphonies et les oratorios de *Mendelssohn*, les mélodies de *Schubert* et les œuvres de piano de *Weber*, *Schubert*, *Mendelssohn* et *Schumann* ; le Polonais *Chopin* nous a laissé aussi ses œuvres de

piano, et l'Italien *Cherubini* ses compositions religieuses. En même temps, trois grandes écoles écrivaient pour le théâtre un grand nombre de chefs-d'œuvre auxquels l'immortalité est assurée : l'école italienne, avec *Rossini*, *Donizetti*, *Bellini*, *Verdi*; l'école allemande avec *Weber* et *Meyerbeer*; l'école française, avec *Méhul*, *Boïeldieu*, *Hérold*, *Auber*, *Halévy*, *Berlioz*, *Félicien David*, *Adam*, *Ambroise Thomas*, *Gounod* et *Massé*. — La peinture n'a été vraiment florissante et originale qu'en France; les diverses écoles dans lesquelles se sont groupés les peintres français depuis le commencement du siècle ont produit des œuvres dignes d'admiration. Quoiqu'on ait justement reproché à l'école de David l'exagération de son culte pour l'antique, les noms de *David*, de *Guérin*, de *Gérard*, de *Gros* et de *Girodet* restent de grands noms dans l'histoire de l'art; *Prud'hon*, *Horace Vernet*, *Léopold Robert*, *Géricault*, qui se sont ensuite affranchis des principes exclusifs de David, ont donné de ravissantes peintures. Après eux, Ingres s'est particulièrement signalé par la pureté du dessin, et l'école des coloristes, dite romantique, a pu montrer avec orgueil les tableaux d'*Eugène Delacroix*, de *Paul Delaroche* et d'*Ary Scheffer*. Dans la sculpture, un monument historique, le piédestal de la colonne triomphale de la place Vendôme, rivalise de beauté avec celui de la célèbre colonne Trajane; *David d'Angers*, *Rude* ont peuplé de figures illustres nos monuments et nos places publiques.

223. SA GRANDEUR SCIENTIFIQUE. — Enfin, le dix-neuvième siècle a été la plus brillante et la plus glorieuse des époques scientifiques. *Cuvier* fut le créateur de la *paléontologie* et de *l'anatomie comparée*. Ayant remarqué que toutes les parties de la structure d'un être sont en rapport les unes avec les

autres, et que lorsqu'un os, par exemple, est con-
formé de telle façon, il s'ensuit que tous les autres
ont une forme déterminée. Cuvier en arriva à pouvoir, à l'aide d'un fragment de la structure osseuse
d'un animal, déterminer complétement la forme de cet
animal, et reconstituer ainsi les races perdues et la
création primitive. Après les études profondes et les
immenses recherches des *Biot* et des *Arago* en astronomie, *Le Verrier* est venu qui, sans autres éléments
que la loi de *Newton* et la puissance du calcul, a
révélé l'existence et la position d'une nouvelle planète, découverte en effet quelques mois plus tard.
La physique s'est enrichie des magnifiques travaux
d'*Ampère* sur l'électricité, de *Fresnel* sur la lumière,
de *Regnault* sur la chaleur, et voilà qu'aujourd'hui
d'autres savants tendent à prouver, et ils l'ont déjà
fait en partie, que toutes les forces de la nature se
réduisent à une seule, qui devient tour à tour mouvement, chaleur, électricité, lumière. Avec les *Davy*,
en Angleterre, les *Berzelius* en Suède, les *Berthollet*,
les *Gay-Lussac*, les *Chevreul*, les *Thénard* et bien d'autres encore en France, la chimie a changé les procé-
dés de l'industrie et décuplé sa puissance. Enfin, des
merveilles se sont accomplies chaque jour sous nos
yeux, et ces merveilles sont venues de la science.
Nous avons vu les voyages accomplis sans chevaux
sur des routes et sans voiles sur les mers, avec la ra-
pidité du vent; nos messages franchissant comme
l'éclair les pays, les continents, l'océan lui-même;
la main de l'homme partout remplacée dans
l'industrie par ces puissantes machines que la vapeur
met en mouvement nuit et jour; nos villes et nos
demeures splendidement illuminées, sans que l'œil
aperçoive rien de ce qui produit et entretient la lumière; des portraits d'une ressemblance frappante,

tracés à peu de frais en quelques secondes (1); les montagnes percées, les isthmes creusés, et les relations des hommes et des peuples affranchies de tout obstacle ; de nombreuses découvertes faites au pôle nord malgré les glaces, et l'Afrique centrale explorée presque en entier malgré des difficultés inouïes. L'homme se sent aujourd'hui plus que jamais le roi et le maître de la nature, et l'on se demande où s'arrêteront ces prodiges et ces conquêtes dont nous avons le droit d'être fiers.

224. PROGRÈS SOCIAUX AU DIX-NEUVIÈME SIÈCLE. — Notre époque a repoussé l'esprit d'impiété et d'immoralité du siècle précédent, mais elle a conservé, et c'est son plus beau titre de gloire, ce que le dix-huitième siècle avait de bon, à savoir un ardent désir de corriger tout ce qui est abus et iniquité, et de relever tout ce qui est pauvre et faible. Nous avons vu, dans notre Occident, le travail mieux rétribué, les écoles multipliées, l'intruction primaire rendue obligatoire par la Prusse, le bien-être et les lumières des classes laborieuses grandissant chaque jour, et le suffrage universel leur donnant en France les mêmes droits politiques qu'aux grands et aux riches. Des tranformations plus radicales se sont accomplies dans d'autres pays; vingt-deux millions et demi de paysans russes étaient encore, il y a vingt ans, enchaînés par les liens du servage, c'est-à-dire attachés étroitement à la terre qu'ils cultivaient, légués avec elle, vendus avec elle, sans pouvoir la quitter en aucun temps de leur vie. Le tzar Alexandre II a pris lui-même, en 1861, l'initiative de l'affranchis-

---

(1) Voyez pour ces inventions la troisième partie, chapitre XII et la quatrième partie, chapitre XI. Celle de la photographie est due au peintre français Daguerre (1839).

sement ; les serfs, sortant du demi-esclavage où ils étaient retenus, sont aujourd'hui maîtres de leurs personnes et propriétaires. Alexandre II, par malheur, n'a pas en même temps porté remède à la détresse où la cupidité des patrons et une administration rapace et sans contrôle plongent une partie de la population. Les mécontentements nés de cette misère dans les basses classes, et de l'absolutisme des tzars dans les classes nobles et cultivées, menacent de terribles bouleversements la société russe. La cupidité des conquérants du Nouveau monde avait depuis trois siècles et demi rétabli l'esclavage antique avec toutes ses horreurs. Au sein d'une société chrétienne, et malgré les efforts de l'Église au seizième siècle, des publicistes et de l'Angleterre au dix-huitième et au dix-neuvième, les nègres étaient encore, dans de vastes régions, vendus sur les marchés comme un vil bétail : les États-Unis, après une guerre terrible, viennent enfin d'abolir l'esclavage, et le Brésil, entrant dans la même voie, a déclaré libres tous les enfants qui désormais naîtraient des esclaves, et a interdit l'importation d'esclaves nouveaux. L'esclavage existe encore dans les États musulmans ; mais la chrétienté du moins peut, dès aujourd'hui, se regarder comme délivrée de cette plaie hideuse. Au point de vue du progrès social, l'abolition du servage en Russie et de l'esclavage en Amérique sont les faits les plus importants du siècle, et ils lui donnent une belle place dans l'histoire de la civilisation.

QUESTIONNAIRE. — 221. Nommez, en indiquant leur pays et le genre de leurs écrits principaux, les plus grands écrivains du dix-neuvième siècle. — 222. Énumérez, en indiquant leur pays, les plus célèbres compositeurs du dix-neuvième siècle : 1° pour la musique instrumentale ; 2° pour la musique religieuse et les oratorios ; 3° pour la musique de piano et la musique de chant; 4° pour le Théâtre. — Que savez-vous de la peinture et de la sculpture en France au dix-neuvième siècle? — 223. Citez les plus grands noms de la science à notre époque, et parlez des merveilles qu'elle a accomplies. — 224. En quoi le dix-neuvième siècle se distingue-t-il du dix-huitième? En quoi lui ressemble-t-il? — Dites quelques mots du progrès des classes laborieuses à notre époque. — Parlez des révolutions sociales accomplies de nos jours en Amérique et en Russie.

FIN

TABLE DES MATIÈRES

TROISIÈME PARTIE.

Prépondérance de la France au dix-septième siècle, de
l'Angleterre et de la Prusse au dix-huitième siècle.—
Accroissement de la Russie. — Fondation des États-
Unis d'Amérique. — (Des traités de Westphalie à la
révolution française 1648-1789).

QUATRIÈME PARTIE.

La révolution française. — Napoléon. — Le dix-neuvième siècle (de 1789 à nos jours).

FIN DE LA TABLE.

BIBLIOTHÈQUE LILAS
32 volumes in-12

Élégamment reliés en percaline anglaise, avec plats dorés et tranches dorées.

Prix : 3 francs.

A. ASSOLLANT

Récits de la vieille France. François Bûchamor.

Histoire du célèbre Pierrot, écrite par le magicien ALCOFRIBAS, traduite du sogdien, suivie des *Aventures de Milon sans cervelle.*

EUDOXIE DUPUIS

La Merlette, avec illustrations, par BAYARD.

Daniel Hureau, avec illustrations, par BAYARD.

Cyprienne et Cyprien, avec illustrat., par CLAUDE.

H. FABRE

Le Livre d'histoires. Récits scientifiques de l'oncle Paul à ses neveux, avec illustrations.

Le Ciel. Leçons élémentaires de cosmographie, avec figures.

La Terre. Leçons élémentaires sur la physique du globe, avec figures.

La Physique. Leçons élémentaires sous forme de lectures, avec figures.

Les Auxiliaires. Récits sur les insectes utiles à l'agriculture, avec figures.

Les Serviteurs. Récits sur les animaux domestiques, avec figures.

Lectures scientifiques sur la botanique.

Lectures scientifiques sur la zoologie.

La Plante. Leçons à mon fils sur la botanique, avec figures.

Aurore. Cent récits sur des sujets variés.

Le Ménage. Causeries d'Aurore avec ses nièces sur l'économie domestique.

L'Industrie. Simples récits de l'oncle Paul sur l'origine, l'histoire et la fabrication des principales choses.

Le Livre des champs. Récits sur les choses de l'agriculture.

.GAVARD ET PÉRIER

á et Voyages de David Livingstone, avec
gravures.

F. HÉMENT

Menus Propos sur les sciences.

E. HOUET

Pierre Dumont. Illustré de 12 vignettes hors texte,
par CH. VERNIER.

G. HUBAULT

Notre Histoire, avec vignettes et cartes.

C. JEANNEL

Petit-Jean. Illustré de 24 vignettes hors texte, par
J. AJAC.

H. DE LA BLANCHÈRE

Plantes et Animaux. Récits familiers d'histoire
naturelle. 50 vignettes hors texte, par A. MESNEL.
Amis et Ennemis de l'Horticulteur. Illustré de
188 vignettes, par A. MESNEL.
Manuel pratique d'acclimatation. 100 gravures,
par A. MESNEL.

HECTOR MALOT

Romain Kalbris.

MAYER

Chez nous, avec vignettes.

C. DE MONTMAHOU

Vie et mœurs des insectes. Extraits des *Mémoires
de Réaumur,* avec figures.
Notions de botanique, ouvrage orné de 223 figures.

VICTOR MULLER

Le Fabuliste de la Famille. Choix de fable grou-
pées autour de l'idée morale qu'elles renferment.

P. ROUSSELOT

Leçons de choses et lectures, avec vignettes.